# Eles formaram o Brasil

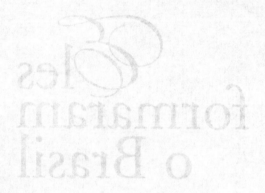

Proibida a reprodução total ou parcial em qualquer mídia
sem a autorização escrita da editora.
Os infratores estão sujeitos às penas da lei.

A Editora não é responsável pelo conteúdo deste livro.
Os Autores conhecem os fatos narrados, pelos quais são responsáveis,
assim como se responsabilizam pelos juízos emitidos.

Consulte nosso catálogo completo e últimos lançamentos em **www.editoracontexto.com.br**.

Fábio Pestana Ramos
Marcus Vinícius de Morais

# Eles formaram o Brasil

editora**contexto**

*Copyright* © 2009 dos Autores

Todos os direitos desta edição reservados à
Editora Contexto (Editora Pinsky Ltda.)

*Imagem de capa*
Frans Post, *Mauritsstad e Recife*, 1653

*Montagem de capa e diagramação*
Gustavo S. Vilas Boas

*Coordenação de textos*
Luciana Pinsky

*Preparação de textos*
Lilian Aquino

*Revisão*
Daniela Marini Iwamoto

---

Dados Internacionais de Catalogação na Publicação (CIP)
(Câmara Brasileira do Livro, SP, Brasil)

---

Ramos, Fábio Pestana
Eles formaram o Brasil / Fábio Pestana Ramos e Marcus Vinícius de Morais. – São Paulo : Contexto, 2022.

ISBN 978-85-7244-459-0

1. Brasil – História – Período colonial 2. Personagens – Brasil – Período colonial – Biografia I. Morais, Marcus Vinícius de. II. Título.

09-12516                        CDD-981.0092

Índices para catálogo sistemático:
1. Brasil : História : Período colonial : Personagens 981.0092
2. Personagens : Período colonial : História do Brasil 981.0092

---

2022

---

EDITORA CONTEXTO
Diretor editorial: *Jaime Pinsky*

Rua Dr. José Elias, 520 – Alto da Lapa
05083-030 – São Paulo – SP
PABX: (11) 3832 5838
contexto@editoracontexto.com.br
www.editoracontexto.com.br

*Dedicamos este livro à memória da jovem mulher índia, lançada viva e grávida na fornalha de Fernão Cabral Taíde, senhor de engenho.*

## Sumário

Introdução ..................................................................................... 9

**Caramuru** (1475-1557): aventura nos primórdios do Brasil ........................ 13

**Isabel Dias** (1493-1580): Bartira, símbolo da miscigenação ........................... 33

**Manuel da Nóbrega** (1517-1570): o bandeirante de Cristo ..................... 55

**Branca Dias** (1510-1589): a Inquisição no Brasil ........................................... 77

**Fernão Cabral Taíde** (1541-1591):
o senhor de engenho e a santidade Jaguaripe ..................... 97

**Raposo Tavares** (1598-1658): em busca do ouro vermelho ........................ 115

**Manuel Beckman** (1630-1685):
o império português contra as feridas coloniais ............................... 133

**Maurício de Nassau** (1604-1679):
os holandeses e os luxuosos palácios de Pernambuco ................... 151

**Gregório de Matos** (1633-1696): o barroco na Bahia ............................... 177

**Felipe dos Santos** (1680-1720):
o tropeirismo e o ouro das Minas Gerais ............................... 201

**Chica da Silva** (1720-1796):
do inferno ao paraíso – contradições da sociedade mineradora ..... 221

**Marquês do Lavradio** (1729-1790):
as reformas pombalinas e a mudança de capital ........................... 243

**Os autores** ................................................................................................ 267

**Iconografia** .............................................................................................. 269

**Agradecimentos** ..................................................................................... 271

## Introdução

Durante anos a História do Brasil colonial foi narrada a partir dos ciclos econômicos e dos feitos heroicos de grandes personagens. O pau-brasil, o açúcar, a mineração, o café e a indústria nortearam os textos mais clássicos sobre o assunto. O trabalho indígena, os bandeirantes, a escravidão e os operários encerravam esse quadro que, quase sempre, era baseado em temas como exploração e questões financeiras.

Da mesma forma, os feitos heroicos estavam em muitos casos associados às batalhas, ao sacrifício, à entrega, ao grito de independência – momentos construídos por indivíduos dotados de características raras e cheias de valor. É difícil enxergarmo-nos nesse tipo de História do Brasil, pois não nos vemos fazendo parte dela. A economia nos parece distante e abstrata, a política, inatingível. Não nos consideramos heróis. Não fazemos coisas impossíveis.

Como gostar dessas narrativas em que o humano desaparece? Daí surge a importância de rever o passado, de vasculhar os destroços e de lançar luz sobre os pontos obscurecidos da história.

A Colônia foi muito mais do que o transporte de mercadorias. Ao nos aproximarmos dos textos e dos vestígios deixados pelo mundo colonial, sentimos um novo universo renascer diante de nossos olhos.

Como era o cotidiano da Colônia? Como gente – de carne e osso – ajudou a construir os primeiros três séculos da nossa história? Pessoas andando, de lá para cá, em vilas, cidades, num falatório sem fim; idiomas europeus, dialetos, línguas indígenas. Comércio, processos da Inquisição, bruxaria, roupas, sonhos, pesadelos, romances e sexualidade. Hábitos de higiene, ausência de higiene, diferentes relações com a morte, com a vida, medos, reformas urbanas, guerras, conquistas e traições. A Colônia ainda pulsa e, soterrada, pede para ser revelada. Esta é aquela história ainda ardente, tal como os contemporâneos a sentiram, descreveram-na e viveram-na, no lento ritmo de suas vidas.

As 12 personalidades escolhidas representam e simbolizam momentos significativos do mundo colonial. Alguns nomes são conhecidos do grande público, como Maurício de Nassau ou Manuel da Nóbrega. Para nos aproximarmos desses indivíduos, foi preciso humanizar suas histórias. Por outro lado, também selecionamos personagens desconhecidos e tratamos de lhes fornecer um espaço dentro da história da humanidade. Quem foi Branca Dias? E Fernão Cabral Taíde?

O Caramuru tornou-se exemplo conhecido dos primeiros tempos do descobrimento. Dizendo-se náufrago, mas na verdade degradado, ele representa as dificuldades do momento inaugural da colônia. Bartira simboliza ao mesmo tempo o elemento indígena, na imagem de uma mulher, e o contato com o universo português. Nóbrega e os jesuítas; Raposo Tavares e as bandeiras: duas figuras marcantes da Colônia.

A Inquisição se fez presente a partir de outros dois nomes: Branca Dias representa os cristãos-novos, as perseguições, o preconceito contra os judeus, e Fernão Cabral Taíde mostra a violência e o abuso de poder dos senhores de engenho. Ambos processados pelo Tribunal do Santo Ofício. Manuel Beckman nos traz outra face dos poderosos latifundiários.

A presença holandesa aparece na figura de Maurício de Nassau – nos gastos e luxos de sua corte holandesa em Pernambuco e, também, nos artistas que fizeram as primeiras imagens do Brasil colonial.

O barroco e o período da mineração ganham as páginas deste livro com Gregório de Matos (e sua poesia) e Felipe dos Santos (e sua revolta). E também com Chica da Silva. O mundo da escravidão, o espaço concedido às mulheres e a grande circulação de diferentes culturas, que foi a região das Minas, estão contemplados no capítulo dedicado a Chica da Silva. Nosso último convidado,

Marquês do Lavradio, nos apresenta a crise do Antigo Regime, o reformismo ilustrado, Marquês de Pombal e o rei D. José I. E assim termina a viagem pela Colônia, nos deixando formas de ver, pensar e entender o que viria a ser, em breve, o Brasil separado do império português.

Conhecer esses personagens é visitar um passado, na maioria das vezes, silenciado. Para isso, foram consultadas diversas obras sobre o período, das mais clássicas às mais atuais, assim como cartas, processos e diários a respeito das coisas demasiadamente humanas.

Alguns registros se foram para sempre, outros relatos ficaram invisíveis, nunca vieram à tona, nunca virão e, portanto, viverão para sempre nas águas profundas e silenciosas do esquecimento. Mas, apesar dos obstáculos, é importante revisitar a Colônia, viajar pelas matas e gabinetes dos governos, pelos quartos, por entre as plantações de cana-de-açúcar, pelas mesas, hábitos e costumes, ver e entender os medos, as motivações de seus habitantes e desvendar esse mundo através de seus segredos. Olhar em direção ao passado é um grande passo de entendimento do presente.

Os colonizadores europeus usaram violentas práticas de domínio contra as populações indígenas e africanas. Somos todos descendentes deste mundo: de tupi-guaranis, tupinambás, portugueses, angolanos e congoleses. É por isso, então, que desejamos ver e entender, de fato, quem somos e de onde viemos.

## Caramuru (1475-1557):
## aventura nos primórdios do Brasil

> "[...] tudo indica que Alvarez estivesse sendo preparado para ser devorado [...], no entanto, hum dia matando com a sua espingarda hum passaro [...], as mulheres e as crianças gritarão: Caramuru, Caramuru! quer dizer, homem de fogo, e manifestaram medo de morrer assim a sua mão".
> *Manuscritos do Brasil*, 1819

Personagem envolto em mistérios e controvérsias, Diogo Alvarez Correa ou o *Caramuru*, como ficaria conhecido, representou a essência do espírito de aventura que conduziu os portugueses do século XVI por terras e mares até então desconhecidos.

Nascido em Viana do Castelo, no Norte de Portugal, em 1485, Diogo chegou ao Brasil em data incerta, mas posterior a 1500. Quando aportou nas novas terras tinha cerca de 17 anos, nada que causasse estranheza à época, quando crianças eram tratadas como verdadeiros adultos em miniatura, a partir dos 7 ou 8 anos.

Constantemente, crianças substituíam adultos mortos em consequência de doenças que se propagavam por ausência de hábitos básicos de higiene e pela alimentação deficitária em vitaminas e proteínas. Dessa forma, elas par-

Diogo Alvarez Correa: o Caramuru.

ticipavam das grandes navegações portuguesas. Garotos serviam nos navios como grumetes, aprendizes de marinheiros, sujeitos a maus-tratos e encarregados de vários dos trabalhos mais pesados a bordo. Não raro, eram também abandonados em terra e entregues a sua própria sorte.

Foi o que aconteceu com nosso personagem: abandonado na Bahia, Diogo adaptou-se à cultura dos índios tupinambás, terminando por dominá-la como se tivesse nascido entre eles. Quando a missão colonizadora de Martim Afonso de Souza – aquela que iniciou a primeira tentativa de povoamento lusitano em 1530 e que foi responsável pela fundação da capitania de São Vicente – chegou ao Brasil, o jovem Diogo prestou auxílio essencial aos seus conterrâneos portugueses.

Os homens de Martim Afonso não eram muito diferentes do próprio Diogo. Assim como ele, eram jovens sonhadores que esperavam obter uma nova vida em terras do além-mar. Os primeiros colonizadores queriam construir, em terras brasileiras, uma sociedade à imagem e semelhança da europeia, de acordo com moldes medievais, mas com certa mobilidade social, que permitisse a um camponês, por exemplo, tornar-se senhor, cheio de privilégios e com plenos poderes para escravizar indígenas e sujeitá-los à fé em Cristo.

Mais tarde, em 1536, o Caramuru procurou mediar o entendimento entre ameríndios e portugueses. O donatário Francisco Pereira Coutinho, responsável pela administração da capitania da Bahia, vinha enfrentado dificuldades para estabelecer atividades rentáveis desde que havia chegado a Itaparica em 1534. O principal obstáculo eram os ataques indígenas. O Caramuru tentou amenizar os atritos, mas não conseguiu evitar a morte do capitão nas mãos dos nativos.

Tamanha foi a importância de Diogo no projeto de colonização lusitana no Brasil que ele chegou a ter contato com o rei de Portugal através de cartas e representantes. Foi a mando do rei D. João III que ele começou a preparar o terreno entre os índios, a partir de 1548, para a chegada dos conterrâneos portugueses em 1550 e a instalação do Governo-Geral sediado em Salvador.

Frontispício da obra do Frei José de Santa Rita Durão, publicada no século XVIII, na qual o Caramuru foi eternizado como o grande herói português que ajudou a desbravar o Brasil.

Diogo Alvarez Correa foi um dentre os muitos náufragos e degredados que abriram caminho para a colonização europeia do Brasil, como o Bacharel de Cananeia e posteriormente João Ramalho. Todos eram oriundos das categorias sociais menos afortunadas de Portugal, mas com motivações comuns, sonhos, medos e esperanças semelhantes. Queriam fugir da rude realidade do Reino, viver uma aventura e, sobretudo, buscar uma vida melhor.

## Em Portugal

A vida em Portugal não era fácil quando Diogo Alvarez veio ao mundo. Nos centros urbanos, indigentes misturavam-se a assassinos e ladrões. O êxodo rural, causado décadas antes pela fuga da servidão e dos desmandos dos barões lusitanos no campo, abarrotara as cidades com gente em busca de melhores condições de vida. Os campos, esvaziados, agravavam o problema da fome no país.

Viana do Castelo, sua terra natal, era um importante centro naval. A cidade tinha papel de destaque no comércio marítimo com a Inglaterra e o litoral norte do continente europeu. Além disso, já era um privilegiado centro pesqueiro desde o início do século XVI.

Durante a infância do garoto, a cidade se tornaria sede de um importante estaleiro naval que fornecia navios para o desbravamento da costa africana. Atraía, com isso, inúmeros aventureiros em busca de enriquecimento rápido, que se juntavam aos mendigos, ciganos e pobretões a perambular por suas ruas.

A despeito de alguns historiadores defenderem a ideia de que Diogo teria pertencido à baixa nobreza de Viana, é certo que o Caramuru, desde sua mais tenra idade, passou pelos mesmos apertos da imensa maioria dos habitantes dos centros urbanos em Portugal. Sabemos disso, pois, na época em que Diogo viveu em Portugal, os nobres optavam por ir para a Índia, enquanto o destino Brasil ficava reservado à escória indesejada da sociedade, a quem não cabia escolha. E Diogo, como sabemos, veio ao Brasil.

Existia nas vilas e cidades portuguesas uma grande escassez de imóveis, principalmente por conta do rápido crescimento populacional urbano. Em Viana do Castelo, ainda considerada uma vila, os pobres que tinham a sorte de ter um teto sobre a cabeça viviam em casas alugadas, compartilhadas por várias famílias, cada qual alojada em um cômodo – um esquema muito semelhante aos posteriormente chamados cortiços. Naquela época, a vila tinha cerca de dez mil habitantes, nada mal considerando que o país todo abrigava uma população pouco superior a um milhão. A capital, Lisboa, agregava um número não superior a cem mil habitantes.

Na maioria das casas, não havia latrinas internas, sendo hábito usar o famoso penico, ocultado embaixo da cama. A sujeira era despejada ao acaso e ao relento, pela janela. Urina e fezes humanas se misturavam nas ruas aos restos apodrecidos de comida largados no chão e à sujeira dos animais: cães, gatos, cavalos, carneiros, porcos e galinhas.

Os que não tinham a sorte de poder se abrigar em um cômodo alugado recorriam à Santa Casa da Misericórdia para passar a noite e escapar do frio no inverno rigoroso do norte. Durante o dia, os sem-teto voltavam às ruas, onde os dejetos fétidos corriam a céu aberto.

## A alimentação entre os portugueses

Na época, a base da alimentação em Portugal era o pão feito com trigo importado da Alemanha. A maior parte do território português tinha sua produção agrícola concentrada no vinho e no azeite destinado à exportação, devido a condições geográficas que só permitiam culturas de videiras e oliveiras. As terras do norte, entre as quais se incluem os arredores de Viana do Castelo, serviam de pasto, não deixando muito espaço para o cultivo do trigo.

Antes de conhecer a abundância de alimentos no Brasil, Diogo, como a grande maioria da população portuguesa, comia pão escuro, que não era peneirado, feito com grãos de trigo moídos sujos, resultando em um produto barato que era acompanhado por ervilha, lentilha, feijão, fava e grão-de-bico. A carne disponível diariamente era aquela obtida pela pesca no mar e nos rios, depois salgada ou defumada, para durar mais, e consumida com pimenta, para disfarçar seu mau cheiro e gosto de podridão. Dentre esses peixes, a sardinha era o gênero mais barato e popular.

A carne vermelha, escassa e cara, resultante da atividade pastoril ou da caça, era regalia reservada, mesmo entre os mais abastados, aos dias de festa. As aves, mais caras que pão e sardinha, tinham lugar apenas nas mesas mais requintadas. Os pobres só tinham acesso à carne de aves quando ficavam doentes e passavam a ser tratados com canja de galinha.

No Brasil, o Caramuru encontraria um estilo de alimentação muito diferente. A variedade e a fartura foram fatores que influenciaram decisivamente sua vontade de permanecer entre os tupinambás, mesmo depois de ter a oportunidade de retornar definitivamente à Europa.

### Caminhando entre ladrões, ciganos e judeus

A despeito de Diogo dizer a todos que era náufrago perdido em acidente no norte da Bahia, com embarcação que se dirigia a Índia, é certo e documentado que foi degredado e abandonado no litoral brasileiro por seus superiores para aprender a língua dos nativos.

Lembremos que era uma prática comum preencher as necessidades logísticas dos navios com crianças e adolescentes raptados. O Brasil, de acordo com a mentalidade lusitana, só tinha produtos sem grande valor de troca, como os papagaios e os paus para tintura. Portanto, não atraía muitos voluntários, ao contrário do que ocorria com os navios que partiam para a Índia e a África, repletos de aventureiros que buscavam oportunidades ímpares de enriquecimento.

Como tantos outros da população marginalizada de Viana do Castelo, Diogo havia sido arrancado à força das ruas tortuosas da vila em que vivia na companhia de ladrões, ludibriando os transeuntes para conseguir sobreviver. Essas pessoas, assim como ele, eram alvos preferenciais da justiça portuguesa para tripular os navios, tornando habitual a comutação de penas de reclusão em serviços prestados nas próprias embarcações e/ou no degredo para as novas terras que se descobriam.

Não fosse Diogo um desses ladrões, poderia ter pertencido a outras categorias colocadas à margem da sociedade e estigmatizadas por preconceitos, como os despossuídos a vagarem mendigando pelas ruas, os ciganos vistos com indiferença e ódio pelo resto da população ou os judeus convertidos à força em cristãos-novos e sempre vigiados de perto pelos seus próprios vizinhos e pela Inquisição. Incompreendidos e perseguidos, esses grupos também eram alvos dos magistrados que, periodicamente, limpavam os centros urbanos, degredando por toda a vida essa gente para terras inóspitas. É provável, contudo, que Diogo tenha sido simplesmente raptado enquanto caminhava entre ladrões, ciganos ou judeus.

É verdade que não tardaria muito para que os voluntários começassem também a disputar vagas abertas nas embarcações do caminho ao Brasil. Muitos conseguiriam, inclusive, maior fortuna do que se tivessem rumado à Índia.

Sobretudo em Viana do Castelo, a prosperidade só seria alcançada graças ao açúcar brasileiro, financiador da construção dos grandes palacetes em estilo manuelino que seriam erguidos ao longo do século XVI.

Mas isso seria depois. Pela altura em que Diogo embarcou para o Brasil, não bastavam como estímulos a tentativa de fugir da fome e as precárias condições de vida em Portugal, pois existiam muitas rotas alternativas e mais convidativas. Somente sendo obrigado ou buscando aventuras, um jovem acabava em uma das naus destinadas ao Brasil.

## A pimenta enriquecendo Portugal

Quando Diogo Alvarez Correa foi embarcado em um navio que cruzou o Atlântico rumo ao Brasil, já havia um século que os portugueses tinham iniciado a exploração dos oceanos.

Em um primeiro momento, haviam desenvolvido técnicas de navegação e embarcações a partir de conhecimentos herdados do contato com árabes e italianos, voltando-se para a pesca. Depois tinham se enfiado em uma complexa rota comercial que distribuía pela Europa, navegando pelo Mediterrâneo e o mar da Inglaterra, as especiarias importadas do Oriente por Gênova, Veneza e Florença.

O sucesso conduziu à exploração da costa africana, às tentativas de fixação no norte da África, à descoberta da Ilha da Madeira, Açores e outros rincões até então inexplorados. Buscando chegar à Índia, os portugueses terminaram achando o Brasil, considerado à época um ponto de escala para ir ao Oriente e nada mais, sem nenhum valor comercial.

Estimulados pelas riquezas orientais, os lusos dobraram o Cabo da Boa Esperança, na África, em 1487, com Bartolomeu Dias e finalmente atingiram a terra das especiarias com a viagem inaugural de Vasco da Gama, nove anos depois, passando a controlar a importação de pimenta-do-reino, lucrando até 24.000% sobre o capital investido.

Mais que um condimento, a pimenta era essencial para tornar a carne semi-apodrecida consumível por toda a Europa, principalmente porque os métodos de conservar a carne eram ineficientes. E como a maior parte do gado era abatida no inverno por falta de pastagem, a pimenta tinha um papel importantíssimo.

Diogo nasceu e cresceu em meio a todo esse processo, observou de perto o enriquecimento da nobreza e da burguesia portuguesa com o comércio de pimenta, enquanto o grosso da população empobrecia ainda mais.

## Na caravela

Na época em que o jovem Diogo fez sua primeira viagem de caravela para o Brasil, a travessia entre Lisboa e a região da Bahia durava em média quatro semanas. Os navios tinham a missão de patrulhar a costa da Terra de Santa Cruz contra os corsários e piratas franceses que vinham em busca de pau-brasil.

Construída dentro de parâmetros artesanais que nunca repetiam as mesmas medidas exatas, uma caravela de exploração, característica do início do século XVI, tinha pouco espaço interno, com dimensões de no máximo 16 metros de comprimento de popa a proa, 2 a 3 mastros, aparelhada e provida para comportar não mais de 100 homens a bordo.

Antes de embarcar, Diogo Alvarez Correa participou das festividades que envolviam a partida de toda e qualquer embarcação, quando uma missa era rezada em homenagem ao santo do dia, em uma tentativa de ganhar a simpatia divina por uma viagem segura. Era importante que Deus se fizesse presente durante a travessia. Os medos, a crença em abismos e monstros exigiam a bênção de Nosso Senhor.

Enquanto os marujos eram alojados nos porões em catres – beliche suspenso de madeira, separados em três ou quatro pavimentos, divididos entre vários homens que se revezavam em turnos para ocupar as camas – os grumetes, como Diogo, dormiam a céu aberto, no convés, expostos ao sol e ao frio.

O hábito da "cama quente" a bordo (mal um marujo se levantava, outro ocupava seu lugar, deitando-se sobre o suor do companheiro) talvez tenha gerado a crença popular de transmissão de doenças pelo contato com objetos usados recentemente por outros. O calor do corpo teria a capacidade de transmitir os males daquele que ocupou, por exemplo, uma cadeira anteriormente. A alta mortalidade nos navios "provaria" isso.

Mas os atentados à saúde a bordo eram muitos. A rotina nos navios era repleta de privações, com uma alimentação restrita, quase sempre com biscoitos duros e roídos por ratos e baratas, vinho quase transformado em vinagre e água apodrecida. Só os que podiam pagar os víveres vendidos em um mercado clandestino que se formava a bordo contavam com mantimentos de melhor qualidade e maior variedade, tal como carne vermelha ou pão fresco assado no dia.

A dieta pobre causava constantes doenças, principalmente o mal de Luanda, o escorbuto, pela falta de vitamina C, quadro agravado pela total ausência de higiene a bordo. Tripulantes e passageiros conviviam com animais vivos e seus dejetos transportados lado a lado com os víveres reservados à jornada. Relatos diziam que enquanto alguns faziam sua refeição outros defecavam no costado do navio, correndo o risco de cair ao mar, ao lado dos que colocavam os bofes para fora por causa do terrível balanço da embarcação.

Mesmo sob essas condições, não existe registro de que Diogo tenha adoecido durante sua travessia pelo Atlântico. Porém, o rapaz, além de ter enfrentado fome e sede, deve ter se debilitado por conta da rotina repetitiva e violenta, agravada pela ausência de mulheres e por múltiplos casos de sodomia e estupros praticados entre os marinheiros.

Os marujos tinham fama de ser gente da pior espécie, pessoas indisciplinadas que matavam sob qualquer pretexto, atirando os desafetos ao mar na calada da noite. Por isso eram vigiados de perto pelos oficiais, os únicos com permissão para andar armados a bordo e, com isso, manter a ordem e se proteger dos subordinados.

Devido a essas condições, ao chegar ao Brasil, Diogo, assim como seus pares, sentiu imensa sensação de alívio e liberdade. Não fosse abandonado em terra, talvez tivesse desertado como faziam muitos marujos e grumetes. A visão paradisíaca das jovens indígenas andando nuas, em meio à mata repleta de frutas ao alcance das mãos, dos rios cheios de peixes e água fresca, era irresistível aos europeus oriundos das categorias menos favorecidas.

## No Brasil

Diogo Alvarez Correa foi abandonado na Brasil com provisões limitadas, uma espada, um mosquete e um barril de pólvora. Era um procedimento comum despejar degredados e gente raptada dos centros urbanos portugueses nas terras desconhecidas que a Coroa sabia serem habitadas por nativos. Caso viessem a sobreviver, travando contato com os nativos, poderiam futuramente servir como guias e intérpretes; *lingoas*, como se dizia na época.

Diogo foi deixado onde hoje está localizada a cidade de Salvador, sendo a ele atribuído o patronato da sua fundação. A princípio não cruzou com nativos, somente com animais ferozes, tal como uma das diversas espécies de onças – negras, ruivas ou pintadas – existentes nas matas brasileiras. Animais que atacavam os desprevenidos pulando das árvores, mas que se espantavam facilmente frente ao fogo. Também encontrou alguns dos muitos tipos de cobra a rastejarem pelos matos: sucuris, boiúnas e jiboias.

Espantou-se com a enorme variedade de frutas de sabores exóticos que encontrou caminhando, sem rumo, em busca de abrigo. Deliciou-se com caju, mamão, jaca, jabuticaba e umbu (todas ricas em vitamina C), naquela altura, espécies desconhecidas em Portugal. Aproveitou-se também da abundância de caça: capivaras, porcos-do-mato, veados, tatus, pacas, cotias e aves silvestres.

Passados alguns dias, quando caminhava pela praia, a procura de siris, mariscos ou mexilhões para preparar para si um banquete com o qual nunca poderia sonhar em Portugal, Diogo avistou alguns indígenas armados com arcos e flechas.

Sua primeira reação foi fugir o mais rápido possível para dentro da mata, ocultando-se na vasta vegetação, mas a curiosidade falou mais alto. Terminou decidido a tentar estabelecer contato com aqueles estranhos seres que caminhavam nus.

### Os índios no imaginário europeu

Até então, Diogo tinha os ameríndios brasileiros como selvagens cruéis, responsáveis pelas maiores atrocidades. Seu julgamento inicial estava influenciado pelo imaginário europeu.

Dentre os encontros de culturas processados até aquela altura, poucos tinham sido pacíficos. Além do contato estabelecido pela armada de Pedro Álvares Cabral, na ocasião do descobrimento oficial do Brasil em 1500, algumas expedições tinham se perdido em meio ao ataque dos nativos. Um grande número de portugueses foi devorado por canibais aliados aos piratas e corsários franceses.

Hábitos culturais totalmente distintos forjaram no imaginário europeu a imagem de indígenas cruéis, dispostos a tudo para satisfazer sua fome por carne humana. Uma concepção errônea, já que, comparativamente, os ameríndios eram muito mais pacíficos que os europeus.

Desde que o tratado de Tordesilhas tinha sido estabelecido, em 1494, dividindo o mundo entre portugueses e espanhóis, o rei da França tinha se recusado a aceitar a divisão ratificada pelo papado, passando a recorrer a meios juridicamente ilícitos de exploração comercial, estimulando a aliança de seus súditos com os nativos locais contra Portugal.

Assim, apesar de a maioria das tribos ser cordial, aquelas envolvidas com os franceses costumavam receber os portugueses com uma chuva de flechas, forjando nos lusos uma má impressão sobre os ameríndios, reforçada, ainda, pela incompreensão das diferenças culturais.

Para os europeus em geral, os indígenas brasileiros eram tidos como praticantes de feitiçarias, aliados do demônio. A nudez dos nativos era associada à sexualidade do deus Pã medieval, além de ser um tabu ligado ao pecado original entre os cristãos. As mulheres ameríndias eram identificadas às bruxas europeias, pois dançariam nuas ao redor de caldeirões e instigariam ao pecado enquanto preparavam banquetes regados a carne humana.

Assim podemos compreender a hesitação de Diogo diante dos nativos. Porém, diante da expectativa de passar o resto de seus dias sozinho, sempre fugindo e se escondendo, terminou optando por deixar levar-se pelo espírito de aventura, pela curiosidade de tentar conhecer melhor o outro.

### Estabelecendo contato com os nativos

O encontro do português com os nativos se deu com grande desconfiança e estranhamento de ambas as partes. Diogo resolveu deixar, no local onde tinha avistado os ameríndios, algumas das quinquilharias que trouxera consigo. Passou a observá-los, escondido em uma gruta próxima ao mar, onde havia se abrigado desde que havia chegado por lá.

A estratégia funcionou, e índios de uma tribo tupinambá aproximaram-se dos objetos deixados na praia, um gorro e outra peça de roupa qualquer, um pequeno espelho e quiçá um punhado de bolachas daquelas distribuídas a bordo dos navios lusitanos.

Assim que notou que o grupo de ameríndios aparentemente aceitou os presentes, foi se aproximando lentamente. No início, os indígenas apenas observaram, mas, conforme Diogo foi chegando mais perto, ficaram assustados com sua aparência: um homem branco, pálido, com cabelos claros e compridos, o rosto coberto de pelos, como se tivesse uma cabeleira também sobre seu queixo. Seu corpo estava todo coberto, carregava nas mãos algo quase tão comprido como uma lança, que, ao mesmo tempo, parecia um objeto totalmente estranho, nunca antes visto pelos indígenas. Na realidade era o seu inseparável mosquete, que, tempos depois, literalmente salvaria sua vida.

A reação não poderia ter sido diferente, os índios correram assustados para dentro da mata. Diogo parou e esperou alguns minutos, com seus braços abertos, estendidos em sinal de amizade, até que, pouco a pouco, um índio saiu do meio do mato, depois outro e outro, apontando seu arco e flecha para ele e se aproximando lentamente.

Ao chegarem mais perto, os índios começaram a sentir o mau cheiro exalado pelo português. Ele vinha de uma terra em que banhos eram considerados prejudiciais à saúde. Acreditava-se que a água pudesse se infiltrar no corpo, num contato direto, fragilizando os órgãos e abrindo os poros para os ares maléficos. Para os europeus, a limpeza do corpo estava associada somente à troca diária da camisa e à lavagem da roupa, um hábito cultural oriundo do recente passado medieval.

A língua foi uma barreira para os dois lados, o entendimento entre Diogo e o grupo de ameríndios se processou através de gestos. Ele foi, então, conduzido à aldeia dos tupinambás, levado à presença do cacique, o chefe local, sendo recebido com espanto e curiosidade por toda a tribo.

### Entre as mulheres tupinambás

Quando chegou à aldeia indígena, Diogo teve a impressão de que estava sendo reverenciado como um deus. Rapidamente foi cercado por crianças e mulheres, todos nus, com "suas vergonhas" raspadas, totalmente à mostra. Foi tocado e abraçado, enquanto os homens acompanharam o cortejo, observando-o de uma curta distância.

Visão europeia de mulheres indígenas cercando um prisioneiro europeu.
Isso faria parte do rito antropofágico de preparação para o banquete de canibalismo.

Ele não sabia que, na verdade, tinha sido feito prisioneiro. A partir disso, passava a ser considerado cativo e, nessa qualidade, seria respeitado e admirado como troféu, incorporado a uma das famílias da tribo, recebendo a atenção de uma esposa enquanto estava sendo preparado para ser devorado em um rito antropofágico.

Dentro da cosmologia ameríndia, quanto mais respeitado o inimigo, maior o interesse em devorá-lo, já que o consumo de sua carne simbolizava a incorporação de suas qualidades por seus devoradores.

Por isso, ele recebeu como esposa a filha daquele tido como o melhor dentre todos os guerreiros da tribo, o cacique. Segundo um documento francês do século XVI, encontrado no Canadá, tratava-se da jovem índia guaibimpará, cujo nome pode ser traduzido como "mulher com experiência no mar".

Depois de sua união com Diogo, a jovem indígena ficaria conhecida como Paraguaçu, "mar grande" em tupi-guarani, expressando sua relação com aquele branco que tinha chegado pelo mar não se sabia bem de onde, mas com certeza de terras distantes.

Logo após a conversa inicial com o cacique, Diogo foi despido por várias índias, incluindo Paraguaçu e sua irmã Moema. Esta última se tornaria a segunda esposa do português. Deixando o recém-chegado nu, as ameríndias procuravam igualar as diferenças civilizacionais, sinalizando sua incorporação à tribo.

Entre as nativas não existiam tabus sexuais, a virgindade não era sinônimo de pureza, como entre os cristãos. Nada impedia que as jovenzinhas solteiras mantivessem relações sexuais, desde que tivessem passado pelos ritos de passagem que as reconhecessem como adultas. Ao contrário do padrão europeu, adquirir experiência sexual antes do matrimonio era desejado pelos futuros cônjuges.

Com Diogo não foi diferente. Não se sabe ao certo quantos filhos ele teve com suas concubinas e esposas, mas existem relatos de uma prole numerosa. Somente com Paraguaçu ele teve três filhos homens e nove mulheres.

## Como Diogo se tornou Caramuru

Pouco a pouco, Diogo Alvarez Correa foi adquirindo a confiança de seus captores, recebendo permissão para sair e caçar junto com os guerreiros da tribo. Ele procurou aprender a língua dos nativos e se adaptar a sua nova condição.

Foi a ocasião que alterou sua sorte e seu nome. Usando inteligência e habilidade, Diogo valeu-se de seu mosquete para matar um pássaro. O som da pólvora, expulsando o projétil arredondado do cano do mosquete em direção à caça, em meio à fumaça e ao cheiro estranho exalado, assustou os indígenas. Eles gritaram: "Caramuru, Caramuru", ou seja, "homem de fogo", segundo a variante tupi-guarani falada pelos tupinambás.

Os guerreiros ameríndios que acompanhavam Diogo rapidamente se afastaram dele, alguns correram de volta à tribo para contar o acontecido. A maioria dos ameríndios, depois de terem apontado seus arcos na direção do português, temendo por suas próprias vidas, baixaram a guarda para escutar o europeu. Gesticulando, ele tentava dizer que não precisavam temê-lo, pois queria se aliar à tribo para matar seus inimigos.

O Caramuru cumpriu sua palavra e liderou a tribo num conflito contra os tapuias, denominação que seria dada pelos lusos aos índios que falavam outras línguas que não derivavam do ramo tupi-guarani.

## Construindo um império

À frente de guerreiros nativos, o Caramuru procurou inserir-se no universo do sagrado, usando seu mosquete para amedrontar os inimigos. Escutando o estrondo da arma de fogo, os ameríndios encaixavam aquele estranho objeto no referencial mais próximo de seu cotidiano, identificando o mosquete do português como um trovão de fogo que matava. Dispersavam-se durante o combate ao primeiro guerreiro caído ao chão com o tiro do Caramuru.

Diogo já não era mais um prisioneiro entre os tupinambás. Tornou-se o soberano absoluto dos nativos locais. Já não era obrigado a andar nu. Em sinal de respeito, era o único que podia se vestir com uma espécie de manto, uma túnica de algodão, com belas plumas.

Cercado de regalias, o Caramuru iniciou a construção de um verdadeiro "império" na Bahia, agregou em torno de si tribos rivais e substituiu o estilo de vida nômade dos nativos pela sedentarização. Ele tentou fazer aquilo que outros lusitanos fariam anos depois, com o incremento da colonização do Brasil: construir um novo mundo imitando o padrão europeu e, ao mesmo tempo, adotando características indígenas.

A união do Caramuru com a índia Paraguaçu, retratados aqui em uma gravura do século XVII, abriu caminho para que o português construísse um império entre os nativos, o que facilitou a penetração lusitana no Brasil.

Diogo fundou um povoamento entre o rio São Francisco e o rio Real, modificando o padrão das habitações ameríndias, substituindo as enormes ocas compartilhadas por várias famílias por casas menores, mais robustas e individualizadas.

Criou um grupo miliciano de guerreiros indígenas com função nitidamente policial, pensando tanto na manutenção da ordem interna de seu "império" como na proteção contra os inimigos externos. Pois, apesar do medo que despertava entre os nativos com seu poderoso mosquete que cuspia fogo, nem todos aceitavam sua autoridade. Sabe-se que o Caramuru enfrentou três rebeliões indígenas contestando sua liderança, saindo sempre vitorioso graças ao poder simbólico de sua arma de fogo.

A fama de Diogo rapidamente se espalhou pela região, o que lhe rendeu homenagens e até adorações, transformando-se em pouco tempo no mais poderoso chefe tribal da Bahia. Os caciques presenteavam o Caramuru com suas filhas como esposas, em sinal de respeito e amizade, estreitando os laços com aquele semideus pelo parentesco.

Casou oficialmente, com a bênção da Igreja Católica, apenas com Paraguaçu. O enlace ocorreu em 1528, depois de sua futura esposa ter sido batizada como Catherine des Granches, na França, em homenagem a Catarina, esposa de um dos padrinhos do casamento, Jacques Cartier, o navegador francês que explorou a costa brasileira e chegou até Quebec.

O registro do batismo e do casamento foi encontrado em Dieppe, provando a estada de Diogo e Paraguaçu na França, entre 1526 e 1528, e corroborando a versão de que o português seria um degredado ou lançado, e não um náufrago. Pois, a despeito de seu auxílio aos portugueses em diversas ocasiões, Diogo esteve também intensamente envolvido com os franceses, inimigos e concorrentes de Portugal em território colonial.

### Na corte francesa

Depois de ter sido abandonado na costa brasileira, Diogo prestou valiosa ajuda aos franceses no Brasil, antes de restabelecer contato com seus conterrâneos. Tanto que recebeu um convite para visitar a corte francesa e conhecer pessoalmente o rei.

O lançado português embarcou com uma comitiva de ameríndios para a França, sendo recebido na corte francesa em Rouen, onde colaborou para apresentar ao rei francês uma espécie de espetáculo simulando a vida entre os tupinambás no Brasil.

A viagem causou grande espanto e curiosidade entre os nobres franceses, originando inúmeras discussões e relatos, que se tornariam matéria-prima do famoso *Discurso sobre a origem e os fundamentos da desigualdade entre os homens* do filosofo Jean-Jacques Rousseau, no século XVIII. O mito do "bom selvagem" teria vida longa e voltaria ao Brasil pela literatura do romantismo no século XIX.

A visita de Diogo à França foi observada de perto por outro português, Diogo André de Gouveia, que relatou tudo ao rei D. João III. Somente depois desse fato, o contato com os portugueses foi restabelecido. Depois de três anos na França, Diogo retornou ao Brasil.

## Novamente entre os portugueses

Durante a sua estadia na França, Diogo teria recebido uma oferta do representante do rei de Portugal: poderia regressar ao Reino e receber título de nobreza se auxiliasse o projeto colonizador de D. João III.

Porém, não existem registros oficiais que comprovem esse contato, somente narrativas de segunda mão. A única certeza é que, ao retornar ao Brasil, o Caramuru foi essencial ao sucesso da missão colonizadora de Martim Afonso de Souza em 1530, então capitão-mor e governador das Terras do Brasil.

Diogo prestou valioso apoio contra os franceses, possibilitando um entendimento pacífico do governador lusitano com os indígenas, durante o período em que esteve envolvido no patrulhamento da costa, entre o Rio de Janeiro e Salvador, antes de estabelecer-se em São Vicente em 1532.

Apesar da ajuda do Caramuru em diversas outras ocasiões e do reconhecimento da Coroa portuguesa de sua importância na fixação lusitana no Brasil, Diogo nunca manifestou interesse em voltar para Portugal. Morreu entre os tupinambás, até onde se sabe de velhice, aos 83 anos; uma idade bastante avançada para os padrões da época, dificilmente alcançada na Europa.

Graças aos serviços prestados por Diogo Alvarez Correa em prol da instalação do Governo-Geral em 1549, os seus três filhos com Paraguaçu –

Gaspar, Gabriel e Jorge –, além de um dos seus genros – João de Figueiredo –, foram agraciados pelo governador-geral do Brasil, Tomé de Souza, com o título de cavaleiros.

Caramuru deixou um legado que permitiu aos portugueses penetrarem com maior facilidade em um território hostil e desconhecido, deixando também uma série de descendentes que seriam cruciais à miscigenação cultural que originaria o povo brasileiro.

## Indicações Bibliográficas

AMADO, Janaina. Diogo Álvares, o Caramuru, e a fundação mítica do Brasil. *Estudos Históricos*. Rio de Janeiro, n. 25, v. 14, 2000, pp. 3-39.
    A autora tenta discernir os fatos concretos das mitificações construídas ao longo dos séculos em torno deste controvertido personagem, mostrando como o Caramuru representa a essência do português que inicialmente foi enviado pela Coroa ao Brasil.

BARROS, João de. *O Caramuru*: aventuras prodigiosas de um Português colonizador do Brasil – Adaptação em prosa do poema épico de frei José de Santa Rita Durão. Lisboa: Livraria Sá da Costa, 1935.
    Romance histórico no qual a vida de Caramuru é retratada com base no poema de frei Santa Rita Durão. Uma boa leitura para aqueles que gostam de aprofundar as imagens mentais traçadas pelos livros de historiadores sobre o cotidiano dos primeiros portugueses a pisar no Brasil, a despeito do caráter notadamente ficcional da obra.

DURÃO, Frei José de Santa Rita. *Caramuru*: poema épico do descobrimento da Bahia. Rio de Janeiro: B.L.Garnier, 1845 (1ª ed. 1781).
    Uma das principais fontes históricas sobre a vida do Caramuru, com boa parte dos fatos narrados confirmada por documentos de época presentes no Arquivo Nacional da Torre do Tombo em Lisboa, sobretudo incorporados aos fundos dos Manuscritos do Brasil.

RAMOS, Fábio Pestana. *No tempo das especiarias*. São Paulo: Contexto, 2004.
    A obra permite entender o contexto dos descobrimentos portugueses e a inserção do Brasil no panorama da construção do Império Ultramarino lusitano, possibilitando visualizar as questões da época em que viveu Caramuru.

VARNHAGEN, Francisco Adolfo de. O Caramuru perante a História. *Revista Trimestral de História e Geographia ou Jornal do Instituto Histórico e Geográfico Brasileiro*. Rio de Janeiro, t. x, 2º trim. 1848.
    Um dos primeiros historiadores a se preocuparem com a veracidade histórica do personagem Caramuru e sua relevância para o entendimento da história do Brasil. Leitura agradável, a despeito da linguagem puramente acadêmica.

## Isabel Dias (1493-1580):
## Bartira, símbolo da miscigenação

> "E são cristãos, nascidos de pai cristão, que
> sendo espinho não pode produzir rosas."
> Carta de Anchieta ao padre Inácio de Loyola. São Paulo, 1554

Até completar 19 anos, a índia M'bicy – nome que em tupi significa "flor da árvore" – não sabia que se apaixonaria por um estranho que chegaria pelo mar, nem que deixaria inúmeros descendentes que passariam a representar o processo de miscigenação entre ameríndios e portugueses, fundador do sincretismo cultural no Brasil.

Filha do cacique Tibiriçá, nome traduzido por "maioral" ou "vigilante da terra", a jovem vivia entre os guaianases, ramo aparentado com os tupis, quando foi entregue ao português João Ramalho como parte de um pacto estabelecido com aquele explorador recém-chegado à Terra de Santa Cruz no início do século XVI.

A aldeia de M'bicy estava localizada nas cercanias do atual Fórum João Mendes Junior, na cidade de São Paulo, perto do chamado Caminho do Mar. O local era ponto de passagem e, por isso, bastante frequentado por indígenas de várias outras tribos. A região parecia ser um refúgio de convivência pacífica e escambo.

Esse ponto de acesso ao Caminho do Mar era muito usado pelos vários grupos tupiniquins e pelos guaianases para subir e descer a serra do Mar. O deslocamento do interior ocorria pela pesca abundante nas praias do litoral de Santos e São Vicente no inverno. Os grandes cardumes, fugindo das águas frias em alto mar, procuravam refúgio nas águas mais quentes da costa, atraindo, por isso, guerreiros de várias tribos da serra acima. Nesse sentido, havia uma relação constante entre as sociedades indígenas situadas na região do planalto paulista e as que viviam na costa litorânea.

Foi assim, por intermédio do índio Caiubi, irmão do cacique Tibiriçá, que os guaianases entraram em contato com João Ramalho, um português que, a exemplo do Caramuru, já tinha obtido certo prestígio entre os nativos.

João Ramalho foi abandonado no Brasil e, durante sua permanência no litoral, ouviu falar da influência que o cacique Tibiriçá exercia nas várias etnias espalhadas pela região. Assim, no caminho que os guerreiros guaianases faziam de volta ao planalto, João Ramalho aproveitou para se aproximar dessa sociedade. Ele estabeleceu contato, teve acesso à localização da tribo e finalmente conheceu a jovem M'bicy, filha do cacique Tibiriçá.

Não se sabe ao certo de que modo eles viriam a estabelecer relação. É possível que a união tenha representado a aliança política entre portugueses e guaianases. Outra possibilidade, naturalmente, é o despertar do forte sentimento de amor entre M'bicy e o português.

Depois do casamento com João Ramalho, M'bicy ficou conhecida como Bartira, palavra genericamente empregada para designar plantas com cheiro agradável e cor exuberante, expressando sua natureza vivaz e temperamento forte. Alguns, no entanto, a chamavam também de Potira, nome de sua mãe, um apelido carinhoso que soava na língua nativa como "plantinha".

Por buscar reconhecimento social por parte dos colonizadores europeus, ela adotou, ainda, um nome cristão: Isabel Dias. Batizada, a índia assumiu uma postura extremamente católica, a exemplo do marido. Mãe de 12 filhos com o português, Bartira esteve por trás da fundação de importantes vilas que originaram cidades como Santo André, São Bernardo do Campo e São Paulo.

Seus filhos, netos e bisnetos fizeram parte da elite da sociedade paulistana, espalhando-se por todo o Brasil, a ponto de um dos seus descendentes, o general Antônio de Souza Neto, ter participado do episódio da proclamação da República Rio-Grandense em 1836, durante a Revolução Farroupilha.

Isabel Dias 35

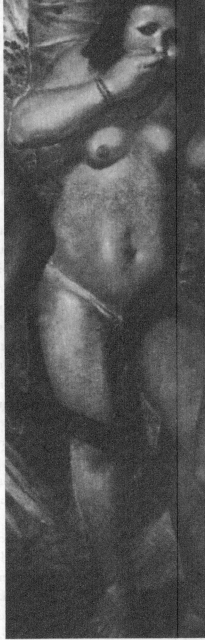

Representação simbólica de Isabel Dias: a índia Bartira.

Como sempre ocorre no encontro entre povos de diferentes culturas, Bartira adotou alguns valores dos conquistadores europeus e, simultaneamente, também influenciou na concepção de mundo dos próprios portugueses. Após esse choque de mundos e tradições, nem portugueses e nem indígenas seriam os mesmos. Uma nova cultura se formou em uma verdadeira fusão: diversos povos, um Brasil.

### A hegemonia dos temíveis guaianases

Os guaianases tinham fama de serem cruéis no trato com os inimigos. Antes de se fixarem onde João Ramalho encontraria sua futura esposa, eles viviam em guerra contra as outras nações indígenas e viajavam constantemente para que os inimigos não pudessem localizá-los.

Ao estabelecer novo acampamento, cercavam a aldeia com um punhado de paus entrelaçados e arbustos, formando desenhos circulares nos quais as suas habitações se dispunham. Além disso, colocavam espinhos ao redor das cabanas e montavam armadilhas mortais para se protegerem dos animais e desavisados, um procedimento comum entre os nativos das mais diversas etnias.

Não foi a fama de exímios caçadores que lhes valeu o temor das outras tribos, tampouco a arte de camuflar as armadilhas para se tornarem virtualmente imperceptíveis aos olhos destreinados. A alcunha de "temíveis" viria com o hábito de decepar os membros, braços e pernas dos inimigos ainda vivos, enquanto outras etnias matavam primeiro para depois esquartejar e preparar a vítima para o banquete antropofágico.

Foi justamente a postura agressiva, capaz de gerar medo, que garantiu certa paz, intimidando tupinambás, tupiniquins e carijós. Isso permitiu que os guaianases intermediassem as relações entre as belicosas nações indígenas na região ao se fixarem em um ponto de passagem entre o caminho de descida da serra e o acesso ao interior por via fluvial.

E assim os guaianases abandonaram a vida nômade e escolheram como local de moradia definitiva a região que daria origem à vila de São Paulo de Piratininga, uma colina cercada por rios, facilmente defensável em caso de necessidade e com ampla visão de quem chegava ou partia.

Ficava entre o rio Tamanduateí e o rio Tamanduás, este último só aparecia na época das cheias, quando a área de várzea inundava, deixando muito peixe aprisionado nas lagoas que se formavam ao secar; a aldeia ficava também próxima do rio Itororó, na atual avenida 23 de Maio; do rio Saracura, atual avenida 9 de Julho; e do rio e do vale do Anhangabaú, ou "vale do demônio", onde habitava o Kaáguara, o morador do mato, o Anhangá.

Dessa colina, os guaianases controlavam o acesso aos peixes do litoral, necessários à sobrevivência dos indígenas do planalto durante o inverno, época em que o clima frio espantava a caça e, com exceção da mandioca, fazia escassear o que podia ser coletado nas matas. O peixe do litoral era apanhado com pequenas redes, depois frito em grande quantidade e transformado em uma farinha chamada *pira-cuí*. Dessa forma, o alimento era preservado por longos meses, sendo transportado serra acima pelo Caminho do Mar.

Os guaianases permitiam a passagem por suas terras em troca de um tributo em forma de pira-cuí, consumido durante o inverno com farinha de mandioca e pesca fresca, quando possível. A prática terminou por dar nome ao planalto: *Piratininga*, uma palavra que designava "peixe seco".

## O contexto do nascimento de M'bicy

M'bicy foi uma criança comum, mesmo sendo a filha preferida do cacique. Ela tinha irmãos e irmãs, frutos das relações de seu pai com outras esposas. Potira, a primeira mulher, era a favorita de Tibiriçá, talvez daí a predileção também pela pequena M'bicy.

Entre os guaianases, como era comum em vários grupos indígenas, a maior parte dos homens tinha apenas uma esposa, mas os indivíduos com maior prestígio social reafirmavam sua condição ao possuírem até 14 esposas. Era o caso, por exemplo, do cacique, tido como uma espécie de líder político entre todos de sua tribo e um general perante os guerreiros.

Habitando coletivamente o mesmo teto, as esposas seguiam uma hierarquia, conforme a antiguidade da união. Cada mulher tinha seu canto, ao redor do qual aglutinava seus filhos e seu fogo, com sua plantação de raízes particular no entorno da aldeia.

M'bicy nasceu em uma *maloca*, típica habitação indígena com estrutura de madeira coberta com grossa camada de ramos de palmeiras ou taquaras. As malocas não tinham janelas, apenas uma abertura no centro do teto para permitir a saída da fumaça das fogueiras. Quase sempre, tinham pelo menos três portinhas baixas que obrigavam as pessoas a se curvar para entrar e sair.

Em geral, possuíam formato redondo ou triangular, com até trinta metros de comprimento, sendo construídas em regime de mutirão ao longo de uma semana, com durabilidade que chegava a 15 anos.

Em cada maloca, também conhecida por sua abreviação *oca*, coabitavam em um espaço sem paredes pelo menos quarenta pessoas reunidas em torno de um patriarca que ligava cada família a si por meio de laços de parentesco. A capacidade de organização da parentela, filhos e filhas, mais genros e noras, além dos netos, terminava conferindo poder dentro da tribo.

Alojado no centro da maloca ficava o patriarca. Os patriarcas formavam um seleto grupo de anciões que ajudavam o cacique a tomar decisões importantes. Aliás, o próprio cacique era um desses patriarcas, que por algum motivo tinha assumido o comando da aldeia, o qual não necessariamente era herdado.

Potira, a mãe de M'bicy, dormia em uma dessas malocas, quando sentiu as primeiras dores do parto. Estava deitada em uma *inni* (rede feita de fios de algodão), amarrada em dois esteios, acima do chão, ao lado de uma fogueira conservada acesa durante a noite. Imediatamente foi ajudada pelas mulheres que estavam mais próximas e que também dormiam em suas redes com suas próprias fogueiras.

Ela deu à luz de cócoras, como era costume, cortando o cordão umbilical com os seus dentes, enquanto Tibiriçá aguardava a finalização do processo para pegar a criança e apresentá-la à tribo. Até então, a menina ainda não tinha um nome, ele seria definido coletivamente, alguns dias depois, quando o pai reuniria os patriarcas e melhores guerreiros para discutir as opções.

O nome acompanharia a menina até que se casasse. No caso dos meninos, a mudança de nome ocorria quando eles se tornavam guerreiros e provassem seu valor ao abater um inimigo ou um animal de grande porte.

Muitos pais optavam por colocar nos filhos os nomes dos antepassados, estabelecendo, assim, um vínculo forte entre o passado e o presente daquela comunidade. Tibiriçá, por sua vez, optou por fazer diferente. Em homenagem àquela que até a ocasião ainda era sua única esposa, chamou a menina de M'bicy, simbolizado o nascimento de uma "bela flor" que havia brotado das entranhas de sua amada "plantinha" Potira.

## A infância e a vida cotidiana na aldeia

Durante os dois primeiros anos, a criança permaneceu sob os cuidados da mãe e da avó e era carregada para todo o lado em uma faixa de algodão

Pinturas a óleo do século XVII que mostram a divisão do trabalho entre os indígenas: guerra e caça eram tarefas masculinas, enquanto coleta de frutas e raízes, cuidar das crianças pequenas e até mesmo preparar de banquete antropofágico eram tarefas femininas.

amarrada nas costas. Nessa posição, o *curumim* (criança) recebia o alimento e acompanhava a mãe até o rio onde normalmente era banhado.

Por essa altura, entre os ameríndios, as crianças recebiam um chocalho de casca de frutas ou unhas de veado amarradas num pedaço de pau para irem, aos poucos, desenvolvendo sua motricidade. Passando a engatinhar, brincavam no chão com pedrinhas ou pedacinhos de madeira, cavando a terra. Em muitas etnias, as crianças se divertiam com insetos amarrados em fios ou brincavam com os animais como se fossem bonecos.

Passada a primeira infância, meninos e meninas recebiam diferentes ensinamentos. As meninas ajudavam suas mães, coletando raízes e raspando a mandioca para fazer farinha. Copiavam os atos das mulheres adultas e observavam tudo com grande curiosidade, sendo excluídas somente de alguns ritos e práticas, em geral ligadas ao ato sexual. M'bicy foi treinada para ser esposa e mãe desde a mais tenra idade.

Os meninos, por sua vez, ficavam dispensados de carregar água dos rios ou lenha para dentro das malocas, tarefas tipicamente femininas. Eles observavam os mais velhos pescar e aprendiam a fabricar arco e flecha e outras ferramentas usadas na caça e na guerra.

Existia uma divisão de tarefas entre homens e mulheres, estabelecida pela tradição, que ditava o comportamento dos indivíduos. A tradição era moldada pela relação que os indígenas estabeleciam com o tempo e com o trabalho. Aos olhos dos primeiros conquistadores, essa relação lhes era estranha, pois, ao contrário do que acontecia na Europa, nada parecia ser obrigatório entre os nativos, quando na verdade havia uma estrutura social com regras e valores próprios.

Os portugueses acreditavam que os indígenas eram carentes de organização por adotar condutas diferentes em relação às tarefas. Eles seriam mais livres no que diz respeito às obrigações do dia a dia. Não é à toa que nos primeiros anos da colonização uma visão paradisíaca foi construída a respeito desses grupos indígenas. Nus e vivendo em uma terra com vegetação abundante, esse era o cenário perfeito para se imaginar um oásis de liberdade no Novo Mundo, terra como o Éden bíblico, em que os homens poderiam ter um desenvolvimento livre e independente.[1] Essa visão certamente iria mudar com o passar da colonização, e o paraíso terrestre aos poucos se tornaria o próprio inferno.

No geral, as crianças nativas tinham liberdade para fazer aquilo que mais lhes agradasse. Muitas se sentavam ao redor dos anciões para escutar histórias de guerras e lendas que tinham como função social ensinar as tradições daquele povo, além de transmitir noções de comportamento, a partir de exemplos de justiça e sobriedade.

Além das rodas de conversa, outras atividades comuns incluíam imitar animais, dançar e cantar. As brincadeiras serviam de base à educação infantil e ao lazer da tribo como um todo. Nadar, correr, pular, lutar, ajudar a mãe a coletar alimentos na mata ou cozinhar eram práticas coletivas que mantinham as crianças saudáveis e ensinavam como proceder ao se tornarem crescidas.

Os curumins tinham também brinquedos e brincadeiras específicos de sua condição infantil. As mães faziam para os filhos brinquedos de barro cozido, representando figuras de animais e de pessoas, para que pudessem imitar as ações da vida cotidiana com as miniaturas. Os pais fabricavam piões que zuniam, chamados de *totuma*, elaborados de forma graciosa, com uma pequena madeira redonda e oca, onde a abertura mais ou menos redonda era atravessada por um palito de madeira duro e vermelho fixado com cera negra.

Outro brinquedo muito comum era a *matraca*, confeccionada a partir de um disco de madeira, cheio de concavidades na borda e cavidades no centro, por onde passava um fio, unido nas extremidades. O movimento de virar e esticar o fio produzia o som de ronronar que divertia os curumins.

Além desses, também era conhecido um jogo feito com fio de algodão, hoje conhecido por *cama de gato*, presente cotidianamente no rol de brincadeiras tradicionais infantis no Brasil. Os curumins recorriam uns aos outros para desenroscar os fios, tirando de um dedo para passar aos outros. Os desenhos traçados pelos fios, através do vaivém entre as mãos de um e outro, formavam contornos que lembravam objetos, animais e situações do cotidiano, base para iniciar conversas e escutar as histórias contadas pelos pais ou avós.

O divertimento natural era imitar gente grande, caçando pequenos animais, abatendo aves menores, tentando pescar. Preparar-se para os ritos de passagem era essencial em uma sociedade em que a criança se tornava adulta sem experimentar a adolescência.

## M'bicy torna-se a índia Bartira

Por volta dos 13 anos, quando ocorreu sua primeira menstruação, M'bicy se tornou mulher. Para isso, ela passou por um ritual em que ficava isolada em um local reservado, construído com esteiras de madeira especialmente para esse fim.

A jovem permaneceu confinada por três meses, como se estivesse em casulo, tendo contato apenas com a mãe, a avó e uma tia paterna. Somente em raras ocasiões a garota tinha permissão para sair, pois o ritual exigia que ela ficasse em silêncio, meditando, recebendo orientação das parentas para aprender a fiar algodão e para praticar a confecção de redes e esteiras, além do preparo de cestos com gravetos.[2]

Passado esse tempo, tal como no caso da borboleta, a menina renascia como mulher e era reintegrada à tribo através de uma grande festa regada a *pajauaru*, bebida alcoólica feita com mandioca fermentada. As mulheres da tribo se reuniam dias antes para fazer a bebida, ferviam as raízes de mandioca que depois eram mastigadas pelas mais jovens e cuspidas em uma grande vasilha, onde o líquido fermentava por dois dias.

Antes da festa se iniciar, ao ser arrancada de seu "casulo" para a luz do dia, M'bicy tinha sido enfeitada com pinturas por baixo dos olhos e por todo o corpo. Nas suas orelhas foram feitos furos e pendurados objetos roliços do comprimento de um palmo, chamados *nambibeya*, feitos de conchas do mar trazidas por guerreiros da serra abaixo.

Depois disso, M'bicy voltou à habitação para aguardar a chegada de seu pai, o cacique Tibiriçá, procedimento que seria comum a qualquer indiazinha, mesmo que ela não fosse filha de um membro de destaque na tribo.

O pai tinha a obrigação de convidar todos para a festa, oferecendo comida e bebida. Os convidados cantavam e se divertiam enquanto a virgem permanecia afastada. A jovem só saiu definitivamente do isolamento depois que a tribo comemorou durante três dias e noites ininterruptos sua passagem para a vida adulta.

Finalmente, o pai foi até o cubículo, junto com o pajé, e anunciou ao grupo que M'bicy agora passaria a ser Bartira. Ao som de trombetas, tambores, gritos e cantos, a garota saiu com os olhos vedados com penas, sendo saudada pelas mulheres adultas da tribo e reconhecida à distância pelos homens como uma nova pessoa.

Os tios paternos se aproximaram e arrancaram tufos de seu cabelo, enquanto ela era conduzida até uma esteira para ser depilada e ter a pintura corporal revitalizada.

A família era o centro da vida social indígena.

No fim do ritual, a venda seria retirada e a jovem adulta receberia uma coroa de penas. Os tios paternos se aproximavam novamente usando máscaras, carregavam a moça até o rio e a atiravam na água para que pudesse se banhar.³ Todo esse rito simbolizava a morte da menina e o renascimento da mulher, além do reconhecimento como membro da tribo.

Qualquer curumim estava obrigado a passar pelas etapas de transformação, inclusive os meninos. A passagem para o mundo adulto, porém, era bem mais simples para os homens.

Anualmente, os meninos entre 9 e 14 anos, conforme o desenvolvimento físico, atendiam uma convocação para provar sua coragem e disciplina. Os curumins deveriam enfiar as mãos e o pênis em um formigueiro e precisavam aguentar as ferroadas sem chorar, sendo supervisionados diretamente pelo pajé. Nenhum menino era obrigado a participar do ritual, muitos desistiam em cima da hora, mas só seriam considerados adultos depois que passassem satisfatoriamente pela prova. Os hesitantes eram automaticamente convocados a tentar tornarem-se guerreiros no ano seguinte.

Ao ser aprovado na prova, o candidato a adulto trocava seu nome para o de um animal feroz. Isso simbolizava sua perícia como caçador ou pescador. Em seguida, o menino partia para a mata com a missão de trazer justamente o animal que tinha escolhido para adotar como nome para servir de alimento para a tribo. Antes de partir, ele se preparava, transformando sua aparência. Pintava o corpo todo de negro, furava a orelha para colocar adornos, raspava as sobrancelhas, tirava os cílios e pendurava um colar de algodão em seu pescoço.

### Uma história de alianças e amor

João Ramalho nasceu em 1490 na comarca de Vizeu, na zona rural de Portugal. Aos 18 anos, recém-casado com Catarina Fernandes das Vacas, embarcou em um navio rumo ao Brasil.

Nesse mesmo ano de 1508, a caravela naufragou no litoral de São Vicente. Desorientado, ele perambulou pela praia em busca de mais sobreviventes. Ao que se sabe encontrou pelo menos mais um, que seria mencionado por João Ramalho em seus relatos à Coroa e que teria vivido entre os índios de aldeias vizinhas àquelas em que ele próprio viveria. Pelo menos essa foi a história que João Ramalho contou aos portugueses que encontrou na colônia, já que, a exemplo do Caramuru, existia uma suspeita de que era, na verdade, marinheiro desertor ou degredado.

Não se sabe muito a respeito da vida de João Ramalho antes de conhecer Bartira, mas é certo que gozava de imenso prestígio entre os indígenas instalados no litoral. Isso se deu quando soube da hegemonia dos guaianases e resolveu investigar melhor quem eram aqueles nativos. Inteirou-se de que os guaianases, liderados pelo cacique Tibiriçá, haviam abandonado o canibalismo. Soube que, apesar das terríveis práticas de esquartejar inimigos ainda vivos, a carne não era consumida, o que despertou a simpatia do português.

O português João Ramalho, o grande amor da índia Bartira, retratado ao lado de um de seus muitos filhos, em uma ilustração de José Wasth Rodrigues.

Assim, em 1512 subiu a serra na companhia do irmão do cacique Tibiriçá e de outros índios que tinham ido ao litoral para pescar. E vislumbrou pela primeira vez a índia Bartira.

Não se sabe ao certo os motivos da união entre eles. O casamento entre homem e mulher de diferentes sociedades, para os guaianases, fazia parte de uma prática chamada *cunhadismo*, que era uma forma de estabelecer alianças com outros povos. A união simbolizaria a fusão entre essas sociedades, um pacto de confiança, como se a partir daquele momento um único grupo fosse formado.

Isso certamente facilitaria os contatos estabelecidos entre guaianases, do planalto, e portugueses, do litoral. A troca de mercadorias entre eles, a partir do escambo, as alianças militares contra os tupinambás, inimigos dos guaianases, foram motivos importantes que marcaram essa união.

Para os portugueses a aliança representaria a chance de obter escravos indígenas, pois os índios aliados lhes venderiam os seus inimigos aprisionados. Por outro lado, armas e pólvora dos lusitanos, por exemplo, ajudariam no combate a esses inimigos. Facas e foices portuguesas seriam usadas ainda para a melhoria da lavoura indígena.

Desse modo, João Ramalho e Bartira foram utilizados pelos seus líderes como forma de estabelecer pactos e alianças entre essas duas sociedades, sendo que cada uma delas tinha os seus próprios interesses na região.

Embora João Ramalho, depois do seu casamento com Bartira, não vivesse entre os portugueses, tinha laços culturais fortes com seu próprio povo. Havia sido enviado ao Brasil para facilitar o contato com os nativos; era um europeu que se enxergava como tal.

Outra versão que justifica o casamento diz que a jovem apaixonou-se por aquele estranho homem de barba comprida, vestido com uma espécie de túnica que cobria todo seu corpo, trazendo sempre adaga e espada na cintura, além de objetos que faziam grande estrondo aos ombros, os mosquetes. Não tivesse sido entregue a João Ramalho, ela teria fugido com ele para o litoral. Portanto, a jovem teria influenciado seu pai para que propusesse a união com o português.

João Ramalho já tinha concubinas e filhos entre os ameríndios com os quais vivia no litoral. No entanto, enxergou na proposta uma oportunidade para ampliar sua zona de influência e passar a controlar o acesso ao interior e o deslocamento para o litoral.

Casando-se com Bartira, pelas tradições nativas, o lusitano passava a fazer parte da parentela de Tibiriçá, habilitando-se a candidato a novo cacique quando o líder dos guaianases morresse, já que os genros eram tidos como se fossem filhos.

Terminada as conversações, Bartira foi preparada para a união com o português. Seu cabelo foi parcialmente cortado e seu corpo pintado com símbolos especiais. João Ramalho foi avisado que deveria retornar ao litoral e voltar depois de alguns meses. O casamento se realizaria quando o cabelo de Bartira estivesse novamente comprido.

João Ramalho retornou ao litoral. Passados poucos meses, subiu a serra e reencontrou a noiva. Ela foi entregue ao português por Tibiriçá, diante de todos os habitantes da tribo. O casal procedeu a juramentos e seguiu para uma maloca especialmente construída para abrigar o futuro líder e sua parentela, inclusive suas concubinas trazidas do litoral junto com seus filhos. O casal teve, então, sua noite de núpcias.

Passados alguns anos, depois de João Ramalho ter salvado muitas vezes portugueses que começaram a chegar à região para colonizá-la, a união do português com Bartira foi oficializada aos olhos da Igreja Católica. O responsável foi o padre Manuel da Nóbrega, mesmo sendo de conhecimento notório o fato de Ramalho já ser casado no Reino e de sua esposa estar viva.

Para o padre Nóbrega, a oficialização serviria de exemplo a outros portugueses amancebados com nativas e mostraria aos ameríndios o caminho correto: um casamento cristão e a formação de uma família nuclear composta por pai, mãe e filhos. O sacramento foi visto por outros religiosos como um ato de rebeldia de Nóbrega, mas somente referendou uma opção de Bartira pelo cristianismo, já que ela havia adotado a religião anos antes, sendo batizada, como vimos, com o nome de Isabel Dias.

Ao mesmo tempo, o casamento católico de Bartira sinalizou o apoio dos jesuítas à miscigenação como forma de povoar o Brasil, já que havia poucas mulheres europeias na colônia. Nóbrega tentava convencer a Coroa portuguesa a intensificar o envio de mulheres para a América Portuguesa. O monarca lusitano tinha tentado mandar órfãs à colônia para se casarem com elementos mais abastados da população branca, mas o sistema não surtiu o efeito desejado.

A maior parte das chamadas "órfãs do rei" eram mulheres encerradas em instituições de caridade pelos magistrados no Reino e depois forçadas a embarcar para o Brasil, África e Índia. A travessia marítima e o constante assédio masculino a bordo dos navios impediam que os homens trouxessem esposa e filhas, enquanto as supostas órfãs possuíam sempre origem duvidosa.

## Isabel Dias e sua vida ao lado de João Ramalho

Apesar de adotar parte do modo de vida indígena, João Ramalho manteve-se católico durante toda sua vida, tornando-se amigo do Padre Manuel da Nóbrega, provavelmente o responsável pelo batismo de Bartira e pela sugestão da mudança para o nome cristão de Isabel, em homenagem à rainha de Portugal, esposa do rei D. Afonso V.

Antes ainda de se tornar Isabel, Bartira esteve ao lado do marido quando ele iniciou a ampliação de sua zona de influência junto às tribos de outras etnias. A indígena ajudou João Ramalho a recepcionar Martim Afonso de Souza em Cubatão, quando a missão colonizadora chegou ao litoral em 1532.

Na época, João Ramalho já tinha estabelecido, com a ajuda do cacique Tibiriçá, uma rede de trocas comerciais com as capitanias do Nordeste, envolvendo pimenta-da-terra, algodão e outras drogas do sertão. Ele também comercializava escravos ameríndios, sempre através do porto de Santos, conhecido então como porto dos escravos.

Ao controlar a subida e a descida da serra a partir de Paranapiacaba, João Ramalho ajudou Martim Afonso de Souza a fincar definitivamente os pés no Brasil. Nesse sentido, o apoio dos temíveis guaianases aos lusos tornou viável o início de uma política de colonização, pois a maior parte das etnias indígenas, principalmente na região em torno das capitanias do Sul, não enxergou com bons olhos a chegada dos invasores portugueses. Ao contrário: um número grande de nativos apoiava as pretensões francesas de comercialização de pau-brasil e drogas do sertão, trocados por outros objetos de interesse indígena.

Em várias ocasiões, povoados portugueses que começavam timidamente a conferir sentido à ocupação lusitana do Brasil, através do cultivo de cana-de-açúcar e outras atividades, foram salvos pelos guaianases liderados por João Ramalho. Os guaianases, dentro da ótica lusitana, podiam ser aliados por não serem canibais, predicado essencial à verdadeira e duradoura conversão ao cristianismo.

Bartira funcionou como intermediária entre os portugueses, representados por seu marido, e os índios, simbolizados por seu pai. Mais tarde, depois de ser catequizado pelo padre José de Anchieta, o cacique Tibiriçá também se converteu ao cristianismo e adotou o nome de Martim Afonso.

A produção da cana-de-açúcar começou no Brasil graças às relações que os portugueses abandonados nas colônias estabeleceram com os nativos. Inicialmente usou-se a mão de obra indígena escravizada com a ajuda dos próprios ameríndios.

Pelo prisma dos colonos, a aliança entre os guaianases e os portugueses também era adequada devido à sua posição de liderança na região, consolidada ainda antes da chegada dos europeus na América. João Ramalho, junto com o cacique Tibiriçá, aproveitou essa posição de destaque dos guaianases para se torna o maior traficante de escravos ameríndios da colônia. Tudo graças às constantes empreitadas lideradas por ele próprio e por seus filhos mamelucos rumo ao interior em busca de cativos e outras novas riquezas, o que configuraria o início da vocação bandeirante, o ímpeto desbravador.

O auxílio prestado pelo marido de Bartira à Coroa portuguesa foi tão importante que o governador Martim Afonso de Souza ofereceu a ele uma sesmaria em Jaguaporebaba, uma das mais prósperas da capitania de São Vicente. Na época, o rei D. João III havia dividido o Brasil em 15 capitanias, as quais se espelhavam nos "senhorios portugueses". Cada capitania tinha sido entregue a um capitão que passava a possuir direito transmissível hereditariamente aos filhos e netos, assemelhando-se a um senhor feudal.

O capitão donatário estava proibido de vender seus direitos sobre a posse da capitania, mas, com base em uma antiga lei de cunho medieval, promulgada em Portugal em 1375, podia subdividir seus domínios em sesmarias, estabelecendo uma relação de suserania e vassalagem com os escolhidos para ocuparem essas terras.

O nobre, nomeado capitão, devia desenvolver as potencialidades com recursos próprios, sendo considerado a autoridade administrativa e judiciária máxima em suas terras, podendo fundar vilas e cidades, delegando os mesmos poderes em menor grau aos ocupantes das sesmarias, dentre as quais se enquadra aquela recebida em carta de doação por João Ramalho.

Além disso, cada capitão e seus fidalgos vassalos eram obrigados a prover a defesa de seus domínios contra os piratas europeus e os índios inimigos, sob a pena de arcar com uma multa paga à Coroa no valor duplicado daquilo que deveria ter sido gasto para prover a defesa do território, calculado segundo a quantidade de armamentos fixada por lei para aparelhar uma tropa particular.[4]

Visando armar uma milícia que exerça poder de polícia, a capitania precisava possuir em sua sede administrativa, localizada no litoral para facilitar a comunicação com a metrópole, ao menos 14 canhões leves, 20 arcabuzes ou espingardas, pólvora, 20 bestas e lanças, 40 espadas e igual número de corpos de armas de algodão (espécie de colete protetor contra a ponta de lanças e flechas).

Da mesma forma, os senhores das sesmarias deveriam construir uma casa forte em suas terras e manter uma milícia armada ao menos com 4 espingardas, 20 espadas, 10 lanças e 20 corpos de algodão. E ainda tinha de conferir se cada morador de suas terras possuía pelo menos uma espada, além de uma besta ou uma espingarda. Nada que João Ramalho não pudesse dar conta, já que sua milícia era a mais numerosa e bem equipada do Brasil, formada quase exclusivamente pelos seus amigos indígenas e liderada pelos seus filhos e genros.

O poder bélico de João Ramalho se tornou tão amplo que chegou a representar a força mais poderosa em terra a serviço da Coroa portuguesa, ultrapassando a capacidade militar dos efetivos europeus no Brasil. Tanto que foi sua entrada na guerra contra índios inimigos que mudou o jogo de forças da chamada Confederação dos Tamoios.

Na ocasião, os tupinambás tinham se unido aos aimorés, tamoios e temiminós, apoiados pelos franceses que ocupavam a baía da Guanabara, para lutar contra a política de escravização promovida por Brás Cubas, capitão-mor e lugar-tenente do governador da capitania de São Vicente, Martim Afonso de Souza. A partir de 1556, os índios atacaram sistematicamente as povoações portuguesas localizadas no que hoje é o litoral norte paulista e a costa fluminense.

O sucesso inicial da confederação tornou os ataques mais audaciosos e levou a guerra para o planalto paulista. A vila de São Paulo foi sitiada em 1562. Vendo seus interesses ameaçados, João Ramalho resolveu intervir, liderando os guaianases para empurrar os inimigos de volta ao litoral, iniciando uma perseguição que culminou, em 1567, com a derrota dos indígenas contrários aos portugueses e sua escravização em massa.

O preço da vitória não foi pequeno: seu sogro, o cacique Tibiriçá, morreu em batalha contra seu próprio sobrinho, Jagoanharó, que liderava uma facção dos guaianases que se unira aos tamoios contra os portugueses. A índia Bartira chorou a morte do pai, mas nunca recriminou o marido e continuou ao seu lado, apoiando a crescente influência que exercia junto aos indígenas na capitania de São Vicente.

## O legado de Bartira

Isabel Dias nunca ocupou nenhum cargo administrativo ou militar, nem recebeu qualquer honraria em vida, mas foi responsável por um legado do qual muitos de nós somos tributários: a intensificação do encontro entre diferentes culturas.

Esteve por trás da fundação da vila de Santo André da Borda do Campo em 1553, onde o seu marido foi nomeado capitão pelo governador Martim Afonso de Souza. E participou ativamente da construção do que viria a ser uma das maiores cidades do mundo: São Paulo, vila que incorporou Santo André em 1560.

Defensor de São Paulo contra os tamoios, João Ramalho exerceu ali os cargos de capitão, alcaide e guarda-mor, chegando a recusar uma cadeira como vereador em 1564, quando, motivado pelo desgosto de não possuir reconhecimento social entre grande parte dos portugueses, resolveu se retirar para o vale do Paraíba para viver no meio dos tupiniquins, onde morreria aos 90 anos em 1580.

Bartira figurou no testamento como mera criada, uma provável tentativa de João Ramalho de se reconciliar com Deus, em vista de sua excomunhão pelo jesuíta Simão de Lucena, em 1550, sob pretexto de que vivia em pecado amancebado com Bartira. Uma questão que o padre Manuel da Nóbrega tentou resolver casando João Ramalho com Bartira, dentro do âmbito da bênção da Igreja Católica, em 1553. Mas que, no entanto, sempre figurou como problema mal resolvido aos olhos da rigorosa religiosidade cristã.

Embora alguns historiadores definam João Ramalho como não sendo muito religioso, explicando suas ações pelo viés político, existem outros que, além da questão envolvendo a legitimação de seus filhos pelo casamento com Bartira, defendem a ideia de que, como fruto de sua época, ele era um fervoroso cristão.

Em concordância com o espírito barroco que começava a despontar, nada objetava que um bom católico europeu declarasse todo seu fervor cristão, seguindo os preceitos determinados pelos padres às vistas da cobrança e vigilância e, ao mesmo tempo, não resistisse às tentações profanas.

Este era o caso de João Ramalho, casado pelas tradições nativas com várias indígenas, incluindo a própria cunhada, mas que somente com Bartira havia contraído matrimônio aos olhos da Igreja Católica. Ainda assim, a legalidade da união era contestada, pois como vimos ele já era casado em Portugal quando Nóbrega celebrou o sacramento.

O questionamento não resvalou nos descendentes: os filhos de Isabel Dias herdaram a riqueza e o prestígio de João Ramalho, repartidos quando o português ainda vivia. Depois que Bartira morreu, em 1580, aos 87 anos, seus filhos e netos foram conquistando pouco a pouco o reconhecimento social almejado pelos pais, compondo uma elite miscigenada que se espalhou pelo Brasil e passou a delinear seu destino.

## Notas

[1] Egon Schaden, *Aspectos fundamentais da cultura guarani*, São Paulo, Pedagógica/USP, 1974.
[2] Julio Cezar Melatti, *Índios do Brasil*, São Paulo, Edusp, 2007.
[3] Carlos Fausto, *Os índios antes do Brasil*, Rio de Janeiro, Zahar, 2000.
[4] Arquivo Nacional da Torre do Tombo, Lisboa. Manuscritos do Brasil, livro 28, f.305v.

## Indicações bibliográficas

COUTO, Jorge. *A construção do Brasil*. Lisboa: Cosmos, 1995.
   O historiador português aborda o período inicial do povoamento do Brasil, remetendo a três eixos básicos: a sociedade indígena, a época do contato e as relações que se estabeleceram entre ameríndios e europeus, além da colonização em si na sua variante social, antropológica, política, econômica e cultural.
CUNHA, Manuela Carneiro. *História dos índios no Brasil*. São Paulo: Companhia das Letras, 1992.
   Vasta e muito bem fundamentada, a obra traz capítulos escritos por diferentes especialistas em história indígena, constituindo material de consulta obrigatório para entender o cotidiano dos ameríndios desde antes do início da colonização portuguesa até os dias atuais.
LEITE, Serafim (org. e comp.). *Cartas dos primeiros jesuítas do Brasil*. Coimbra: Tipografia Atlântica, 1956.
   Compilação de cartas trocadas entre os jesuítas, nos séculos XVI e XVII, que constitui uma das principais fontes para o entendimento de questões envolvendo a fundação do Brasil como colônia. Em várias cartas, momentos diferentes da vida da índia Bartira e de João Ramalho são narrados, permitindo entender melhor a relevância do casal na facilitação da colonização portuguesa do Brasil.

## Manuel da Nóbrega (1517-1570): o bandeirante de Cristo

> "Depois que partimos de Portugal, o que foi em
> 1º de fevereiro de 1549, toda a armada trouxe-a Deus
> a salvamento, sempre com ventos prósperos,
> e de tal arte que chegamos [...] dentro de 56 dias,
> sem que sobreviesse nenhum contratempo [...]."
> Carta de Manuel da Nóbrega ao Dr. Navarro,
> seu mestre em Coimbra. Salvador, 1549

O primeiro provincial do Brasil, o padre Manuel da Nóbrega, foi figura central na história da Colônia, e esteve presente em momentos-chave do início da povoação portuguesa na América. Além de amigo de João Ramalho, o religioso foi conselheiro pessoal dos três primeiros governadores-gerais do Brasil e manteve farta correspondência com o rei de Portugal, influenciando diretamente algumas decisões da Coroa.

Ele conheceu como nenhum outro homem de sua época a nascente diversidade colonial, viajando de norte a sul pelas capitanias, participando da fundação das cidades de Salvador, Rio de Janeiro e São Paulo, estimulando a penetração rumo ao interior e a catequização dos ameríndios. Considerado "o bandeirante de Deus" pelo papa João XXIII, Nóbrega – junto com o padre

Manuel da Nóbrega, junto com o pupilo e amigo José de Anchieta, pregando aos indígenas em pintura feita por Benedito Calixto.

José de Anchieta, ao mesmo tempo seu pupilo e amigo – pacificou índios que se opunham aos portugueses e colaborou para expulsar os franceses do Brasil por volta de 1567.

Nóbrega participou, ainda, da criação de um sistema educacional implantado pelos jesuítas no Brasil com relativo sucesso. A primeira rede de ensino na colônia ajudaria a integrar indígenas e europeus, referendando a bênção do catolicismo à miscigenação.

Pelo viés intelectual, os vários textos que produziu, desde simples cartas até obras mais complexas, parte integrante da literatura brasileira quinhentista, são fundamentais para entender não apenas o século XVI, mas também a realidade contemporânea, que tem suas raízes culturais nos comportamentos identificados por ele como nocivos à alma: corrupção, ganância e excesso de burocracia dos aparelhos de Estado.

## Origens

Nascido em Serafins Douro, em 18 de outubro de 1517, entre o Douro e o Minho, uma região de Portugal que sempre esteve ligada à produção dos mais apreciados vinhos da Europa, o pequeno Manuel da Nóbrega pertencia a uma família abastada. Não tinha origem nobre, mas era filho do desembargador Baltasar da Nóbrega, um renomado jurista, respeitado em toda a região e frequentador das esferas mais altas da nova nobreza enriquecida graças ao comércio com a Índia e a intermediação de pimenta do longínquo Oriente.

Como seus irmãos jesuítas, o padre Manuel da Nóbrega era instruído, um dos poucos privilegiados que tiveram acesso ao que havia de melhor na Europa. Conviveu desde a infância com os maiores intelectuais de Portugal e poderia ter feito parte do aparelho burocrático do Estado e ocupado cargos na magistratura, assim como seu pai, mas preferiu se dedicar à edificação do trabalho de Deus, agarrando o serviço missionário.

É interessante notar que Nóbrega nasceu no mesmo ano em que Lutero promoveu a Reforma religiosa que iria estimular, décadas depois, o surgimento da Companhia de Jesus. A teologia da Igreja dizia que Lutero era filho do demônio, por ter colocado em dúvida os dogmas do catolicismo e por ter feito a Igreja Católica perder um grande número de fiéis. Deus, no entanto, "reagiu" e "deu" a América de presente à Europa. No novo continente, o futuro padre Manuel da Nóbrega converteria os índios, recompondo o número de fiéis perdidos com as reformas de Lutero.

Assim, dentro da concepção católica, o nascimento de Nóbrega se colocou como parte do projeto de Deus: um santo homem necessário à história da Cristandade, enviado para barrar o avanço das ideias luteranas e aumentar, assim, o rebanho de fiéis pelo mundo.

Existem poucas informações sobre a infância de Nóbrega, mas é certo que foi instruído nas primeiras letras por um preceptor clérigo, provavelmente um padre local, pago para ensinar individualmente o garoto e prepará-lo para o futuro ingresso na universidade. Para quem podia pagar, em um período em que pelo menos 90% da população era analfabeta, nada mais natural que contratar um religioso para educar os filhos.

Não havia ainda um sistema educacional de massa custeado pelo Estado. Aqueles que algum dia pretendiam ingressar no serviço público precisavam buscar instrução contratando mestres particulares. Aliás, sequer existiam cursos destinados exclusivamente à formação de professores, daí o uso de religiosos como preceptores, uma vez que o conhecimento se encontrava principalmente encerrado nos mosteiros, praticamente os únicos centros de irradiação do saber.

Afinal, as poucas bibliotecas existentes e os grandes intelectuais da época estavam em mosteiros. Por isso a educação superior estava entregue a administração das ordens monásticas, dividida em quatro grandes áreas: Teologia, Direito, Medicina e Filosofia.

Os habitantes dos mosteiros consideravam-se anjos e tocavam nas tarefas materiais apenas com a ponta dos dedos. A comunidade dos frades ocupava a área de perfeição que uma muralha rodeava, como defesa contra os ataques do mal.

Esses homens se consideravam semissalvos e se esforçavam para estar totalmente salvos ao olhar de longe o mundo do qual haviam se separado. A única preocupação dos monges era a conversão e a salvação, pois se viam como soldados de Cristo, prontos para fazer a fé avançar a partir das muralhas de sua fortaleza sagrada. Assim, o mosteiro é o lugar de "outra sociedade", onde se podia refugiar em Cristo para ganhar forças para lutar fora desse recinto, convivendo com os pecadores em alguns poucos momentos de pregação para tentar trazê-los para mais perto de Deus.

Rezar era uma arma e o mosteiro, o local de asilo em que os "exércitos de Satã" não poderiam entrar. O reino monástico não é deste mundo. Há que renascer em Cristo, penitenciando-se para ter acesso a ele.

O trabalho do monge não é pensar e refletir sobre fé, mas exaltá-la, reler e repetir os salmos, contemplar a obra, na esperança de ser o principal artífice de uma salvação coletiva. A missão dos monges era rezar pela sociedade e tentar agarrar uns poucos escolhidos para garantir a perpetuação da ordem, convencendo jovens piedosos a juntarem-se aos irmãos, uma vez que não haveria procriação entre eles.[1]

## Um jovem intelectual

Em 1534, aos 17 anos, o jovem Manuel da Nóbrega foi encaminhado à Universidade de Salamanca para cursar Direito. Quatro anos depois, transferiu-se para a Universidade de Coimbra para estudar Teologia. Obteve o título de bacharel em Direito Canônico em 1539.

Depois de formado, perambulou por Portugal e pela Espanha, custeado pela família. Conheceu os centros urbanos, visitou bibliotecas de mosteiros e conversou com os teólogos das maiores universidades da península ibérica, até entrar para a ordem jesuíta em 1544.

Nóbrega já tinha 27 anos quando optou por se tornar um soldado de Cristo, defensor dos dogmas católicos. O projeto missionário e a expansão do catolicismo parecia dar vazão ao ideal de cruzada contra os infiéis, sonho de muitos homens oriundos das camadas sociais privilegiadas, fomentado pelo imaginário cristão medieval e estimulado, agora, pela Coroa portuguesa.

Lembremos que Estado e Igreja estavam muito associados naquele momento na península ibérica. As disputas contra os muçulmanos duraram séculos. Ocupando partes da península desde o século VIII, apenas em 1492 os muçulmanos foram expulsos de vez da região. Naquele ano, os chamados reis cristãos conseguiram vencer os inimigos no seu último reduto: Granada.

O Estado lusitano havia sido fundado ainda em plena Idade Média: em 1127, quando o conde portucalense D. Afonso Henriques autoproclamou-se rei, declarando independência de Castela, feudo ao qual pertencia. Assim, havia séculos que o modo de vida e a maneira de pensar do português estavam associados ao ódio ao infiel, à necessidade de reconhecimento social por meio do combate aos inimigos do cristianismo. Foi quando Manuel da Nóbrega decidiu que, não sendo homem de armas, iria lutar com sua mente e sua eloquente capacidade retórica de convencimento do outro.

Para tornar-se verdadeiro cruzado, nada melhor que se juntar à Companhia de Jesus, aos soldados de Cristo que tinham a intenção de dedicar a vida ao trabalho missionário, convertendo o gentio e o infiel, prestando assistência aos portugueses necessitados nos quatro cantos do mundo, e conhecendo novas pessoas e terras recém-descobertas.

## A Companhia de Jesus e a ação missionária

A Companhia de Jesus foi fundada em 1540 por Íñigo López, ex-cortesão pertencente a uma família nobre que tinha sido pajem do tesoureiro do Reino de Castela e militar com histórico de combates em várias campanhas.

Originário de Loyola, no atual país basco, na Espanha, Íñigo era o mais novo de 13 irmãos e, por isso, não herdaria os títulos e propriedades da família, destinados ao primogênito. Assim, buscou fortuna na carreira militar.

Foi ferido gravemente na batalha de Pamplona, na disputa entre Carlos I, da Espanha, e Francisco I, da França, pelo trono do Sacro Império Romano Germânico. O vencedor seria considerado o campeão da Cristandade e herdeiro dos imperadores romanos.

Íñigo ficou inválido por meses, nos quais repousou no castelo da família e leu a Bíblia. Decidiu, por fim, converter-se a uma vida austera dedicada a Deus. Depois de passar um tempo em um mosteiro beneditino na Catalunha, ele pendurou seu equipamento militar diante de uma imagem da Virgem Maria, em Montserrat, onde era apenas um hóspede, passando a se chamar Inácio de Loyola.

Decidido a colaborar efetivamente com a Reforma Católica, iniciada em 1517 para tentar combater o movimento protestante, Inácio foi para França em 1528 para estudar na Universidade de Paris. Após sete anos, conseguiu seis seguidores para suas ideias.

Os sete amigos foram a Roma em 1534 pedir ao papa Paulo III que lhes enviasse a uma jornada missionária e hospitalar de apoio aos cruzados em Jerusalém. Impressionado com as ideias do grupo, o papa recomendou a formação de uma ordem monástica em 1538, depois referendada em 1540, tendo Inácio de Loyola como figura central, o primeiro superior geral. Nascia a Companhia de Jesus, dos padres jesuítas.

No mesmo ano da fundação, a conselho do português Diogo de Gouveia, um dos sete irmãos originais, a congregação chegou a Portugal, onde foi recebida com desconfiança pelo rei D. João III.

Em pouco tempo, a ordem jesuíta tornar-se-ia um Estado dentro do Estado, uma força política e econômica com poderes maiores que o governo de países onde se instalaria. Uma ordem monástica acima da lei, mandando na Europa pelos bastidores. Um prestígio acumulando, em grande parte, graças ao trabalho desenvolvido por Nóbrega no Brasil, onde os jesuítas angariariam mais riquezas e poder que os monarcas europeus.

O ideal cavalheiresco de combate aos infiéis e propagação da fé como soldados de cristo, defendido pela Companhia de Jesus, atraiu as mentes mais brilhantes da Europa. Mais do que derrotar os infiéis, os jesuítas queriam convertê-los ao cristianismo persuadindo pela educação.

Para isso, aquele que pretendesse tornar-se um irmão jesuíta deveria frequentar centros de formação para aprimorar a intelectualidade do noviço. Na prática, Loyola organizou os primeiros centros de formação de professores da Europa, tornando a retórica missionária um ato didático.

Manuel da Nóbrega passou por um centro de formação antes de ser ordenado padre. E era ainda um estudante quando outros jesuítas já estavam propagando o cristianismo em lugares tão distantes quanto Índia, China, Tibet e Japão. Entretanto, nenhum missionário seria tão bem-sucedido quanto Nóbrega na América.

O padre Manuel esperava ser enviado a um desses destinos exóticos no Oriente, mas foi escolhido para uma missão espiritual mais importante: liderar cinco irmãos jesuítas que iriam com ele para a América, onde ainda não existiam religiosos fixados. A missão era livrar os cristãos e gentios das artimanhas do diabo. Recebeu ordens para embarcar na armada de Tomé de Souza em 1549, acompanhando o primeiro governador-geral do Brasil.

## Na Terra de Santa Cruz

Depois de quase dois meses de viagem desconfortável, Manuel da Nóbrega chegou à baía de Todos os Santos em 29 de março de 1549. Junto com os jesuítas Leonardo Nunes, João Aspilcueta Navarro, Antônio Pires e os irmãos Vicente Rodrigues e Diogo Jácome, Nóbrega foi recebido por 45 moradores do antigo povoado do Arraial do Pereira, chamado então de Vila Velha. Entre eles estava Caramuru, então com 74 anos.

Ávidos por assistência espiritual, os portugueses cercaram os clérigos, pedindo bênção e perdão pelos seus pecados, requisitando que fossem ouvidos individualmente em confissão. Como os religiosos já tinham ouvido os tripulantes e passageiros da armada durante a travessia do Atlântico, priorizaram o atendimento dos portugueses que estavam vivendo na Bahia, visitando cada casa para ouvir as confissões.

Na falta de mulheres europeias no Brasil, muitos homens, mesmo aqueles que eram casados no Reino, tinham se amancebado com nativas, sentindo-se culpados à luz dos dogmas católicos. Daí a necessidade de se confessarem. No entanto, para a surpresa dos supostos pecadores, os padres jesuítas não iriam recriminar seus atos.

A Companhia de Jesus se notabilizaria pela tolerância para com o outro. A ordem defendia, como já vimos, a miscigenação como ferramenta de ocupação do interior do Brasil e integração dos ameríndios à cristandade. Não aceitava a escravização dos indígenas e via com maus olhos a manutenção de várias concubinas pelos lusos. Batizava, porém, os filhos nascidos dessas uniões e até realizava casamentos entre nativas e portugueses.

Após escutarem os lamentos e pecados dos moradores de Vila Velha, enquanto os ameríndios observavam o entra e sai de casa em casa, os padres repousaram da longa viagem, rezando uma missa alguns dias depois. Nóbrega agregou em torno de si os portugueses que já estavam no Brasil, junto com nativos e a comitiva que tinha vindo com Tomé de Souza na armada de três naus e duas caravelas.

Todos louvaram a Deus em frente a uma cruz improvisada ao ar livre, erguida em um altar desmontável do tipo que se levava nos navios lusitanos, no qual o padre Nóbrega celebrou os sacramentos. Preocupado com as necessidades espirituais dos portugueses espalhados pelos povoados vizinhos, não tardou para que Nóbrega enviasse os seus irmãos clérigos para Porto Seguro, Ilhéus e outras localidades, onde havia homens que não se confessavam ou assistiam aos ritos sagrados fazia mais de dez anos.

Enquanto os soldados de Cristo acudiam seus irmãos leigos, aproveitaram para estabelecer contatos, observar os costumes locais, a rotina e hábitos dos nativos, trocando informações entre si e com outros jesuítas na Europa através de farta correspondência.

Nesse processo, aprenderam as línguas faladas pelos ameríndios e escreveram tratados abordando o vocabulário e a gramática de vários ramos linguísticos para serem utilizados por religiosos que viessem ao Brasil. Afinal, conhecer o outro era uma forma de estabelecer o domínio.

Assim, falar a língua dos locais era essencial no intuito de converter os gentios. Quando isso não era possível, eles usavam intérpretes. Ao invés de rezar missa em latim, os jesuítas defendiam o uso do tupi-guarani nas cerimônias. A difundida prática sofreria crítica feroz anos depois, em 1552, do bispo D. Pedro Fernandes Sardinha. Para ele, era um sacrilégio usar a língua nativa para realizar ritos sagrados.[2]

O uso do termo *gentio* se originou do latim *gens*, e designa todos os povos não convertidos ao cristianismo. No contexto usado por Nóbrega e seus contemporâneos, era empregado no sentido descrito na Bíblia pelo apóstolo Paulo, nomeando aqueles que não estavam em pecado. Ou seja, eram cristãos em potencial, desconheciam a existência de Cristo por não terem sido apresentados a ele. Ao contrário dos hereges protestantes, mouros e judeus, infiéis que, mesmo conhecendo o cristianismo, insistiam em negar a verdadeira fé.

## O Governo-Geral e a fundação da capital

O padre Manuel da Nóbrega esteve ao lado de Tomé de Souza, participando ativamente da fundação da cidade de São Salvador, aconselhando o amigo, embora nem sempre tenha sido ouvido. O primeiro governador-geral do Brasil tinha recebido do rei a missão de estabelecer uma cidade fortificada na baía de Todos os Santos para servir de capital ao novo sistema administrativo que substituía o regime de capitanias donatárias.

A rigor, apenas algumas capitanias haviam sido ocupadas de fato; poucas tinham prosperado. Insatisfeito com os resultados e com os franceses nos calcanhares, o rei D. João III decidiu centralizar as decisões nas mãos de um único homem, mantendo a divisão das terras em capitanias e sesmarias, e enviando Tomé de Souza com a intenção de fomentar a urbanização de pontos estratégicos do Brasil.

Havia, porém, um grande impedimento à implementação de uma política colonizadora eficaz: a belicosidade de algumas etnias indígenas. Uma tentativa anterior de fundar uma cidade na capitania da Bahia tinha, mesmo com a ajuda do Caramuru, resultado no esquartejamento do capitão donatário Francisco Pereira Coutinho, retalhado pelos índios e devorado em uma festa antropofágica.

Exatamente por isso, Tomé de Souza trouxe consigo, entre as mais de mil pessoas que desembarcaram em Vila Velha – além de um médico, farmacêuticos, fidalgos, degredados e umas poucas mulheres –, seiscentos soldados. O Governo-Geral, tanto pelas mãos de Tomé de Souza (1549-1554), como seus sucessores, Duarte da Costa (1554-1557) e Mem de Sá (1557-1572), iria adotar a política do terror e da terra arrasada. Os portugueses passaram a invadir inadvertidamente as aldeias indígenas, sem motivo algum para fazer mal aos nativos, destruindo suas casas e lavouras, deixando-os sem ter como sobreviver.[3]

Em várias ocasiões, o padre Manuel da Nóbrega presenciou atos de pura crueldade. Tentava refrear os ânimos, mas nem sempre era ouvido pelos conterrâneos e, com frequência, despertava a ira de muitos colonos. Em 10 de agosto de 1549, por exemplo, indignado, Nóbrega descreveu a execução de um nativo que vivia a sete ou oito léguas de Vila Velha e que matara outro índio que tinha se convertido ao cristianismo. Por ordem de Tomé de Souza, ele foi feito em pedaços por um canhão, uma execução que intimidou a população silvícola.[4]

A estratégia funcionou, pois eis que a cidade de São Salvador foi edificada na parte alta sem maiores contratempos, cercada por muralhas e protegida por canhões voltados para o mar. A cidade tinha sido inspirada em um conjunto de conceitos da arquitetura grega e romana, planejada por teóricos renascentistas que faziam sucesso na Corte portuguesa do rei D. João III. Já o povoado de Vila Velha, localizado na parte baixa, próximo ao mar, ficou esvaziado. Futuramente, o povoado acabaria se tornando parte da nova capital do Brasil.

Salvador não era grande, resumia-se a um punhado de ruas de traçado reto, em concordância com a geometria euclidiana, possuindo 560 metros de comprimento por 235 de largura. O seu traçado reproduzia as proporções do corpo humano. A igreja, construída pelos jesuítas com taipa de mão e de palha, ficava no lugar equivalente ao coração, e a praça central, no que seria o abdômen, então rodeada pelo palácio do governador, a sede do Poder Judiciário e a cadeia. A congregação da Companhia de Jesus ocupava o espaço referente à cabeça, simbolizando seu papel intelectualizado frente à conversão dos gentios.

Trinta anos depois, as muralhas já não existiam mais. Nóbrega havia argumentado em vão com Tomé de Souza e Duarte da Costa que seria necessário derrubar um pedaço para construir um colégio. O projeto só foi concretizado depois que Mem de Sá assumiu o governo. O primeiro pedaço da muralha foi ao chão e surgiu, então, a zona conhecida posteriormente como Pelourinho. A partir da queda das muralhas, a cidade de Salvador cresceria de forma desordenada.

## O trabalho de catequização nas missões

Logo nas primeiras semanas no Brasil, Nóbrega já observava de perto os hábitos dos ameríndios. Inicialmente ficou impressionado com a ingenuidade dos nativos, segundo sua ótica distorcida pelo referencial cristão europeu inclinado a assumir o papel de dominador.

Interpretou a nudez de seus corpos como um indício da presença do paraíso, um estilo de vida próximo dos desígnios pretendidos por Deus para o homem que não fora expulso de seu convívio direto com o divino. O tempo se encarregou de mostrar que nem tudo era encantamento. Existiam vários costumes contrários aos dogmas católicos.

Segundo a leitura dos padres, os índios eram polígamos, nômades, feiticeiros e frequentemente estavam em guerra. E resistiam ao batismo, em um esforço de manter viva e coesa a estrutura tribal diante do confronto com uma outra cultura. Daí a necessidade de exterminá-los ou sujeitá-los através da fé.

Diante desse quadro, mesmo o padre Manuel da Nóbrega, defensor do direito de liberdade dos nativos cristianizados, passou a argumentar que seria necessário reduzir os índios não convertidos à vassalagem para torná-los bons cristãos, ou despejá-lo de sua terra.[5]

O argumento foi usado para justificar a criação dos chamados aldeamentos jesuíticos: missões administradas pelos clérigos, uma organização que penetrava no interior das aldeias indígenas reestruturando sua rotina em torno de uma vida cristã austera.

Seguindo um plano geométrico semelhante ao observado em acampamentos militares, os aldeamentos tinham como centro uma praça quadrada, onde era fixada uma cruz e uma estátua do santo padroeiro. O aldeamento era

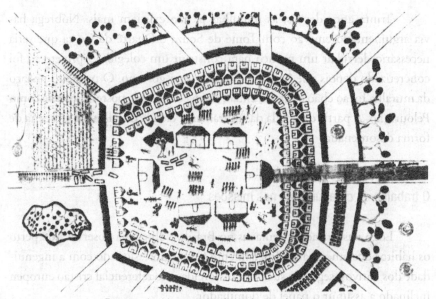

Esquema de aldeamento jesuíta, onde se pode observar a racionalização da vida dos indígenas pela mentalidade cristã.

protegido por uma vala externa, semelhante a uma trincheira, e um muro. O objetivo era intimidar e dificultar o assédio de índios inimigos. Mais tarde, porém, serviu para impedir os bandeirantes de raptarem os nativos para escravizá-los.

Internamente, havia sempre uma igreja na praça central, com casas anexas para viúvas e órfãos. E também uma escola, a casa dos missionários jesuítas e oficinas artesanais que produziam móveis, instrumentos musicais, tecidos de algodão etc. Esses produtos, junto com mel e drogas do sertão (como pimenta e tabaco), extraídos diretamente da mata, eram trocados com mercadores europeus por papel, livros, seda, agulhas, anzóis, ferramentas, instrumentos de cirurgia, metais e sal.

Nos lados perpendiculares da praça, formando ângulos de noventa graus com a igreja, ficavam as edificações reservadas ao Conselho da Missão: uma portaria, uma hospedaria, capelas, um relógio de sol e uma prisão. Ainda ao redor da praça, no lado oposto à igreja, havia as moradias dos índios, casas simples de pau a pique com telhas de barro.

Pomar e horta, localizados atrás da igreja, garantiam a subsistência do aldeamento. Cada família tinha permissão para cultivar um pedaço de terra, onde plantava mandioca, milho, legumes e frutas. Porém, a maior parte da terra era de uso comum, cultivada por todos e administrada pelos jesuítas, os quais denominavam esse espaço como propriedade de Deus.

A ideia era guiar os ameríndios como se fossem crianças, uma vez que os jesuítas os consideravam puros e inocentes e que, como crianças, necessitavam de "pais". O que não significa que as decisões envolvendo a comunidade não fossem compartilhadas.

Havia um conselho eleito por votação, composto por três oficiais, três administradores e alguns auxiliares, além do cacique. Esse conselho era ouvido pelos jesuítas, mas nem sempre suas decisões eram totalmente acatadas. O pajé não era aceito nos aldeamentos e era o primeiro a ser banido da aldeia quando ela se tornava uma missão jesuíta.

Para o padre Manuel da Nóbrega, as crianças indígenas representavam o futuro, uma possibilidade fértil de formar bons cristãos. Assim, investir na educação, usando métodos pedagógicos lúdicos com jogos e brincadeiras, garantiria às novas gerações uma integração cultural entre europeus e ameríndios.

Em muitos casos, o atrito que nascia entre a opinião do conselho nativo e dos jesuítas fazia alguns elementos indígenas, com maior prestígio dentro da tribo, revoltarem-se, abandonarem os preceitos cristãos e voltarem aos velhos hábitos poligâmicos e antropofágicos.

Nóbrega seria um dos primeiros a notar que não era possível fazer os adultos deixarem totalmente de lado seus hábitos culturais. Por isso, passou a defender a ideia de concentrar a ação missionária nas crianças, vistos como "papéis em branco" sobre os quais os jesuítas poderiam escrever o que quisessem.

Daí a extrema importância assumida pelos colégios. As crianças eram alfabetizadas em tupi-guarani, português, espanhol e latim, aprendiam matemática, princípios básicos da arquitetura, das artes, das ciências e eram catequizadas, recitavam orações e absorviam os dogmas católicos.

A metodologia pedagógica era revolucionária ao inspirar-se no cotidiano educacional dos nativos e utilizar jogos e brincadeiras para ensinar. O trabalho missionário contava ainda com missas diárias, constantes procissões, apresentações musicais com cantos e danças e representações teatrais organizadas pelos jesuítas.

Como não existiam escolas no Brasil destinadas aos filhos dos colonos portugueses, os colégios jesuítas tornaram-se instituições abertas tanto aos índios quanto aos lusos. Dessa forma, o poder da Companhia de Jesus aumentou, sobretudo nos centros urbanos que foram nascendo ao redor dos aldeamentos.

Ao falecerem, alguns homens abastados que tinham estudado em colégios jesuítas deixavam boa parte dos seus bens para a ordem, enriquecendo e ampliando seu poder frente aos monarcas portugueses. A situação se agravaria com o passar dos anos a ponto de o Marquês de Pombal, em 1759, expulsar os jesuítas do Brasil e confiscar seus bens. O sistema educacional brasileiro sofreu uma guinada, pois os professores jesuítas foram substituídos por militares, sargentos.

### Atritos com o bispo e o autoexílio

O padre Manuel da Nóbrega permaneceu quatro anos na cidade de Salvador. Nesse período, instalou um colégio na cidade e coordenou os esforços de seus colegas jesuítas para fundar aldeamentos Brasil afora.

Isso valeu sua nomeação, pelo rei de Portugal, como primeiro provincial do Brasil, a mais alta autoridade eclesiástica presente na América Portuguesa até a chegada do bispo Sardinha. Embora Nóbrega oficialmente tivesse sob sua tutela apenas os jesuítas, passou a responder por todos os religiosos que estavam no Brasil, fornecendo conselhos que eram acatados como ordens, criando uma situação inusitada que só foi resolvida depois que o bispo Sardinha chegou ao Brasil, quando finalmente o padre Nóbrega pôde organizar apenas as ações da sua ordem.

Foi justamente por estar sobrecarregado com questões que legalmente não eram sua competência que Nóbrega lutou pelo estabelecimento de um bispado em Salvador, interferindo diretamente junto ao rei. Várias outras congregações tinham chegado após os jesuítas: beneditinos, franciscanos e carmelitas. E o primeiro provincial do Brasil não julgava ter autoridade sobre essas ordens, embora o rei tivesse permitido a ele aconselhar e recomendar ações de evangelização que eram seguidas à risca por todos os eclesiásticos portugueses em terras americanas.

O sucesso da penetração dos missionários católicos entre os indígenas foi acompanhado de vários casos de martírio. Tentando estabelecer relações amistosas com os nativos para convertê-los ao cristianismo, padres perderam a vida quando atacados por tribos de índios nada amistosas.

Para Nóbrega isso exigia uma coordenação e fiscalização centralizada por um bispado, pois eram frequentes comportamentos inadequados e abusos cometidos por alguns clérigos recém-chegados que não resistiam à nudez das indígenas. Além disso, nem todas as ordens pautavam sua conduta pela rígida disciplina dos soldados de Cristo da Companhia de Jesus.

Os apelos de Nóbrega foram atendidos por seus superiores em Roma e pelo rei. Sendo assim, D. Pedro Fernandes Sardinha foi nomeado bispo de São Salvador da Bahia em 25 de fevereiro de 1551, assumindo o posto em 22 de julho de 1552. O que o padre Nóbrega não poderia adivinhar é que o bispo primaz não iria compartilhar seu entusiasmo pela ação missionária. Criou-se, portanto, um ambiente de permanente atrito no qual Sardinha discordava com frequência das ideias e dos métodos de Nóbrega.

Para D. Pedro Fernandes, o Brasil era uma terra de potencial, mas também um lugar de perdição e martírio, um calvário a ser vencido. A recompensa seria o retorno ao Reino, onde os homens realmente estariam mais próximos do paraíso. Era óbvio que o bispo tinha sido enviado ao Brasil contra sua vontade, simplesmente seguia ordens.

Logo que chegou à cidade de Salvador, lembrando que anteriormente fora vigário geral de Goa, na Índia, o bispo confidenciou a um amigo que considerava o Brasil uma zona onde se pervertiam os brancos, enquanto, por sua vez, os clérigos estavam preocupados com a catequese dos índios.[6] Para ele, os religiosos católicos deveriam apenas se dedicar aos serviços voltados aos colonos portugueses, deixando os nativos servirem de mão de obra escravizada para a Coroa.

Em várias ocasiões, o padre Nóbrega e o bispo Sardinha discutiram, restando àquele que estava mais abaixo na hierarquia acatar as opiniões e calar-se. As ordens, porém, nem sempre eram obedecidas, o que fez o bispo se queixar com seus superiores em Roma e em Portugal exigindo o retorno de Nóbrega a Portugal.

D. Pedro Fernandes Sardinha, invocando sua muita experiência na Índia, não perdia oportunidade de criticar o padre Manuel da Nóbrega. O atrito se estendeu a outros clérigos, fazendo o bispo sugerir ao rei que enviasse ao Brasil padres mais velhos e experientes. Segundo Sardinha, por serem mancebos e pouco experimentados, aqueles que seguiam as ideias de Nóbrega cometiam faltas imperdoáveis, apesar de suas boas intenções.[7]

Manuel da Nóbrega percebeu que não poderia convencer o superior a ceder e decidiu se autoexilar. Partiu de Salvador rumo à capitania de São Vicente no final de 1552.

Quanto ao bispo Sardinha, nunca retornou ao Reino. Renunciou à função em 2 de julho de 1556, depois de entrar em atrito com Álvaro da Costa, filho do governador-geral. Recebeu ordem de voltar para Portugal, mas acabou morrendo alguns dias depois, quando seu navio naufragou em frente à costa de Alagoas, sendo devorado em um banquete antropofágico pelos índios caetés.

## Em São Vicente

Pouco tempo depois de chegar a São Vicente, em 1553, o padre Nóbrega conheceu outro jesuíta que se tornaria seu pupilo e amigo: José de Anchieta, então recém-chegado ao Brasil, com apenas 19 anos. Nóbrega já estava com 36 anos, idade suficiente para ser pai de Anchieta pelos padrões da época. Por isso é provável que tenha assumido um papel paternal com o pupilo.

Nóbrega já tinha se tornado amigo de João Ramalho e da índia Bartira quando fundou um colégio jesuíta junto com Anchieta, consagrado ao apóstolo Paulo, na vila de Piratininga em janeiro de 1554. Nascia a vila de São Paulo.

Construído no alto de uma colina escarpada entre os rios Anhangabaú e Tamanduateí, o colégio foi construído originalmente com taipa de pilão, entrando em funcionamento em 25 de janeiro de 1554. A ideia era tornar o colégio o centro de um novo aldeamento jesuíta. Mas o local acabou se convertendo em um povoamento lusitano quando o governador-geral Mem de Sá ordenou a transferência da vila de Santo André da Borda do Campo para os arredores do colégio.

Os primeiros alunos dos jesuítas foram 12 meninos órfãos vindos com Anchieta na expedição de 1553. O número é simbólico, pois faz referência direta aos 12 apóstolos de Cristo. Ideia de Novo Mundo, de nova chance para os católicos. Se a Cristandade teve início após a atuação dos apóstolos, esses meninos portugueses, puros, fariam o mesmo em terras distantes.

Na vila de São Paulo de Piratininga rapidamente surgiram inúmeras casas de taipa de pilão, construídas com um sistema rudimentar de paredes e muros. A terra era comprimida em formas em uma grande caixa de madeira, originando tijolos de barro, material depois socado e disposto em camadas. Os tijolos eram atravessados com pedaços de madeira roliços, envolvidos em folhas de bananeiras, compondo uma estrutura de amadeiramento, revestida de palha ou telhas de barro.

Diante do rápido crescimento populacional de São Paulo, Nóbrega e Anchieta partiram para edificar a fé pelo interior da capitania. Entregaram a administração do colégio a outros irmãos jesuítas e seguiram para Maniçoaba, uma pequena aldeia onde fundaram um aldeamento chamado Menino Jesus. Receberam crianças, órfãos portugueses e indígenas escravizados e lá permaneceram por alguns meses até serem substituídos por outros religiosos vindos de Portugal e outras partes do Brasil.

Os dois perambularam por toda a capitania muitas vezes, do interior até o litoral. Estabeleceram novos aldeamentos, visitaram os antigos e contribuíram para apaziguar os ânimos quando a Confederação dos Tamoios se revoltou contra os portugueses. Em alguns momentos, viajaram separados, sobretudo em ocasiões em que Nóbrega, como primaz da ordem jesuíta no Brasil, precisou ir a outras capitanias.

Em 1563, os padres se envolveram na pacificação dos índios tamoios aliados dos franceses.

## A luta contra os franceses e a fundação do Rio de Janeiro

Nóbrega foi demitido do cargo de provincial em 1559 por desobedecer às ordens dos superiores e defender a liberdade irrestrita dos indígenas, colocando-se abertamente contra a escravização do gentio. Depois disso, ele procurou se afastar das esferas do poder. Buscou a companhia dos índios e evitou se aproximar de povoações portuguesas. Somente o sucesso da penetração dos franceses entre os ameríndios foi capaz de mudar sua postura.

Em 1555, os franceses invadiram o Brasil. Até então, o projeto francês havia se resumido à pirataria de Estado, praticada contra as naus da Índia, embarcações que iam buscar especiarias no Oriente e que passavam pela América Portuguesa para reabastecer quer a ida ou a volta, além da iniciativa de particulares de extrair pau-brasil clandestinamente.

A participação da França no processo de colonização do continente americano aconteceu tardiamente em relação às nações ibéricas. Um atraso vinculado à falta de interesse do próprio Estado francês em empreender um programa de expansão marítima e aos constantes desentendimentos entre a Coroa e a classe burguesa.[8]

Durante o reinado de Francisco I, sem estar formado ainda um Estado nacional francês, a Coroa da França optou por concentrar seus esforços de colonização na ocupação do Canadá e da Flórida. Em parte motivado pela forte presença no Atlântico sul de navios ibéricos em patrulha e pelas significativas perdas impostas pelos portugueses na costa brasileira.

Um grupo de calvinistas franceses fundou a chamada França Antártica na baía da Guanabara, obviamente aproveitando a menor intensidade de navios lusitanos patrulhando as zonas costeiras das províncias mais ao sul do Brasil. O projeto foi financiado por simpatizantes da Reforma calvinista, iniciada na França em 1520. Na época, havia um antagonismo acentuado entre católicos e protestantes, que provocou as guerras de religião na Europa entre 1562 e 1598.

Para se impor, a burguesia protestante que lutava na França contra a nobreza financiou uma expedição francesa ao Brasil em 1556. Comerciantes armaram três navios com um reforço de trezentas pessoas enviado ao Rio de Janeiro. Um contingente irrisório tendo em vista a população lusitana e seus aliados nativos presentes na região, forçando os franceses a manter relações amistosas com o maior número de tribos indígenas.

Enquanto os portugueses subjugavam os povos indígenas se infiltrado no interior das tribos e assumindo um papel de liderança, os franceses tentaram comprar a amizade dos nativos com quinquilharias para transitar livremente em várias aldeias.

Franceses e tamoios tinham algo em comum: ambos viam com maus olhos as práticas de expansão do império português; seja o aprisionamento dos índios (para os tamoios) ou a divisão da América entre lusos e espanhóis, a partir de Tordesilhas (para os franceses).

O projeto de transformar o sul do Brasil em um refúgio calvinista não agradou o padre Manuel da Nóbrega. Como jesuíta, sua tolerância não alcançava a heresia protestante. Ao saber que os líderes da população fixada na França Antártica haviam pedido apoio ao rei francês e recorrido ao próprio Calvino (em Genebra), decidiu lutar contra os franceses junto com Anchieta.

Em 1558, porém, a comunidade francesa não conseguiu o apoio solicitado à Europa e ficou reduzida a apenas oitenta homens. O padre português acreditava que os franceses não desistiriam do Brasil e que as companhias de comércio francesas continuariam a financiar ataques esporádicos ao sul da colônia. Portanto, a ocupação calvinista era vista como um mal a ser combatido com urgência.

Estácio de Sá, sobrinho do governador-geral Mem de Sá, foi enviado pela Coroa portuguesa em 1563 para fundar uma cidade na região e garantir que os invasores franceses não se sentissem tentados a retornar. Nóbrega e Anchieta colaboraram.

Enquanto o militar organizou efetivos para atacar por mar e terra os franceses e seus aliados, os padres visitaram as aldeias indígenas, convencendo os nativos a se aliarem aos portugueses. Nesse meio tempo, com a ajuda de Nóbrega e Anchieta, Estácio de Sá fundou a cidade de São Sebastião do Rio de Janeiro, tornando-se o seu primeiro governador. De lá, coordenou esforços e escaramuças para enfraquecer os franceses e os ameríndios a eles aliados.

O trabalho surtiu efeito somente em 1567, quando finalmente os huguenotes foram empurrados de volta para a França, em uma batalha que contou com o apoio de uma esquadra recém-chegada de Portugal, comandada por Cristóvão de Barros. E também com reforços liderados pelo próprio governador-geral do Brasil e indígenas aliados mobilizados por Nóbrega e Anchieta.

Durante o combate, Estácio de Sá foi ferido com uma flechada no olho, morreu lentamente, ao longo de um mês, sendo assistido pelos padres Nóbrega e Anchieta, enquanto a presença lusitana na região foi consolidada pelo rápido crescimento da cidade do Rio de Janeiro.

Os franceses tentariam se fixar novamente no Brasil décadas depois, em 1612. Fundaram uma colônia no Maranhão, originando a França Equinocial, centralizada na cidade de São Luís, em homenagem ao rei Luís XIII. Seriam outra vez expulsos pelos portugueses em 1615, fugindo mais para o norte. Conseguiram finalmente estabelecer uma colônia em 1635 onde hoje é a Guiana Francesa.

## O final da vida

Derrotados os franceses, Nóbrega e Anchieta ficaram no Rio de Janeiro. Pretendiam edificar uma igreja e um colégio. O padre Manuel da Nóbrega, já com 50 anos, andava doente e era considerado um homem idoso, mas não havia perdido seu ardor missionário.

Tamanho era seu zelo pelos dogmas da fé católica que, tendo descoberto um refugiado huguenote francês vivendo na cidade, instigou o governador-geral Mem de Sá a prendê-lo. Tratava-se de um alfaiate chamado Jacques Le Balleur, que foi conduzido ao Rio de Janeiro em 1567 para ser executado. Porém, o carrasco recusou-se a cumprir a ordem. O padre José da Anchieta, então, teria estrangulado o herege com suas próprias mãos.[9] O episódio é contestado pelo maior biógrafo de Anchieta, o padre jesuíta Hélio Abranches Viotti,[10] com base em documentos que, segundo o autor, contradizem a versão.

Verdadeira ou falsa a história, o fato é que o padre Nóbrega começou a delegar cada vez mais poderes a Anchieta depois do episódio da execução, entregando a ele a direção do colégio jesuíta, onde o pupilo permaneceu ao lado do amigo e mestre durante três anos.

O padre Manuel da Nóbrega faleceu no mesmo dia e mês em que havia nascido: 18 de outubro. Em 1570, aos 53 anos, em um quarto do colégio jesuíta na cidade do Rio de Janeiro. José de Anchieta tornou-se seu herdeiro político e, sobretudo, religioso.

## Notas

[1] Georges Duby, "O tempo dos monges", em *As três ordens ou o imaginário do feudalismo*, Lisboa, Estampa, 1994.
[2] "Carta do Bispo D. Pedro Fernandes ao Padre Simão Rodrigues, em Lisboa, escrita na Baía, datada em julho de 1552", em Serafim Leite (org. e comp.), *Cartas dos primeiros jesuítas do Brasil*, São Paulo, Comissão do IV Centenário da cidade de São Paulo, 1954, v. I, p. 361.
[3] "Carta do P. Francisco Pires ao P. Miguel de Torres, em Lisboa, escrita na Baía, datada em 2 de outubro de 1559", em Serafim Leite, op. cit., v. III, p. 158.
[4] "Carta do Padre Manuel da Nóbrega ao Dr. Martín de Azpilcueta Navarro, em Coimbra, escrita em Salvador, na Baía, datada em 10 de agosto de 1549", em Serafim Leite, op. cit., v. I, p. 142.
[5] "Carta do Padre Manuel da Nóbrega ao Padre Miguel Torres, em Lisboa, escrita na Baía, datada em 8 de maio de 1558", em Serafim Leite, op. cit., v. II, p. 448.
[6] "Carta de D. Pedro Fernandes ao P. Simão em Lisboa, escrita na Baía, datada em julho de 1552", em Serafim Leite, op. cit., v. I, p. 364.
[7] Idem, pp. 365-6.
[8] Paul Louis Jacques Gaffarel, *Histoire du Brésil français au seizième siècle*, Paris, Maison Neuve, 1878.
[9] José Francisco da Rocha Pombo, *História do Brasil*, Rio de Janeiro, Jackson, 1935, v. 3, p. 514.
[10] Hélio Abranches Viotti, *Anchieta, o apóstolo do Brasil*, São Paulo, Loyola, 1966.

## Indicações bibliográficas

DEL PRIORE, Mary (org.). *História das crianças no Brasil*. São Paulo: Contexto, 1999.
    Resultado de um cruzamento de olhares sobre a história da infância no Brasil, desde os pequenos viajantes nas embarcações do século XVI até os dias atuais, possui um capítulo especialmente dedicado à catequização dos curumins pelos jesuítas.

Mariz, Vasco; Provençal, Lucien. *Villegagnon e a França Antártica*: uma reavaliação. Rio de Janeiro: Nova Fronteira/Biblioteca do Exército, 2000.

Obra que permite acompanhar a tentativa francesa de fixação de uma colônia no Rio de Janeiro, narrando o cotidiano da França Antártica. Ao mesmo tempo, mostra as razões do fracasso do sonho calvinista de transformar o sul do continente americano em uma pequena França.

Pinsky, Carla Bassanezi; Mesgravis, Laima. *O Brasil que os europeus encontraram*. São Paulo: Contexto, 2002.

Possibilita conhecer os primeiros tempos da colonização portuguesa, desvendando as relações entre europeus e índios. Entre outros temas correlatos, como o cotidiano dos colonos, aborda a catequese e a "ocidentalização" dos indígenas.

Ramos, Fábio Pestana. *Por mares nunca dantes navegados*. São Paulo: Contexto, 2008.

Narrativa embasada em documentação primária que conduz o leitor a descortinar toda a aventura ultramarina, mostrando o cotidiano em Portugal na época dos descobrimentos, as motivações que levavam a migrar rumo a além-mar, o cotidiano a bordo dos navios e a vida dos primeiros colonos no Brasil, na África e Ásia.

Wright, Jonathan. *Os jesuítas*: missões, mitos e histórias. São Paulo: Relume-Dumará, 2006.

Aborda a história da ordem jesuíta, a qual abalaria as certezas e hierarquias da Igreja, assumindo um importante papel político nos séculos XVI e XVII. O autor procura desmistificar várias noções de senso comum, mostrando os mecanismos criados pelos jesuítas para catequizar e converter os gentios pelo mundo todo.

## Branca Dias (1510-1589):
## a Inquisição no Brasil

> "[...] quando surgir o Anticristo, os judeus se reunirão
> em torno dele e o adorarão como o seu deus. Portanto,
> é necessário não hesitar em convertê-los e,
> sobretudo, em batizar seus filhos".
> Alphonso de Spina, *Fortalicium Fidei*, 1460

Os judeus participaram ativamente da intensificação da ocupação portuguesa da América. Foram compelidos pela Coroa a investir seu capital no Novo Mundo em troca de terras e da esperança de poderem continuar a proferir sua fé, desde que fossem discretos.

Essa foi uma prática adotada desde o século XV, momento em que ricos mercadores hebreus aceitaram a proposta do rei para investir nas novas terras descobertas na África, recebendo propriedades em locais onde a Inquisição teria mais dificuldade em alcançá-los.

Na América Portuguesa, os judeus estiveram à frente de engenhos de açúcar e da armação de navios, gerenciando estaleiros e administrando a Companhia Geral do Comércio do Brasil, uma instituição que canalizou esforços para incrementar a ligação entre Salvador e Lisboa.

Os judeus convertidos ao catolicismo seriam tratados como cristãos-novos, mas efetivamente era de conhecimento público que praticavam os dogmas de sua fé na intimidade do lar. Assim, a tolerância que seria inviável na Europa só existia no Brasil graças a uma espécie de acordo de cavalheiros, estabelecida entre Estado português e judeus ricos. Uma liberdade limitada comprada a peso de ouro.[1]

Foi justamente uma filha de judeus convertidos, Branca Dias, que iria protagonizar uma das mais curiosas histórias do Brasil colônia. Cristã-nova, nascida em Portugal, ela veio para o Brasil encontrar o marido, Diogo Fernandes, na região de Camaragipe, Pernambuco. A história de Branca Dias teria se perdido para sempre, se não fosse a visita da Inquisição de Lisboa ao Brasil, entre os anos de 1591 e 1595. Ela já tinha morrido, mas mesmo assim foi acusada de manter no Novo Mundo as práticas intoleráveis de judaísmo.

A gravura destaca a violência de um auto de fé da Inquisição de Lisboa, a partir da representação das chamas e da popularidade do espetáculo.

## Os cristãos-novos

Espanha, 1492: os reis católicos Fernando de Aragão e Isabel de Castela expulsam os judeus dos domínios espanhóis. Quem não aceitasse o catolicismo deveria ir embora, mas quem quisesse ficar teria que, forçosamente, tornar-se cristão.

O medo das chamas inquisitoriais tomou conta do Reino espanhol. Houve milhares de processos, torturas, cárceres e execuções. O terror da morte assolou as comunidades judaicas, provocando fugas, desespero e deslocamentos de famílias. Uma onda de judeus não convertidos buscou, então, asilo nas terras portuguesas: judeus que se tornaram refugiados e reviveram um novo êxodo.

Quatro anos depois, porém, o rei português D. Manuel, pressionado pela Espanha, também exigiu a conversão forçada dos seguidores de Moisés. E, ainda pior, não lhes permitiu sair das terras portuguesas. O rei português também pode ter sido pressionado por Roma e, ele mesmo, poderia precisar do capital hebreu em futuros investimentos do Estado.

Assim, uma nova figura surgiu na história ibérica: o chamado *cristão-novo*, ou seja, o judeu convertido ao catolicismo. Era preciso, apenas, que esse fosse assimilado pela sociedade lusitana. Então apareceu uma questão: diante de um mundo fechado em categorias bem definidas e absolutas (o católico, o luterano, o islâmico, o nobre), o cristão-novo vivia suspenso diante de uma situação de ambiguidade. Ele oscilava entre dois mundos, não pertencia a nenhum deles e precisava encontrar o seu espaço: para os católicos ele era sempre a ameaça do judaísmo e para os judeus ele era o novo católico.

O cristão-novo, fenômeno social e religioso, estava, nesses primeiros tempos, fora do lugar. No entanto, casamentos mistos entre *cristãos-novos* e *cristãos-velhos* e certa convivência pacífica marcaram, no geral, esses anos iniciais em terras portuguesas; infelizmente, isso duraria pouco.

Os recém-conversos passaram a ter privilégios e a ocupar importantes cargos da administração pública e do comércio e, assim, ressentimentos e preconceitos adormecidos, mas latentes, vieram novamente à tona. O ódio contra os judeus ganharia força em poucos anos.

## A origem do antijudaísmo

O antijudaísmo tinha raízes profundas na cultura europeia. Desde a Idade Média, diante de pessoas com outros valores, costumes e práticas religiosas diferentes, o europeu cristão havia criado sua imagem do *outro*, do estrangeiro incompreensível.

Usurários, deicidas, ferozes sanguessugas dos pobres, envenenadores das águas bebidas pelos cristãos, feiticeiros diabólicos: assim eram imaginados os judeus por grande parcela da população cristã.

Isolados e discriminados, em várias sociedades e épocas, os judeus foram levados a trabalhar no comércio. A associação preconceituosa entre judaísmo e dinheiro tem história: proibidos de possuir bens materiais e de adquirir propriedades, os judeus tiveram que sobreviver a partir do trabalho em outras atividades igualmente desprezadas pelos cristãos, como, por exemplo, as de realizar empréstimos a partir da cobrança de juros – a *usura*.

A prática havia sido condenada pelos cristãos, que a caracterizavam como uma forma de enriquecer sem esforço físico. Além disso, o usurário ganharia ainda mais se o devedor demorasse em sanar a dívida. Nesse caso, quanto mais tempo passasse, maior o montante a ser pago: o judeu não trabalha no campo, de forma braçal e, pior, utiliza o "tempo" para ficar rico. Basta esperar e a dívida cresce. Mas o tempo era visto como algo sagrado e de domínio de Deus, criador de todas as coisas, inclusive do próprio tempo. A *usura*, então, era considerada pecado e o judeu, por isso, pecador.

O discurso teológico reforçou o antijudaísmo durante os séculos, pois acusava os judeus de terem condenado Jesus Cristo à cruz. A consequência direta desse ato teria sido a morte de Deus em sua forma humana. Assim, os judeus eram acusados como deicidas, pois assassinaram um Deus e, por isso, inimigos da fé católica.

O judeu foi, então, por oposição, visto como uma das faces do diabo; pertencente ao povo maldito, destinado ao castigo, merecedor de punições. O seu castigo e seus sofrimentos eram justificados, portanto, como formas de justiça e vingança "naturais", sem questionamentos.

Essa foi a visão construída pelo imaginário e pela mentalidade europeia a respeito do povo de Judá, ao longo dos séculos, desde o medievalismo, porém adormecida durante os primeiros anos de conversão forçada e convivência pacífica. Num primeiro momento existiu uma solução menos violenta e um meio de arrancá-los do domínio de Satã: convertê-los e transformá-los em cristãos-novos. A água batismal expulsaria o demônio da alma do judeu, que imediatamente deixaria de causar medo; visão otimista que ainda permitia a chance da salvação espiritual.

Isso deixou de ser possível. O inimigo não era um agente externo, o demônio, que se tornava um perigo para a sociedade, mas o próprio judeu. O perigo está dentro dele, e é inerente à sua natureza perversa. A Europa e a Inquisição criavam, assim, o mito do cristão-novo e era preciso encontrar as formas mais seguras e sistemáticas de combatê-lo.

## Inquisição e vida no Reino: anos iniciais

Pouco tempo depois das medidas manuelinas, foi criado o Tribunal do Santo Ofício da Inquisição de Lisboa, em 1536, durante o reinado de D. João III. A bula do estabelecimento do tribunal, *Cum ad nihil magis*, foi assinada pelo papa Paulo III em 23 de maio do mesmo ano.

A partir de então todos os judeus eram suspeitos em potencial de continuar realizando as cerimônias e manter, assim, suas antigas crenças. O recém-converso mantinha de modo secreto suas práticas religiosas, seus costumes e era visto como *criptojudeu* ou *judaizante*. Por volta de 1540, começaram, de fato, as perseguições sistemáticas e os autos de fé, as humilhações públicas e as execuções de cristãos-novos nas fogueiras inquisitoriais portuguesas.

A Inquisição, desde sua origem medieval, é um elemento forte de representações religiosas. Não é inocente a utilização do mesmo vocábulo *auto* para designar uma peça teatral religiosa e o espetáculo público inquisitorial. A cena inquisitorial acompanha todo o processo, desde a chegada dos decretos e do inquisidor até o próprio interrogatório.

Para o auto de fé era erguido um tablado no meio da praça mais movimentada da cidade, 15 dias antes. Os habitantes eram convocados a ver o espetáculo ao som de trombetas e tímbalos. No dia seguinte, pela manhã, chegavam os sentenciados, presos em corda grossa, usando roupa de penitente e carregando velas. No tablado, cadeiras dispostas em ordem de sentença, onde cada sentenciado sentava em lugar pré-determinado.

Os inquisidores sentavam-se debaixo de dosséis, armações de madeira, em formato de bancos, mas cobertos com panos, cada um com a sua cor, de acordo com a ordem religiosa a qual pertenciam. O auto de fé, quando seguido de fogueiras e mortes, era a própria representação do inferno.

Havia o palco, o público e o espetáculo, assim como num teatro contemporâneo. A população, sentada e tranquila, assistia às cenas de sofrimento, sempre didáticas e repressivas. Como espectadora, a plateia sentia-se unida e criava certo sentimento de identidade: "somos católicos e estamos salvos". Assim, o espetáculo dos autos de fé atendia às necessidades repressivas do Estado, aos anseios da multidão e à ação da Igreja: onde existissem colonos deveria existir a Inquisição, educando e punindo.[2]

É justamente nesse contexto que surge a figura de Branca Dias. Nascida por volta de 1510, na região de Viana, no Minho em Portugal, era filha de Violante Dias e Vicente Dias, provavelmente cristãos-novos do período em que ocorreu a conversão forçada instituída no reinado de D. Manuel. Até a sua juventude, Portugal vivia o período de assimilação dos convertidos. Ainda sem Inquisição, o momento era de relativa paz, quando vários cristãos-novos conseguiram ascensão social.

Por volta de 1528, ela se casou com o comerciante de tecidos e também cristão-novo Diogo Fernandes. O casamento entre dois herdeiros da tradição judaica não era regra; vários casamentos mistos aconteceram na época. Muitas vezes o critério para a escolha do futuro marido era mais social do que religioso e importava mais a posição social do homem, sua capacidade de sustentar uma família, do que a fé professada por ele. O amor não era a causa inicial das uniões matrimoniais, mas, muitas vezes, consequência dessa relação.

Por volta de 1540, data do primeiro auto de fé em Portugal, o marido de Branca Dias viajou para o Brasil. São raras as informações sobre esse período da vida do casal. Ele embarcou sozinho, para tentar vida nova na colônia. Como vimos, não era costume levar a esposa consigo para o Brasil naquela época, pois eram comuns estupros coletivos praticados pelos marujos nos navios. Só levavam a esposa homens de posição social muito elevada, quando a categoria social a protegia do assédio e mesmo assim se tomava o cuidado de deixar a mulher trancada na cabine durante toda a viagem e vigiada pelos religiosos embarcados. Se tudo desse certo, Branca Dias viajaria mais tarde, com os filhos. O motivo da mudança de Diogo Fernandes pode muito bem ter sido algum problema com a Inquisição de Lisboa, o que seria caracterizado como fuga para as terras distantes.

Longe da vigília do tribunal da Igreja Católica e das leis do Estado, a colônia era o lugar adequado para receber grupos indesejados no Reino. A América Portuguesa estava mais distante das práticas de coerção exercidas pelo governo, pelo clero e pela sociedade cristã, principalmente nos anos iniciais da colonização. Nesse período, os controles político e moral eram menores do outro lado do Atlântico. O Brasil era, por excelência, o lugar do pecado, onde tudo era possível.

O aumento da repressão na Europa estimulou a migração de cristãos-novos para o Brasil, lugar sem Inquisição e cheio de oportunidades anunciadas, com a exploração do açúcar e, mais tarde, com o tráfico negreiro. Além disso, as dificuldades materiais da colônia colocavam o antissemitismo em segundo plano, minimizado frente aos problemas do dia a dia nos trópicos.

A visão paradisíaca do Brasil do tempo do descobrimento não existia mais e, passados os anos iniciais, surgia a desilusão. O projeto colonizador enfrentava muitos obstáculos. O calor, os mosquitos, a falta de remédios europeus, o medo do índio, o terror das matas e, ainda, a falta de infraestrutura, de casas, de iluminação e a saudade da Europa eram alguns deles.

Dois anos depois de sua chegada, Diogo Fernandes recebeu de Duarte Coelho uma data de terra na região do riacho Camaragipe, em Pernambuco, para erguer ali um engenho de açúcar, podendo utilizar as águas da região. Junto com

Os sentenciados eram obrigados a usar os hábitos penitenciais, chamados de "sambenitos". As imagens mostram o olhar de santidade, o arrependimento e o choro dos perdoados.

ele estava Pedro Álvares Madeira, talvez natural da ilha com esse mesmo nome. Começaram as atividades de fundação de um canavial, embora faltassem recursos.

No ano seguinte, 1543, na Europa, foi a vez de sua esposa ter problemas com a Igreja Católica. Denunciada pela própria mãe e irmãs, que não aceitavam o seu casamento, Branca Dias foi presa pela Inquisição, confessou a prática de judaísmo, abjurou em abril de 1544 e prometeu nunca sair do Reino português. Ela foi solta apenas no ano seguinte, declarada doente, sem marido e com necessidade de criar os filhos; a liberdade foi autorizada pelo tribunal lisboense.

O ato de *abjuração* realizado por Branca Dias consistiu numa atitude de expressão pública e formal de arrependimento da penitente, em que ela recusou as heresias cometidas e prometeu não repeti-las. O pedido de perdão era público e revelava verdadeiro compromisso não apenas pessoal, mas coletivo, envolvendo todo o corpo da Igreja e seu rebanho de fiéis. Abjurar apresentava, nesse caso, um duplo aspecto na vida de Branca Dias: o de sua reintegração à Igreja e o momento de arrependimento das ofensas cometidas contra Deus e à comunidade de fiéis.

É importante frisar que a sociedade europeia do século XVI representava-se como uma comunidade cristã em busca da salvação. Dessa forma, desvios de crenças e de comportamentos eram encarados como agressões aos valores coletivos e, principalmente, uma ofensa contra a relação estabelecida entre Deus e os homens.

Ao contrário, uma relação boa e harmônica entre Deus e os homens protegeria a comunidade. Era preciso, portanto, que Branca Dias restabelecesse o equilíbrio de seu contato com o sagrado. Durante o ano de sua condenação, ela foi obrigada a usar o hábito penitencial, chamado de *sambenito*, feito de linho cru e pintado de amarelo, com o símbolo da reconciliação com a Igreja Católica: a cruz vermelha de Santo André, que representava humildade e sofrimento, já que o próprio Santo André, por volta do ano 60, havia implorado a seus algozes para não ser crucificado como Jesus Cristo, por considerar-se indigno. Acredita-se que o santo foi martirizado em uma cruz com o formato de "x".

### Do outro lado do Atlântico

Branca Dias não cumpriu parte da promessa, pois viajou para Pernambuco, junto com os filhos, ao encontro de seu marido Diogo Fernandes. Outra versão diz que ela foi degredada para a colônia, como forma de punição para os seus pecados cometidos contra a cristandade. Lembremos que o degredo era uma punição para diferentes delitos que obrigava a pessoa a viver em alguma outra parte do império português. "Degredar", por sinal, deriva de "degradar", isto é, diminuir de grau, rebaixar.

Assim, no século XVI as colônias portuguesas eram vistas como terras onde se iam cumprir penas, mas das quais as pessoas poderiam voltar. Na travessia marítima, o degredado iniciava o longo trajeto de sua purificação. Cheio de pecados na Europa, submetido às péssimas condições de vida na colônia, ele sofreria, pagaria seus pecados e poderia ser reintegrado, mais tarde, à sociedade que o excluiu.

O degredo purificava a metrópole ao descarregar seus pecados na colônia, que se tornava, então, simbolicamente o purgatório.[3] Diogo Fernandes sentiu-se, no entanto, literalmente no purgatório ao ter seu engenho de açúcar totalmente destruído por índios tabajaras. O ataque dos índios era um dos maiores problemas do início da colonização. Além disso, as dificuldades da viagem e de comunicação com o Reino, a falta de investimento e a longa distância da Europa também eram problemas comuns enfrentados pelos primeiros portugueses nas novas terras.

Em pouco tempo, o casal recebeu uma nova oportunidade e, com seus filhos, se estabeleceu em Olinda, na rua dos Palhais, que se localizava atrás da igreja matriz em direção ao colégio Jesus. Assim, os dois foram trabalhar nas terras do Engenho de Bento Dias Santiago, o novo arrendatário das terras e águas de Camaragipe, por volta de 1563. Alguns falam em possível parentesco entre Bento Dias e Branca Dias, mas não há provas documentais.

Ao todo, Diogo Fernandes e sua esposa tiveram 11 filhos, sendo 3 homens e 8 mulheres: Jorge Dias Paz, Baltazar, Manuel Afonso, Beatriz Fernandes, Inês, Violante, Guiomar, Isabel, Filipa da Paz, Andressa Jorge e Maria de Souza.

Morava com eles, ainda, outra filha de Diogo Fernandes, chamada Briolanja Fernandes, que provavelmente foi concebida antes da chegada de Branca Dias em Pernambuco. A única filha que não casou foi a mais velha, Beatriz Fernandes, conhecida como a *alcorcovada*, por apresentar uma deformidade física, sendo chamada pela vizinhança pela alcunha "a louca", pois era comum associar o corpo doente, torto ou deformado a um possível desvio de caráter ou conduta imoral.

Uma mulher bem vista era aquela que estava aos cuidados do pai, ou do marido, ou de outro homem da família, ou até mesmo de alguma instituição religiosa para órfãs. Mas sempre protegida e sustentada para poder exercer seus "papéis" de mãe e esteio do lar. A mulher solteira, por outro lado, livre e sem maiores compromissos, era simplesmente prostituta, doente, de vida errante e incerta, acusada de ser perigosa ou feiticeira.[4]

Nesse período, um dote era pago pela família da noiva ao futuro marido como forma de compensar os gastos que ele teria para manter e sustentar a mulher pelo resto da vida As outras sete de Branca Dias casaram-se nove vezes ao todo, sendo que cinco desses matrimônios foram com cristãos-velhos, ou seja, católicos. No entanto, diferentemente das outras mulheres período, a mulher de origem cristã-nova, a judia convertida, não precisava pagar o dote. Para a mentalidade católica da época, não havia valor que pudesse compensar o noivo pelo fardo que ele próprio e sua prole carregariam, pela eternidade, por misturar o seu suposto sangue puro cristão com os judeus convertidos.

Independente dessa dispensa, a maioria dos casamentos das filhas de Branca Dias se deu com senhores de engenho ou lavradores de cana, o que mostra a preocupação da mãe em relação ao futuro das filhas. Nesse caso, pareceu haver uma contradição na postura do casal; ficaram entre a fidelidade religiosa do judaísmo e a ambição da ascensão social.[5]

Os matrimônios assumiram grande importância dentro do projeto colonizador, pois geravam filhos, concediam *status* de pessoa digna e aumentavam o rebanho de fiéis católicos; fatores importantes, inclusive, para a própria segurança do colono.

## O cotidiano privado entre os colonos: aulas de costura e judaísmo

Branca Dias, dentro do engenho de Camaragipe, ensinava as meninas da vizinhança a cortar, bordar e costurar, típicas atividades atribuídas às mulheres, já que eram realizadas dentro de casa. Ela tinha uma verdadeira escola e, das alunas, tornou-se mestra. Várias meninas foram alunas de Branca Dias e frequentavam o seu sobrado diariamente, sempre cheio, num entra e sai constante e num falatório sem fim.

Homens tinham vida pública. Mulheres, apenas vida doméstica; e as meninas mais novas normalmente aprendiam os afazeres do lar com as mais velhas. Não é à toa que o ideal de beleza feminina era a pele bem clara, de quem permanecia em casa e não tomava sol, e cuja feição fazia lembrar os anjos do reino dos céus, sexualmente puros. Estranha conexão entre cor da pele e virgindade, pureza. Por oposição, tons mais escuros de pele seriam associados ao pecado, à promiscuidade, à permissividade.

O entra e sai da casa de Branca Dias normalmente acontecia durante o dia, pois muitos eram os medos que estavam associados à escuridão, de acordo com a tradição cristã. As atividades da colônia eram guiadas pela luz solar. Sem eletricidade, as noites eram muito escuras. Referências bíblicas tinham definido simbolicamente o destino de cada um em termos de luz/vida e trevas/morte. À noite, os homens enxergavam pouco e se sentiam desamparados.

Havia o medo constante de que os mortos pudessem levantar para visitar lugares e parentes que conheceram em vida; era muito tênue, nesse período, a linha que dividia o mundo dos vivos e o mundo dos mortos. Por isso os caixões eram pesados e os túmulos, de pedra, com o intuito de impedir o levantar noturno dos cadáveres. Lugar longe da vigília, onde as pessoas fazem coisas que não fariam às claras, a noite aparecia como cúmplice dos malefícios, dos demônios e dos pesadelos. A luz do dia, por sua vez, trazia serenidade e removia o temor do pensamento.[6]

Por isso, praticamente todas as atividades dos grandes casarões eram realizadas no período da manhã ou no turno da tarde, pois de noite quase nada se fazia. A maioria das mercadorias era produzida dentro da própria colônia, no interior dos engenhos, pois as viagens e o transporte igualmente eram muito difíceis. Esse era o melhor caminho para não ser tão dependente das frotas, que vinham apenas de tempos em tempos e nem sempre traziam o necessário.

Branca Dias costumava fiar, fazer novelos, trancinhas, bicos, almofadas de fazer rendas, além de cozinhar. Diogo Fernandes sempre estava fora, nas marinhas acompanhando a venda do sal ou na roça.

As casas, mesmo as maiores, apresentavam móveis simples. Essa falta de conforto doméstico talvez se relacione ao estilo de vida da colônia, que assumia certo caráter passageiro, típico das terras do ultramar, aonde se ia para voltar o mais breve possível para o Reino. Eram comuns sonhos noturnos imaginando voos rápidos de ida e volta para a Europa, como se fosse possível aliviar a dor da distância e do que foi deixado para trás.

Branca Dias não trabalhava sexta-feira à noite e nem aos sábados. Toda sexta-feira, durante a tarde, ela lavava e esfregava o sobrado e pedia para suas escravas lavarem a louça da casa, espanavam as paredes e limpavam os candeeiros, colocando-lhes tecidos novos e azeite limpo.

Com a ajuda da escrava Felipa, Branca Dias fazia um cozido de carne, com azeite e cebolas, para ser comido no dia seguinte, o dia do descanso, sagrado para ela e tão aguardado e esperado. Elas também faziam uma iguaria de cor amarela, feita com grãos pisados, que provavelmente seria o *cholent*, comida típica de judeus.

Apesar dessa alimentação de caráter judaico, outros alimentos certamente faziam parte do cardápio de Branca Dias, na medida em que eram comuns em toda a colônia. A farinha de mandioca, o feijão preto, angus, bolos e sopas constituíam importantes itens da alimentação colonial. E os garfos eram raros; as pessoas, independentemente se ricas ou pobres, alimentavam-se com as mãos. As aves eram muito caras e, portanto, utilizadas apenas em ocasiões especiais, como para curar doenças. Daí a tradição de se comer canja de galinha em situações de enfermidade.

O ato de cozinhar, por sua vez, nem sempre se apresentava como tarefa simples, pois as cozinhas eram construídas fora das casas, devido ao intenso calor que muitas vezes dificultava o preparo das refeições em dias de chuva ou ventania. No Brasil não se tinha o desejo de ter o fogão dentro de casa, como se fazia na Europa, devido ao frio.[7]

Aos sábados, Branca Dias se trancava o dia todo em casa, na parte de cima do sobrado, e fiava o algodão somente de tarde. Esse era um dia especial e para ele havia toda uma preparação. Branca Dias vestia sua melhor roupa, lavada e passada, uma saia azul clara nunca usada em outros dias da semana, e apertava a cabeça com seus enfeites de cabelo. Ela jantava mais cedo e convidava as filhas para se juntarem a ela, a fim de comer o *cholent*. No sábado a família, como de costume, não ia ao engenho e normalmente voltava a trabalhar aos domingos.

### Desconfianças, medos e rumores

Certamente a postura de Branca Dias e Diogo Fernandes, convertidos, mas com hábitos judaicos, despertou uma série de rumores e fofocas na vizinhança. Vivendo em comunidades pequenas, todos sabiam da vida uns dos outros e muitas vezes os próprios parentes sujavam a imagem dos sogros, avós, irmãos, tios e primos.

O entra e sai das casas, as portas abertas, as visitas constantes e sem avisos, principalmente de familiares, era algo comum no período. Não havia como comunicar com antecedência a intenção da visita, pois os engenhos estavam a quilômetros de distância uns dos outros. A concepção de público e privado era bem diferente no século XVI. Essa distinção, do coletivo e do particular, ainda não era tão clara como viria a ser séculos depois.

A própria divisão interna das casas dificultava o isolamento. Apresentando cômodos sem portas e, em alguns casos, sem paredes dividindo os espaços, era justamente no interior do lar que acontecia a intimidade entre as pessoas,[8] lugar sem segredos, onde todos ouviam as vozes e viam as atitudes uns dos outros.

Branca Dias e Diogo Fernandes eram católicos judaizantes. Eles mantinham na colônia as práticas que, talvez, lhes tenham causado perseguição na Europa. Todos ao redor percebiam essas atitudes. O casal, longe de Lisboa e do Santo Ofício, certamente recebeu atenção diferenciada dos olhares e dos cochichos da população mais próxima de seu convívio.

Era justamente aqui o lugar ideal para a imaginação ganhar asas. Beatriz Luiz, vizinha do engenho, dizia para todos que eles eram degredados fugidos de Portugal. Certa vez, Beatriz Fernandes, filha de Branca Dias, foi questionada por Maria Lopes, aluna de sua mãe, o motivo da professora preparar a casa com tanto cuidado na sexta-feira. Ela respondeu que sua mãe, católica, era devota de Nossa Senhora.

Ainda bem próximo da casa de Branca Dias morava o seu neto Paulo, filho de uma de suas filhas, casada com Bastiam Coelho, apelidado de *Boas Noites*. Aos 5 anos, a criança teria dito que a avó guardava debaixo da cama uns santinhos em forma de animais, e ela os adorava juntamente com a Torá, o livro sagrado dos judeus.

Existiam outros boatos igualmente maldosos: na casa de Branca Dias havia uma cabeça de touro, colocada toda sexta-feira em cima da cama do casal, para ser adorada e retirada apenas aos domingos. Em outra ocasião, durante a missa de domingo, no momento em que a primeira hóstia era erguida, Branca Dias teria apontado para o altar e dito "cães acorrentados".

A respeito disso, eram comuns as confusões entre os nomes e os símbolos da religião judaica, devido, sobretudo, ao desconhecimento dos católicos. A "toura" era sempre confundida, em vários relatos, com uma espécie de ídolo simbolizado pela cabeça de um animal. Na verdade, *Torá* ou "toura" eram os cinco livros de Moisés, guardados em rolos de pergaminho, pelos quais os judeus deveriam jurar, dentro da sinagoga. A ridicularização dos termos e as confusões também eram uma tentativa de demonizar os ritos religiosos dos judeus.

Pedro Álvares Madeira, também cristão-novo e ex-sócio de Diogo Fernandes, morava com o casal. Seu quarto era separado dos demais e dava acesso à porta da rua. Certo dia, Maria Álvares, aluna de Branca Dias, espiava pela fenda da fechadura da porta e, conforme relatou posteriormente, flagrou algumas atitudes desrespeitosas de Pedro Álvares Madeira. Ele, sozinho na casa, tinha um oratório em forma de tábua onde colocava um crucifixo. Depois de certo tempo, falando coisas incompreensíveis, ele passou a açoitar o crucifixo e o arremessou com violência sobre o oratório justamente na Semana Santa.

Maria Álvares também relatou que, por duas ou três vezes, Branca Dias tomou do pescoço um crucifixo e o lançou para as costas, dizendo "te entrego ao demônio". Duas escravas de Branca Dias, Joana Mameluca e Lucrecia, disseram ter visto Branca Dias açoitar e agredir um santo cristão.

No entanto, o que mais se dizia a esse respeito era que os cristãos-novos reuniam-se no engenho de Camaragipe para praticar coletivamente os rituais da antiga religião hebraica. Lá, diziam as testemunhas, havia uma sinagoga escondida onde se juntavam os judeus da região para realizar suas cerimônias e, nos dias de lua nova de Agosto, comemoravam a festa do jejum e se gabavam de terem sido batizados de pé, pois eram conversos e tinham se tornado católicos já adultos.

Thomas Lopes, morador no Varadouro, costumava em certos dias colocar um pano no dedo do pé e andar desse modo pela vila. Isso seria um sinal aos outros cristãos-novos, como Francisco Pardo, para que se encontrassem no engenho de Camaragipe, para fazer a reunião chamada de *esnoga*.

Diogo Fernandes faleceu por volta de 1567, mas mesmo no dia da sua morte alguns moradores ainda afirmaram: ele se negou a olhar para o crucifixo e não quis evocar o nome de Jesus Cristo, virando o rosto, de um lado para outro, evitando o contato direto dos olhos com a cruz.

Após a morte do marido, Branca Dias assumiu a direção do que restara de Camaragipe, tornou-se verdadeira senhora de engenho e continuou a dar aulas de costura e bordado para meninas.

De acordo com as denúncias, o casal foi judaizante ao longo de sua existência, mas, apesar dos rumores, parecem ter tido certa paz em vida.

Isso porque estavam em um lugar que via os judeus com desconfiança, mas não tinha um Tribunal da Inquisição fixo e permanente. A continuidade das práticas e dos rituais da religião judaica na colônia valeu-se, certamente, da frágil estrutura eclesiástica da América Portuguesa e da distância da vigília inquisitorial de Lisboa.

Branca Dias viria a falecer entre 1588 e 1589, com cerca de 70 anos, fiel, assim como seu marido, à tradição religiosa herdada de seus pais. O julgamento viria apenas após a morte.

## Visita da inquisição e processos

No final do século XVI, a Coroa portuguesa organizou a visitação do Tribunal do Santo Ofício da Inquisição para suas posses do além-mar. A Inquisição nunca se estabeleceu, de fato, para além das visitações no Brasil. Ao contrário da Índia, onde foi estabelecido o Tribunal de Goa, com regimento próprio e normas ainda mais rígidas que no Reino.

Isso porque o Oriente era tido como origem do mal, onde o demônio exercia seu ofício com mais força e facilidade, distante da sede da Igreja Católica. Visitadores, treinados para combater os pecados de heresia, viajariam centenas de quilômetros, atravessariam vastidões oceânicas, a fim de encontrar a presença do mal nas colônias. O demônio migrou para terras distantes.

Portugal, desde 1580, passou a ser governado pelo rei espanhol Filipe II, após problemas de sucessão dinástica na corte lusitana, inaugurando, assim, o período conhecido como União Ibérica das coroas. Certamente isso fez mudar a postura da Inquisição de Lisboa, agora administrada por herdeiros de uma nação religiosa e historicamente mais intolerante.

Nesse sentido, a principal mudança não foi a criação de um tribunal no Brasil, como havia ocorrido no México, no Peru ou em Cartagena de Índias, mas sim o envio de inquisidores, com o intuito de realizar visitas, levantar denúncias e abrir processos.

As visitações ao Brasil ocorreram entre os anos de 1591 e 1595, tendo o licenciado Heitor Furtado de Mendonça recebido o cargo de visitador geral. O primeiro lugar visitado foi a Bahia. Em Pernambuco, governado por Jorge de Albuquerque, o Santo Ofício começou seus trabalhos no dia 21 de setembro de 1593. Recife tinha na época cerca de vinte mil habitantes, sendo pelo menos a metade formada por escravos africanos.[9]

As visitações fizeram parte de um plano mais geral de expansão inquisitorial do catolicismo no ultramar, principalmente no Atlântico. Por incrível que possa parecer, a pessoa mais denunciada à Inquisição – tanto em número de acusadores quanto de transgressões – foi Branca Dias, que já estava morta há anos. Isso talvez se explique por ela ter sido figura conhecida na região e mestra de várias meninas, durante muitas gerações.

Ela foi amplamente acusada de ter mantido no Brasil as práticas que, anteriormente, a haviam levado à prisão em Portugal. Após ter sido denunciada, ela não teve a chance de se defender e nem de acusar ninguém. E essa parece ser a grande vantagem de se denunciar uma pessoa morta, na medida em que se pode fazer uma acusação segura, sem correr o risco de ser igualmente denunciado.

As principais denúncias contra Branca Dias foram feitas pela sua exescrava Joanna Fernandes, pelas ex-alunas Isabel Frasoa, Anna Lins, Maria

Apesar de os interrogatórios serem sabidamente violentos o Tribunal da Inquisição, como todo órgão de tortura, gostava de passar uma ideia de paz e justiça.

Lopes, Isabel de Lamas, pela vizinha Beatriz e por outros moradores como Luiz Diogo Gonçalves e Felippe Cavalcanti. Durante muitos anos a colônia foi palco relativamente pacífico do convívio entre judeus, cristão-novos e católicos e, por isso mesmo, recebeu grupos de pessoas perseguidas na Europa. Apesar das desconfianças entre esses diferentes grupos, a colônia não foi palco de perseguição ou expulsão sistemáticas contra os judeus.

No entanto, a visita do Tribunal teria sido um momento esporádico caracterizado por mudanças nesse quadro de relações assimiladas e equilibradas. Após os cristãos-novos serem atingidos pelas denúncias, alguns laços bem estabelecidos ruíram.[10] O denunciante, no geral, comparecia ao tribunal se dizendo cristão-velho e pessoa de muita honra e boa qualidade:[11] "bons e honrados, os melhores desta terra".

Importante nesse período eram as atribuições de "honrado", "fidalgo" (filho de algo), "puro", pois dialogavam com a ideia de linhagem, de descendência, de pureza de sangue. As heranças e o comportamento das pessoas se transmitiam pelo sangue e isso fez surgir um fenômeno interessante para os cristãos-velhos, os católicos de origem, principalmente entre os mais necessitados.

Os antigos católicos, mesmo sem honras, sem fidalguia, sem riqueza, sem prestígio militar, sem cultura, poderiam se identificar com o estado privilegiado e aristocrata através da noção de sangue: "nós", os católicos de sangue puro, em oposição a "eles", os judeus convertidos que mantêm práticas religiosas proibidas. Essa associação está ligada à noção de identidade, de formação de grupo e, portanto, de exclusão dos outros que não fazem parte do grupo.

O modesto cristão-velho sem fortuna encontrava nesse mito do sangue o consolo para suas frustrações. O cristão-velho se solidarizava com a Inquisição porque ela lhe fornecia o sentimento de prestígio que de outro modo ele não teria.

Na sua humildade, esse cristão-velho aceitava tornar-se servo e parceiro da Inquisição e fornece-lhes denúncias. Por isso, se necessário, criava, mentia, dissimulava e imaginava em seus testemunhos, para sentir-se dentro do sistema, como parte integrante do grupo que julgava e analisava, com tons de superioridade, todo o resto dos julgados, inferiores e merecedores das sentenças. Respondia-se com orgulho à pergunta do inquisidor: "A que religião pertence? Cristão-velho, com a graça de Deus".[12]

Mesmo com tantos testemunhos, a Inquisição de Lisboa não considerou as práticas de Diogo Fernandes e Branca Dias como suficientes provas de

Tortura da Inquisição de Lisboa. Nesse caso, a imagem destaca o uso da violência para conseguir a confissão dos processados.

judaísmo. Em decisão final proferida em de 17 de março de 1595 eles foram inocentados. Mas o mesmo não ocorreu com seus descendentes.

O inquisidor ordenou a prisão de Beatriz Fernandes, a filha mais velha de Branca Dias. Ela foi obrigada a partir para Lisboa, onde sofreu tortura, confessou crimes e acusou suas irmãs e sobrinhas, na sala do tormento, nos cárceres da Inquisição. Mais tarde elas também sofreriam. Em 1599, Beatriz foi finalmente sentenciada a cumprir pena de prisão, a usar o hábito penitencial até morrer, a fazer abjuração em auto de fé e a perder seus bens.

Assim, mesmo não a condenando de modo formal e oficial, o tribunal se esforçou para eliminar e apagar a memória de Branca Dias e qualquer chance de manutenção de seus ritos a partir de seus descendentes. Era uma forma simbólica de condená-la eternamente de forma indireta; ela foi acusada pelo que fez no passado, julgada no presente e eliminada das lembranças no futuro.

No entanto, Branca Dias deixou vários descendentes e herdeiros em muitas famílias importantes de Pernambuco. Além disso, o judaísmo praticado pelo casal de Camaragipe foi um judaísmo doméstico, ligado a cultos funerários, interdições alimentares e formas de benzer. Nessas práticas, as mulheres tiveram importante papel, como divulgadoras da lei judaica aos seus descendentes, que levavam à frente os costumes e as práticas aprendidas[13] para todo o sempre.

Em cada um desses atos, de modo invisível e silencioso, Branca Dias sobrevive e ressurge para renascer constantemente no sutil e maravilhoso reino das permanências históricas.

## Notas

[1] Fábio Pestana Ramos, *No tempo das especiarias*, São Paulo, Contexto, 2004, pp. 39-44.
[2] Leandro Karnal, *Teatro da fé: representação religiosa no Brasil e no México do século XVI*, São Paulo, Hucitec, 1998.
[3] Laura de Mello e Souza, *Inferno Atlântico: demonologia e colonização – séculos XVI-XVII*, São Paulo, Companhia das Letras, 1993.
[4] Evaldo Cabral de Mello, "Branca Dias e outras sombras", em *O nome e o sangue: uma fraude genealógica no Pernambuco colonial*, São Paulo, Companhia das Letras, 1989.
[5] Idem.
[6] Jean Delumeau, *História do medo no ocidente*, São Paulo, Companhia das Letras, 1996.
[7] Leila Mezan Algranti, "Famílias e vida doméstica", em *História da vida privada*, São Paulo, Companhia das Letras, 1997, v. 1.
[8] Idem.
[9] Arnold Wiznitzer, *Os judeus no Brasil colonial*, São Paulo, Edusp, 1966.
[10] Ronaldo Vainfas, "A esnoga da Bahia: cristãos-novos e criptojudaísmo no Brasil quinhentista", em Keila Grinberg (org.), *Os judeus no Brasil: inquisição, imigração e identidade*. Rio de Janeiro, Civilização Brasileira, 2005.
[11] Anita Novinsky, *Cristãos novos na Bahia: a inquisição*, São Paulo, Perspectiva, 1992.
[12] Idem. Este trecho conclusivo sobre a postura do cristão-velho no tribunal é uma adaptação dessa obra, no capítulo em que Anita Novinsky analisou o cristão-novo em Portugal.
[13] Ronaldo Vainfas, op. cit.

## Indicações bibliográficas

ALGRANTI, Leila Mezan. Famílias e vida doméstica. *História da vida privada*. São Paulo: Companhia das Letras, 1997, v. 1.
    A autora trabalha com a ideia da força que o domicílio tinha no Brasil colonial, devido, sobretudo, às enormes distâncias e dificuldades de comunicação, além de fazer referências às noções, tão distintas, de público e privado. No mesmo artigo a alimentação da colônia também é contemplada.

BETHENCOURT, Francisco. *História das Inquisições*: Portugal, Espanha e Itália – séculos XV-XIX. São Paulo: Companhia das Letras, 2000.

O autor faz uma longa análise mostrando a história dos tribunais da Inquisição, tanto em Portugal, como na Espanha e Itália, analisando variados temas: os autos de fé, a preparação dos rituais, a encenação, a memória social dos condenados apagada pelo tribunal, os símbolos, a abjuração, a contrição dos pecados e, finalmente, os processos que levaram à criação e ao término da instituição.

MELLO, Evaldo Cabral de. Branca Dias e outras sombras. *O nome e o sangue*: uma fraude genealógica no Pernambuco colonial. São Paulo: Companhia das Letras, 1989.

O historiador analisou de que modo as genealogias das famílias pernambucanas foram fraudadas, na tentativa de se apagar a memória de possíveis descendências indesejadas no nome das pessoas, como no caso dos herdeiros de Branca Dias. O autor reconstruiu, de outro modo, o percurso genealógico de alguns importantes grupos do Nordeste brasileiro.

MELLO, José Antônio Gonsalves de. *Gente da nação*: cristãos-novos e judeus em Pernambuco – 1542-1654. Recife: Massangana, 1989.

O livro é um verdadeiro manual sobre a presença de cristãos-novos em Pernambuco. Além de analisar a relação dos conversos com o açúcar, o autor dividiu por capítulos alguns casos de nomes importantes que foram condenados pela Inquisição, como Bento Teixeira e Branca Dias. No fim, ainda consta um dicionário de judeus residentes em Pernambuco durante o século XVII.

SOUZA, Laura de Mello e. *Inferno atlântico*: demonologia e colonização – séculos XVI-XVII. São Paulo: Companhia das Letras, 1993.

Laura de Mello e Souza traz uma série de ensaios que tocam nas questões da demonização do mar e da colônia, da eterna disputa entre Deus e o diabo, mostrando outra face das viagens marítimas, a partir do imaginário e mentalidade religiosa do período.

## Fernão Cabral Taíde (1541-1591):
## o senhor de engenho e a santidade Jaguaripe

> "[...] ouvi dizer publicamente que o dito
> Fernão Cabral mandou colocar na fornalha
> do engenho uma sua escrava da terra, cristã,
> e a lançaram viva na fornalha, amarrada [...]".
> Belchior da Fonseca, *Denunciações*, 1591

Surpresas e mistérios não faltaram na história da Colônia. Na capitania da Bahia, em pleno século XVI, o senhor de engenho Fernão Cabral Taíde protegeu um violento movimento religioso indígena em suas terras, a santidade Jaguaripe. O objetivo principal do levante, que misturava cultos e ritos indígenas com os dogmas do catolicismo, era lutar contra a dominação europeia e, para isso, prender e matar portugueses.

Relações de poder e interesse por mão de obra, patriarcalismo e sincretismo religioso foram as características desses acontecimentos singulares que marcaram o imenso e trabalhoso projeto de colonização portuguesa na América. E como um poderoso e ambicioso senhor de engenho português associou-se aos indígenas?

## Origens e descendências

Fernão Cabral Taíde, senhor de engenho, nasceu aproximadamente em 1541, em Silves, antiga capital do Algarve, sul de Portugal. Não se sabe ao certo quando veio para o Brasil, mas as informações existentes confirmam sua presença na Bahia em 1571.

Homem de fartos bigodes e barba, de origem nobre, ele foi casado com Dona Margarida da Costa, portuguesa, cristã-velha de Moura, e juntos tiveram sete filhos: Manoel Costa, Beatriz, Diogo Fernandes, Ana, Francisca, Bernardo e Nuno Fernandes.

Alguns indicam a possibilidade de Fernão Cabral Taíde ser descendente direto de Pedro Álvares Cabral; há indícios e pistas que poderiam levar a esse caminho, mas não há provas suficientes do parentesco. Numerosas famílias passaram pelo Brasil com esse sobrenome e não se pode considerar que todos sejam parentes, pela simples razão de ser uma palavra de origem geográfica, ou seja, tirada de um lugar, na comarca de Vigo, antigo Reino da Galícia.[1]

Descendente ou não do ilustre Cabral, a propriedade de Fernão Taíde situava-se às margens do rio Jaguaripe, localizada no sul do recôncavo baiano. Ele era dono de um engenho hidráulico, repleto de escravos africanos, indígenas e funcionários assalariados livres, prontos e preparados para a produção do açúcar.

Fernão Cabral foi um típico senhor de engenho, arrogante e orgulhoso. Certamente se colocava em posição de superioridade em relação aos outros habitantes da Bahia. Era o europeu nos trópicos, rico, de ascendência nobre, repleto de escravos, serviçais, empregados, agregados e, portanto, rodeado por um grupo de pessoas prontas a lhe servir e prestar homenagens.

Um típico patriarca, daqueles que originaria mais tarde o coronelismo no Brasil, sustentando em torno de si a esposa, os numerosos filhos e netos, além dos apadrinhados e toda uma população submissa ao seu poder econômico e político. Ele se sentia e se enxergava de modo diferente, de linhagem e origens distintas e a todo instante se esforçava para que essa diferenciação se tornasse visível.

Casa-grande, típica propriedade dos senhores de engenho. É possível perceber a capela em segundo plano. A construção e o grande número de escravos são sinais visíveis de poder local desses senhores.

## O poder e os pecados

Os senhores de engenho, no geral, pareciam desfrutar de todo tipo de poder em seus domínios particulares e eram indiferentes a qualquer lei, criavam suas próprias regras baseadas em seus desejos e anseios individuais. Muitas vezes o poder do Estado português se confrontava com o poder local e particularizado desses senhores, que costumavam levar vantagem sobre o projeto colonizador.

Eles desrespeitavam a Igreja, as missas e os sacramentos, eram adversários do sentido missionário e religioso da colonização. Entravam em atrito com os padres jesuítas que viam na colônia a chance de se formar um Novo Mundo cristão, perfeito e sem pecados, a partir da figura do indígena e de sua possível conversão.

Fernão Cabral Taíde entrou em conflito com os religiosos ao sequestrar seis índios do aldeamento e da Igreja Inaciana de São João. Alegava que os padres sempre roubavam os índios para a catequese, diminuindo a mão de obra nas fazendas. O caso foi parar na justiça e o senhor de engenho foi derrotado. Os religiosos afirmavam que os poderosos tratavam os índios não como filhos, mas como escravos e impendiam os colonos de ingressar nos aldeamentos da Companhia de Jesus.

Como vimos, os religiosos estavam no Brasil desde os primeiros tempos do povoamento da colônia e tinham, inicialmente, certeza de que poderiam formar uma nova Cristandade nos trópicos. Segundo essa visão, os índios eram verdadeiros cristãos em potencial, ingênuos, semelhantes a Adão antes da queda; eles eram como crianças no agir e no pensar e precisavam de proteção dos evangelizadores, que rapidamente os batizariam. O melhor, então, seria isolá-los em missões e aldeamentos e, assim, educá-los de modo perfeito dentro das doutrinas do cristianismo. Dessa forma, eles ficariam livres do contato dos colonizadores, já contaminados por vários vícios, carregando máculas e pecados.

Os religiosos não eram contra o exercício de poder sobre os índios, mas questionavam as maneiras e os métodos como isso era feito. Lembremos que o Concílio de Trento, iniciado em 1545, havia definido claramente o projeto evangelizador e missionário da Igreja Católica: expandir a fé cristã, combater os judeus e impedir o avanço das ideias de Martinho Lutero.

Fernão Cabral era o típico senhor de engenho do Nordeste brasileiro, cheio de poderes e escravos, fazedor de suas próprias leis e vontades. Ele mantinha constantes relações sexuais com várias índias, mas dizia que isso não era pecado, pois elas não eram mulheres brancas e honradas.

A mulher indígena não era bem vista para gerar os filhos dos brancos e por isso os colonizadores escreviam com frequência para a Europa, pedindo mulheres. O primeiro jesuíta a desembarcar no Brasil, o padre Manuel da Nóbrega, ficou desesperado com a situação: colonos e índias sumindo pelos matos e fornicando por todos os lados.

Certa vez, Fernão Cabral violentou uma virgem escrava índia convertida ao cristianismo, em algum canto das suas terras. Feitores e funcionários da Coroa e outros europeus também se aproveitaram sexualmente das indígenas. Mesmo reagindo, muitas foram levadas à força, sendo obrigadas a conviver com situações humilhantes.

Os próprios religiosos pediam ao rei o envio imediato de mulheres brancas para o Brasil. Não interessavam suas condições sociais, nem procedência familiar, o importante mesmo era serem europeias e quererem constituir famílias: prostitutas, órfãs, abandonadas, qualquer uma, desde que viessem para casar.

Os padres acreditavam no casamento para solucionar a situação, mas o caso de Fernão Cabral mostra justamente o contrário. A esposa, mulher branca e honrada, teoricamente não poderia ser levada a realizar certos atos sexuais, só tolerados com outras mulheres, isso na mente do colonizador.

Nesse período, era comum o discurso de que o estupro ou a "violação" de índias não era condenável, devido à condição de inferioridade delas. Diante da visão europeia, as ameríndias eram "mulheres públicas", "mulheres de má vida", "prostitutas". O olhar português não via nas indígenas uma "humanidade conhecida", pois tinham pele, cabelos, rosto, olhar e comportamentos diferentes. Se o mesmo ato fosse feito com virgens mulheres brancas, o pecado seria grave e haveria o temor de sofrer e ser queimado eternamente nas chamas do inferno.[2]

Aparentemente, porém, o poderoso Fernão Cabral Taíde achava que estava acima até mesmo dessa premissa católica. Há indícios de que ele ter violentou a própria cunhada, Luísa de Almeida, na capela de seu engenho. Como a maioria dos homens de sua época, o senhor de engenho nutria verdadeiro desprezo pela figura feminina, pelo compromisso do casamento, cultivando a indiferença para com os valores da Igreja. Preferia viver intensamente as vidas de fornicações.

O mundo colonial era repleto de contradições, sendo totalmente possível temer o inferno e ao mesmo tempo desrespeitar a Igreja, mesmo porque uma coisa era temer a punição direta de Deus e outra era respeitar as regras de uma instituição ou de um padre.

## Escravidão

Fernão Cabral Taíde foi ator principal em episódio que causou escândalo na Bahia. Certa vez, Isabel, escrava índia, contou para sua esposa, Dona Margarida, alguns segredos de seu senhor, provavelmente algo grave envolvendo traição.

Denunciada e entregue, a jovem índia sofreria destino impensável. Com ódio, raiva e descontrole, o senhor do engenho de Jaguaripe demonstrou todo o seu poder e desprezo pela figura humana. Ele deu ordens para seu feitor Domingos Camacho e para o negro João Guiné lançarem Isabel viva na fornalha.[3]

Ela foi pega à força, teve os cabelos puxados e quase arrancados; se batia e espernava, gritava e inutilmente pedia socorro. Em meio a roupas rasgadas, chutes e socos, ela os arranhava e, chorando e salivando, foi atirada covardemente ao fogo, viva e grávida.

Dentro da fornalha, a menina indígena gritava, pedia socorro, chamava por Deus, Nossa Senhora, por todos os anjos, chorava e implorava ajuda. Enquanto seu corpo queimava, sua barriga se abriu e foi possível ver o feto, ainda inacabado, igualmente se queimar. Destinos semelhantes aos que tiveram vários escravos indígenas e africanos do Brasil colônia.

A maior parte dos negros no Brasil era procedente de São Jorge da Mina, Congo ou Angola; Guiné era o nome genérico que se dava à costa da África. A maioria deles falava o idioma *banto* e, normalmente, eram trocados por cavalos, tecidos, cobre, trigo, armas de fogo e espelhos.

A violência na colônia foi uma das formas de controle de comportamento. A repressão era prática constante na relação entre senhores e cativos: correntes de ferro, gargalheiras, algemas, tenazes, tronco, máscara de folha de flandres, anéis de prender dedos, ferros quentes com a letra "F" para os que fugiam ou com as iniciais do senhor, chicotes e palmatória, longas surras de açoites dadas por dois açoitadores ao mesmo tempo eram os mais comuns instrumentos do terror colonial.

Escravos açoitados por três horas seguidas, pendurados pelos pulsos com pesos amarrados aos testículos, anéis de ferro nos dedos dos pés durante

Punição pública de açoitamento no pelourinho. O castigo exemplar era uma das formas utilizadas nas chamadas políticas de dominação do escravo.

o dia todo ou com correntes amarradas na cintura, dando volta ao corpo, eram assim mesmo obrigados a cortar capim.

Amarrados em *cama de vento*, ou seja, presos e suspensos pelos pulsos e tornozelos, escravos eram açoitados sem parar; quando desmaiavam lhe colocavam sal e limão nos olhos e água nas nádegas, passando a noite presos em correntes para no dia seguinte serem posto ao sol, com argola no pescoço, sem comida e sem água até o fim da noite.

O castigo físico e exemplar não foi invenção de senhores como Fernão Cabral Taíde, mas sim prática comum herdada do passado medieval europeu, perpetuada na Idade Moderna no Novo Mundo.

Na maioria das vezes, o castigo era público e realizado no lugar de maior trânsito de pessoas da vila ou da cidade e, quase sempre, praticado pelo próprio senhor. Pelo olhar dos poderosos, o castigo deveria ser justo, corretivo e educativo; ele marcaria a submissão do corpo do escravo e era uma reafirmação do poder senhorial perante a sociedade.

Suas marcas e cicatrizes serviriam para a vítima nunca esquecer o que fez de errado, símbolo para lembrar o que deveria fazer de certo e reafirmação de sua condição de escravo. As cicatrizes eram as leis do Estado impressas no corpo do prisioneiro.[4]

O corpo do escravo, nesse caso, se tornava um verdadeiro texto capaz de ser lido; ao olhar para ele era possível saber de onde veio e se já tinha descumprido as leis. Escravos com muitas cicatrizes valiam pouco, pois se revoltavam mais do que os outros.

A violência não era a única forma de controle; ela era a mais usada por senhores como Fernão Cabral, mas outros optavam por diferentes meios, como a negociação, a valorização das boas atitudes do escravo, a promessa por liberdade em troca de fidelidade, prêmios em dinheiro e a permissão de constituir famílias.

A fabricação do açúcar era, sem dúvida, a grande tecnologia do período, bastante complexa, custosa e que dependia totalmente da confiança do senhor nos escravos, pois qualquer falha ou sabotagem no processo, feitos pelos cativos, poderia colocar todo o investimento a perder.

Nesse sentido, diversos outros acordos foram possíveis, e o negro africano não aparece apenas para apanhar, sendo até mesmo intermediador de sua própria venda e compra, consciente de sua importância e, sobretudo, agente de sua história, criando espaços de negociação com os senhores de engenho.

## A santidade ameríndia de Jaguaripe

Durante muito tempo, negros, índios, portugueses, mamelucos e cristãos-novos foram obrigados a conviver e a dividir espaços comuns. Essa situação criaria condições e estruturas híbridas, novas, sincréticas, nem europeias e nem americanas, mas sim misturas de diferentes culturas.

Nesse contexto, surgiu nas matas do recôncavo baiano uma santidade religiosa, nem cristã, nem pagã. Para piorar a situação, essa entidade recebia a ajuda e a proteção de um "homem bom" da Bahia, grande proprietário de terra, grande senhor de açúcar: o próprio Fernão Cabral Taíde.

A mata úmida e fechada revelava a grande contradição da aventura colonial: lá estavam as riquezas cobiçadas, ouro e escravos; lá estavam as origens de um movimento que planejava matar e aprisionar os portugueses; a selva era como a sereia do mar, que seduzia e matava; lugar de glória e de morte, em que mito e realidade se confundiam.

As santidades ameríndias foram verdadeiros refúgios para os índios escravizados ou aldeados, cansados de sofrer as mazelas da colonização. Assim, a santidade de Jaguaripe era um movimento religioso resistente aos portugueses. Tinha desde o começo formação heterogênea: índios cristãos, pagãos, cativos, libertos e negros da Guiné. Organizava revoltas em toda a capitania que pregava o fim do cativeiro indígena e a morte ou escravização dos portugueses.

É difícil dizer o ano de início da santidade na Bahia. Ela deve ter se formado entre os anos de 1580 e 1585; os indígenas iniciaram suas práticas no sertão de Frio Grande, em algum trecho da serra de Orobó, no sertão de Jaguaripe. Sabe-se que os indígenas foram abrigados por Fernão Cabral Taíde em 1586 e, meses depois, sofreram a derrota final.

Pouco se sabe sobre o líder da santidade: índio caraíba, preso pelos jesuítas no aldeamento da ilha de Tinharé, batizado como Antônio, em Ilhéus, de onde fugiu para fundar a santidade. Nascido tupi e educado por jesuítas, Antônio se mostrava meio cristão e meio tupi, situação mestiça que, certamente, apareceria em suas ideias e maneiras de liderar.

Para os cristãos, as práticas indígenas eram associadas ao pecado. Nesta imagem, indígenas da América são representados como verdadeiros canibais, difundindo a ideia de sociedades cruéis e incivilizadas.

O movimento era violento e atacava fazendas, saqueava, incendiava engenhos, matava colonos e agredia padres em suas missões evangelizadoras, gerando verdadeiro temor na população da Bahia, principalmente entre os religiosos e senhores de engenho. Unidos, tentariam enfrentar o inimigo comum.

Esse período representou o ponto máximo das hostilidades entre indígenas e portugueses. Os primeiros com medo de serem massacrados pelas doenças e pela escravidão e os segundos aterrorizados com a possibilidade de serem devorados e de verem naufragar o projeto colonizador e evangelizador.

### A santidade como massa de manobra

Fernão Cabral Taíde enviou uma expedição em 1585, liderada por Domingos Fernandes Nobre, chamado de Tomacaúna, para atrair os índios às suas terras, prometendo abrigo, proteção e, principalmente, liberdade de culto.

E foi assim que o engenho de Fernão Cabral tornou-se sede da santidade. Às autoridades ele dizia estar armando uma emboscada para conseguir a confiança dos indígenas e, em seguida, acabar com o movimento. Ao mesmo tempo, o governador Manuel Teles Barreto havia formando uma milícia oficial para tentar destruir os indígenas revoltosos. A tropa era comandada pelo senhor de engenho Álvaro Rodrigues.

Duas expedições, portanto, foram enviadas ao mesmo tempo em busca da santidade. A primeira, de Fernão Cabral, ia com a "justificativa" de protegê-la, e a segunda, oficialmente convocada, armava verdadeira cruzada contra os infiéis em plena mata nordestina; ambas aparentemente tinham o mesmo objetivo: acabar com a santidade, mas uma queria liquidar os indígenas de modo imediato e a outra, de modo lento.

Fernão Cabral conseguiu convencer o governador que a sua era a melhor tática. Assim, a milícia oficial de Álvaro Rodrigues recebeu ordens de retornar, sem, contudo, deixar de cometer atrocidades pelo sertão.

O próprio Álvaro Rodrigues afirmou que, durante sua campanha, se deparou com vários indígenas, "feiticeiros", "bruxos", caciques velhos desafiadores do poder de Deus e do monarca e que esses lhe diziam não ter medo das armas europeias: na hora do combate elas virariam ceras e eles, os índios, iriam para o céu. Resultado: dezenas de índios mortos a sangue frio tiveram suas cabeças arrancadas aos berros e choros, na frente de mulheres e crianças, em meio às expressões de valentia e honra.

De qualquer forma, as tropas enviadas por Fernão Cabral Taíde conseguiram trazer parte da santidade para seus domínios. Esse grupo era composto de cerca de setenta índios, com destaque para a profetisa tupi Santa Maria, que parecia naquele momento assumir o controle e liderança da seita rebelde. Um ídolo de pedra, adorado, também foi levado ao engenho.

O líder Antônio não se deslocou com o resto do grupo, ficando escondido nas matas; ele jamais pisou nas terras de Fernão Cabral. As estratégias militares de Fernão Cabral aparentemente tinham lógicas internas e pareciam responder aos interesses gerais de religiosos, senhores de engenho e autoridades. Por breve espaço de tempo, ele concentrou as vontades coletivas e, talvez por isso, não tenha sido reprimido em suas atitudes iniciais.

Mas o tempo passava e Fernão Cabral jamais destruía a santidade; pelo contrário, a protegia em suas terras, afirmando respeito pelas crenças, frequentando os cultos e impedindo que todo e qualquer forasteiro debochasse ou caçoasse das manifestações ocorridas nas cerimônias dos índios. Ele parecia ter outros interesses.

O governador e outros homens ilustres da região, assim como a população em geral, perceberam essa postura aparentemente contraditória de Fernão Cabral e começaram a exigir solução imediata.

O senhor de engenho arrogante, violentador de índias, que maltratava escravos e odiava a Igreja, certamente não tinha se convertido à causa indígena. Tudo não passava de simulacro, de puro fingimento. Ele aproveitava a situação para tornar-se ainda mais poderoso. Quanto mais gente dependesse dele, mais ele transmitia a impressão para os outros de que era capaz de sustentar todas aquelas pessoas. Ele tornava visível o seu poder e sua capacidade de influência no destino de dezenas de indivíduos, necessitados de suas terras, ferramentas, alimentos e da proteção fornecidos.

Mundo pré-capitalista este da colônia: mais do que o lucro, estava em jogo o prestígio, as aparências e as simulações de poder. O senhor de engenho das terras e águas de Jaguaripe também queria demonstrar poder a partir da ideia de que ele era, verdadeiramente, diferente dos outros senhores e colonos da região.

A partir desse tipo de postura, originada no passado colonial e que mais tarde iria se estabelecer no Brasil, o chamado *clientelismo*, as populações seriam usadas pelos coronéis como massa de manobra dentro de uma estrutura patriarcal.

Os índios queriam matar e escravizar os portugueses, mas Fernão Cabral, igualmente português, era "amigo" desses mesmos índios. Isso o tornava realmente especial e distinto dos demais.

Entretanto, o principal motivo que o levou a atrair a santidade para suas terras foi mesmo sua ganância e sua imensa vontade de ter o controle sobre um número enorme de índios para, futuramente, escravizá-los e fazê-los trabalhar suas propriedades.

Para isso, ele precisou tratá-los bem e, por um tempo, mostrar-se devoto da santidade, fazendo-se passar por Tupã. Na medida em que a santidade crescia, vários índios e negros de diversas regiões da Bahia se dirigiam para o engenho, a fim de se tornar seguidores e, como consequência, de receber a proteção de Fernão Cabral, aumentado sempre o contingente de pessoas aptas para o trabalho na lavoura.

Taíde tinha, com isso, abastecimento constante de mão de obra sem precisar comprar escravos, sem depender de bandeirantes, traficantes de negros e, ainda melhor, livrando-se dos jesuítas que iriam, certamente, querer isolar esses indígenas em suas missões religiosas.[5]

O senhor de engenho foi perdendo, porém, controle da situação e sofreu pressão do governador da Bahia, Teles Barreto, e de diversos donos de terras, preocupados com a perda de cativos e, sobretudo, pela organização de revoltas. Uma nova campanha oficial foi organizada por Bernaldim Ribeiro com o intuito de acabar, de uma vez por todas, com a santidade de Jaguaripe. Fernão Cabral foi obrigado a assistir a destruição da igreja e do seu sonho de tornar-se o mais poderoso senhor da região.

Os índios, por sua vez, viram a destruição de outro sonho, o de encontrar, no litoral, uma terra de paz e tranquilidade, longe dos infortúnios da colonização. Fernão Cabral perdeu o sonho de dominar e os índios perderam o sonho de não serem dominados; postura internamente contraditória que marcou, desde o início, a formação da santidade.

## Processos, denúncias e o Tribunal Inquisitorial

Alguns anos depois, em junho de 1591, o Santo Ofício da Inquisição portuguesa chegou à Bahia. O visitador-geral era Heitor Furtado de Mendonça.

Nesse período, Portugal estava sob domínio espanhol e seu rei era Filipe II da Espanha. No caso do Brasil, como vimos no capítulo dedicado à Branca Dias, não houve a criação de tribunal permanente, mas sim a visita de inquisidores para averiguar, sobretudo, pecados cometidos contra a fé e a presença de cristãos-novos. Com a visitação, os colonos passariam a conhecer de perto os inquéritos e as prisões de que, até então, julgavam-se livres na América.

Os inquisidores trouxeram novas preocupações e novos campos de ataque além do combate aos judaizantes, como delitos sexuais, sodomia, bestialidades e feitiçaria. Era preciso controlar os fiéis, os súditos da Coroa e, se possível, padronizar seus comportamentos.

Nervosismo, pânico e ansiedade tomavam conta dos denunciados que, tremendo e, muitas vezes, gaguejando, faziam de tudo para fugir dos confiscos dos bens e das chamas da fogueira, verdadeira teatralização do inferno na Terra.

Parte frontal do Regimento da Inquisição de Lisboa.
Detalhe para os anjos que protegem as armas da Inquisição: a cruz e a espada.

O inquisidor Heitor Furtado de Mendonça, com cerca de 35 anos, chegou doente e se estabeleceu, então, no colégio dos padres da Companhia de Jesus. Pouco tempo depois, já recuperado, por volta de julho de 1591, iniciou, de fato, os trabalhos da visitação: todos deveriam confessar seus delitos; todos deveriam acusar as faltas dos outros, tudo em nome da santa fé católica, independentemente de suas origens e posições sociais.

A Inquisição estava acima de todos e todos, abaixo de Deus. O visitador certamente abusaria do poder: colocava-se e era colocado como autoridade máxima. Todos o reverenciavam, beijavam seus pés, pois ele estava ali em nome do papa e como representante do rei português.

Por ironia da história, porém, todo o preparo e autoridade do inquisidor não foram o suficiente para que ele buscasse, julgasse, processasse e compreendesse o que ali surgiria diante de seus olhos.

Acostumado a ler manuais de confissão e a treinar os olhos e os ouvidos para identificar criptojudeus, islâmicos, bruxas e feiticeiras, Heitor Furtado de Mendonça em tudo se surpreenderia ao se deparar com uma denúncia atípica: heresia de gentios, formada por indígenas, escravos e livres, mamelucos e escravos da Guiné, praticantes de uma santidade.

O fenômeno causaria espanto na Europa: liderado por um indígena cristão, Antônio, que se intitulava papa e que nomeava bispos e santos índios, o grupo se reunia em uma "igreja", fumando tabaco sagrado até se embriagar e cair no chão, pedindo morte e prisão dos portugueses.

Os cantos, as danças e a fanática adoração a um ídolo de pedra chamado Tupanaçu eram um escândalo. Inconcebível uma mulher negra, que se intitulava "mãe de Deus" ter gozado de prestígio junto ao grupo.

Foram ao todo 70 denúncias e 24 confissões recolhidas pelo visitador, que se transformaram em 17 processos. Domingos Fernandes Nobre, o Tomacaúna, disse em sua confissão que os fiéis da santidade faziam batismos entre si, em candeias acesas, lançando água pelas cabeças dos batizados, com altares, pias de água benta, sacristia e adoravam, num altar, um ídolo de pedra de uma figura de animal, usado até mesmo em procissões.

Alguns afirmaram que a santidade se intitulava "Nova Jerusalém". Tomacaúna confessou outros pecados cometidos por ele mesmo: cantava e dançava com os índios, teve várias esposas, se rasgou na coxa de forma ritual, assim como faziam os naturais da terra, e se pintou como eles.

A situação era comum no mundo colonial para um mameluco; vivendo em meio aos índios, com contato direto e cotidiano, era compreensível a existência de personagens como ele, ora de um lado, ora de outro. No entanto, com medo da Inquisição, afirmou que só fez essas coisas para ganhar a confiança dos índios para, em seguida, aprisioná-los em nome da fé católica.

Em sua confissão, Fernão Cabral Taíde, com medo das punições e sabendo exatamente para quem falava, deixou claro que a santidade de Jaguaripe era uma ameaça para o catolicismo e que ele queria destruí-la no momento certo. Ele descreveu: "rezavam e adoravam certas coisas por conta, invertiam os cultos cristãos e havia um que se chamava papa e uma gentia que se chamava Mãe de Deus, e o sacristão, e tinham um ídolo a que chamavam Maria".[6]

Na verdade, era o mesmo ídolo Tupanaçu. Sobre a escrava Isabel, lançada viva e grávida na fornalha, Fernão Cabral, cinicamente, contou outra versão: "a indígena estava inchada e quase morrendo de comer terra e queria servir de exemplo para os outros índios; disse que a queimassem apenas para causar medo, mas não queria que a queimassem, foi apenas para assustá-la. No dia seguinte, quando soube, me pesou muito".[7]

Essa situação era bastante atípica para a Igreja Católica. Preparada para lidar com o judeu, com o islâmico, com bruxas e demônios europeus, agora se via obrigada a avaliar uma santidade ameríndia, considerada diabólica e, ainda, cúmplice de um rico português católico senhor de engenho. Fernão Cabral foi um dos mais denunciados, mesmo após a santidade ter sido destruída.

Ele foi condenado a sair em auto público celebrado na Bahia, ouvir a leitura de sua sentença na sede da Igreja e pagar altíssima pena em dinheiro. Foi desterrado por dois anos da Bahia, mas não foi preso, nem condenado a cárcere, tortura ou morte pela Inquisição. Pena leve, de acordo com os próprios padrões da época, o que mostra que por ter poder e prestígio, um senhor de engenho ganancioso, arrogante e violento poderia sair quase imune às denúncias e atitudes que tomou ao longo de sua vida. Fernão Cabral Taíde faleceu por volta desse mesmo ano de 1591 no Nordeste.

### Religião e religiosidade no Brasil colônia

A existência da santidade de Jaguaripe revelou a complexidade do período; fórmulas simples e modelos estanques como "o índio", "o negro", "o europeu" estão repletos de estereótipos e preconceitos, se transformando em categorias muito rígidas. Essas definições fechadas escapam da realidade e se desmantelam diante da infinita riqueza do mundo.

Emblemático, o caso da santidade Jaguaripe expressou mais do que a revolta dos pobres e explorados contra os poderosos, o uso da população como massa de manobra para os desejos dos senhores ambiciosos. Uma situação análoga ao que se pode observar em vários movimentos de cunho popular ainda hoje.

Simboliza a configuração da religião e da religiosidade de um povo. A miscigenação cultural, durante a constituição colonial, criou no Brasil um conjunto de elementos religiosos polissômicos, comunicando vários sentidos que deixam transparecer o econômico, o social, o lúdico e o étnico. Um sistema cultural que espelha o sincretismo e a extrema capacidade adaptativa do brasileiro, capaz de absorver características externas e transformá-las.[8]

É verdade que a expansão territorial portuguesa foi acompanhada pela insígnia do catolicismo, símbolo da submissão dos indígenas e, posteriormente, dos escravos africanos ao poder da Coroa portuguesa. Entretanto, esse foi um processo que não aconteceu sem conflitos entre autoridades civis e eclesiásticas, entre colonos e jesuítas, entre fiéis e infiéis, forjando um sincretismo religioso ímpar e representativo do Brasil contemporâneo.

Sendo a fé em Cristo imposta, indígenas foram exterminados sob pretexto de serem catequizados, outros iniciaram uma fuga em busca de movimentos messiânicos que, séculos depois, ainda estariam enraizados na mentalidade dos homens do povo, sempre dispostos a seguirem eremitas e milagreiros.

Também não possuindo outra opção, os africanos escravizados foram obrigados a aceitar oficialmente os preceitos e dogmas da Igreja Católica. Mas encontraram meios de ocultar seus próprios ritos e credos dentro do sistema simbólico cristão, originando práticas religiosas afro-brasileiras.

Compelidos a migrar para o Brasil, os judeus adotaram uma estratégia um pouco diferente. Aderiram a uma vida dupla, oficialmente aceitando o cristianismo, praticado perante os olhos alheios, voltando-se para a sua verdadeira fé no interior do lar, uma maneira de manter a coesão das famílias e comunidades hebreias através da tradição.

Dessa fusão de crenças, da qual fez parte até o protestantismo, nasceram algumas práticas religiosas no Brasil, apegadas ao tradicionalismo católico e, ao mesmo tempo, abertas e relativamente tolerantes às novas religiões. Uma religiosidade dogmática, em certo sentido, perante a esfera pública geral, mas empírica e sujeita a transformações dentro da privacidade individualizada de grupos menores.

As práticas religiosas na América apresentam grande capacidade adaptativa e, sem dúvida, são tributárias do caldeirão religioso colonial, efervescente e contendo em seu interior ingredientes paradoxais que, misturados, forjaram o sincretismo contemporâneo.

## Notas

[1] Carlos Eduardo de Almeida Barata e Antônio Henrique da Cunha Bueno, *Dicionário das Famílias Brasileiras*, Edição do Autor, 1999, v. 1.
[2] Ronaldo Vainfas, *Trópico dos pecados*, Rio de Janeiro, Nova Fronteira, 1997.
[3] Ronaldo Vainfas, *A heresia dos índios: catolicismo e rebeldia no Brasil colonial*, São Paulo, Companhia das Letras, 1995.
[4] Silvia Hunold Lara, *Campos da violência*, Rio de Janeiro, Paz e Terra, 1988.
[5] Ronaldo Vainfas, *A heresia dos índios: catolicismo e rebeldia no Brasil colonial*, cit.
[6] Primeira visitação do Santo Ofício às partes do Brasil, pelo licenciado Heitor Furtado Mendonça. *Denunciações da Bahia – 1591-1593*, São Paulo, Homenagem de Paulo Prado, 1925.
[7] Idem.
[8] Mary Del Priore, *Religião e religiosidade no Brasil colonial*, São Paulo, Ática, 1995.

## Indicações bibliográficas

DEL PRIORE, Mary (org.). *História das mulheres no Brasil*. São Paulo: Contexto, 2007.
    O livro é formado por diversos capítulos sobre o papel da mulher na sociedade brasileira e foi organizado de acordo com a ordem cronológica, iniciando, contudo, com a mulher indígena. Importantes autores fazem parte da obra que se torna referência para entender as práticas de sedução e também representações e estereótipos e a ideia de sexualidade da mulher ao longo da história e suas mudanças.

NOVINSKY, Anita. *Cristãos-novos na Bahia*: a inquisição. São Paulo: Perspectiva, 1992.
    A historiadora faz uma análise dos cristãos-novos na Bahia. O início do livro foi de bastante ajuda para o tema deste capítulo, na medida em que a autora refaz um histórico da Inquisição em Portugal, sua relação com a Espanha e, principalmente, fornece um histórico sobre a situação do cristão-novo na península ibérica.

KARNAL, Leandro. *Teatro da fé*: representação religiosa no Brasil e no México no século XVI. São Paulo: Hucitec, 1998.
    O livro faz uma comparação entre as práticas dos missionários religiosos jesuítas no Brasil e a dos missionários franciscanos na Nova Espanha do século XVI, dando destaque para a dificuldades na evangelização e a utilização do teatro como forma de tentar converter o indígena para o catolicismo.

VAINFAS, Ronaldo. *A heresia dos índios*: catolicismo e rebeldia no Brasil colonial. São Paulo: Companhia das Letras, 1995.

Obra que inspirou o capítulo deste livro. Aqui se encontra o grande estudo feito por Ronaldo Vainfas sobre as santidades ameríndias, seus significados, suas simbologias e sua relação com diferentes patrimônios religiosos de diversas culturas que formavam a colônia. O autor analisa a atuação de Fernão Cabral Taíde, seu processo, suas intenções e os objetivos religiosos e políticos das santidades.

VAINFAS, Ronaldo (org). *Confissões da Bahia*. São Paulo: Companhia das Letras, 1997.

Série de documentos originais sobre as confissões feitas ao Tribunal do Santo Ofício na Bahia. Neste corpo documental são encontradas, por ordem cronológica, algumas confissões, entre elas as de Fernão Cabral Taíde e Domingos Nobre, o Tomacaúna, ambas citadas neste capítulo. A obra se torna uma das principais referências de informações sobre os personagens e episódios narrados.

## Raposo Tavares (1598-1658): em busca do ouro vermelho

> "[...] coletores de Satanás, homens que trazem cadeias, grilhões e coleiras para prender os índios, colocados em miseráveis cativeiros; homens tão desalmados que, em voz alta, diziam aos padres que os haviam de enforcar e os matar com escopetas".
> Padre Cláudio Ruyes, expedição do Tape, 1637

Homens cansados, sujos e de roupas rasgadas caminhavam descalços por extensos territórios, em meio às matas fechadas, no coração da colônia. Armados de facas, punhais, arcos e flechas, enfrentavam meses de viagem, em longas jornadas.

A sede e a exaustão tomavam conta das tropas que, então, eram castigadas pela forte umidade e pelo constante medo da morte: cobras, jararacas, cascavéis, corais, sucuris, onças, bichos-do-pé, carrapatos, todo o tipo de desconforto. O calor e os mosquitos os impediam de dormir; dias passando fome. Nos momentos de desespero comiam cavalos, couros, raízes de bananeiras, gafanhotos, formigas, larvas e vermes. O constante medo do desconhecido.

Esse grupo de homens sofria e passava por provações. Mas em nome da riqueza buscavam remédios para suas necessidades. Não eram heróis; estavam ali para destruir famílias, queimar povoados e capturar pessoas, com o intuito de vendê-las e torná-las escravas.

Essas expedições para o interior receberam o nome de *bandeiras*, por causa do costume tupiniquim de levantar uma bandeira em sinal de guerra. Raposo Tavares foi um dos mais bem-sucedidos organizadores do apresamento e da violência contra alguns grupos indígenas.

Representação do rosto de Raposo Tavares valorizando o heroísmo do bandeirante, a partir de um olhar cansado, exausto, mas ao mesmo tempo diretamente lançado para um ponto fixo e adiante, em direção ao futuro.

## As bandeiras e os anos iniciais

As expedições rumo ao interior, organizadas na primeira metade do século XVI, foram consideradas defensivas, pois eram montadas para a defesa da região contra a resistência e ataques indígenas, para que vilas e cidades pudessem se desenvolver.

Ainda assim, o contato inicial com alguns grupos indígenas foi amistoso, como no caso da região de Santo André e do líder Tibiriçá, que casou sua filha Bartira com o português João Ramalho. A relação estabelecida e a troca de favores foram, certamente, interessantes para os dois grupos. Com o passar do tempo e com a escassez de braços para suas lavouras, os colonos viram também a chance de estabelecer laços e aproveitar a força de trabalho e o conhecimento dos índios sobre a terra.

A primeira opção de contato europeu em relação ao trabalho indígena foi o escambo, ou seja, a troca de objetos por mão de obra. Essas trocas, contudo, demonstraram-se rapidamente ineficazes, esbarrando sempre na inconstância dos índios[1] que ora colaboravam e ora resistiam ao dia de trabalho.

Para os nativos, ao contrário dos portugueses, a aquisição ou a oferta de mercadorias e trabalho obedecia muito mais a lógicas rituais e simbólicas do que comerciais. Para os índios, o escambo era uma forma de estabelecer alianças e confiança; uma vez isso conquistado, a prática perdia o sentido. Desse modo, ações e reações indígenas diferiam das expectativas dos colonos, que certamente modificaram a visão que tinham deles. Assim, os portugueses tiveram de elaborar novas práticas de dominação.

Os primeiros habitantes da região de São Paulo de Piratininga buscaram impor novas maneiras de controle do trabalho nativo. Optaram por algo sistemático, organizado e rápido: o trabalho forçado e a escravidão dos gentios.

Os paulistas se voltaram para as matas tanto para capturar o índio quanto para averiguar a existência de outros tesouros naturais, como remédios, ervas, mate e metais preciosos. O sertão provocava um grande fascínio, pois era uma viagem ao que ainda poderia ser descoberto pelos europeus.

O imediatismo do ato de prender e escravizar os naturais da terra foi uma prática comum na colônia, devido às dificuldades impostas pela natureza ou pela falta de recursos. Um empecilho à caça dos índios era o fato de as aldeias mudarem o tempo todo de lugar, por causa do desgaste do solo, da diminuição

Litogravura do século XIX mostra os bandeirantes como homens bem vestidos e bem equipados diante de uma natureza perigosa e hostil.

das possibilidades de caça, da disputa entre tribos ou até mesmo pela morte de algum cacique. O indígena se escondia nas matas, cada vez mais no interior e em regiões em que a vegetação se transformava numa verdadeira muralha.

Houve, portanto, uma mudança de postura dos colonos e, assim, as expedições passaram a ser identificadas como "ofensivas" e organizadas, exclusivamente, para capturar o índio, também chamado de *negro da terra* ou *de brasis*. Ao longo do século XVII, a "riqueza" mais desejada e procurada pela grande maioria dos proprietários de terra do planalto paulista era o escravo indígena; a posse de cativos representava a chance de ascensão dentro de uma sociedade hierarquizada.

O alto custo do cativo fazia com que ele fosse símbolo visível de poder e, por isso, foi chamado de *ouro vermelho*, alusão à cor de sua pele. Quanto mais índios, mais prestígio e, quanto mais prestígio, mais poder na sociedade. A posse de um prisioneiro, para os jovens colonos, era o ponto de partida de seu trajeto econômico, da sua carreira política e marcava, sobretudo, sua condição na sociedade.

Nesse sentido, o principal motivo das bandeiras foi arrancar, ou por força ou por "vontade", os índios de suas terras e os trazer para Piratininga.

Eles trabalhariam como mão de obra nas plantações de trigo que abasteciam o litoral, já que os portugueses ainda não tinham se acostumado com a mandioca. Outra opção seria vender os ameríndios para áreas do Nordeste, principalmente onde a importação de africanos era escassa, como no Maranhão, onde iriam trabalhar nos engenhos de açúcar.

Essas expedições de apresamento pouco tiveram a ver com a ideia de expansão territorial e desbravamento das matas. A ação desses "colonizadores" foi, na realidade, tragicamente despovoadora.[2] É nesse contexto que surgiu a figura de Raposo Tavares.

## Quem foi Raposo Tavares

Antônio Raposo Tavares nasceu em Portugal, em Beja de São Miguel, no Alentejo, por volta de 1598 e morreu em São Paulo por volta de 1659. Filho de Fernão Vieira Tavares, governador da capitania de São Vicente, e de sua esposa Francisca Pinheiro da Costa Bravo, veio ao Brasil aos 20 anos em uma embarcação que viajava em direção à Índia.

Fixou-se em São Paulo juntamente com seu irmão Diogo da Costa Tavares por volta de 1622. Casou-se com Beatriz Furtado de Mendonça, filha do sertanista Manuel Pires, e com ela teve três filhos. A região oferecia grandes oportunidades devido à sua posição geográfica: era ponto de ligação com o Nordeste, São Vicente, o sul da colônia e a região de Goiás. Além disso, o clima dificultava a proliferação de pestes e doenças tropicais, impedindo em certa medida as epidemias que assolavam e disseminavam a população na maior parte da colônia, tal como lepra, malária ou febre amarela.

Antes de ser conhecido pelas expedições ao interior, Raposo Tavares fundou uma pequena fazenda na região de Quitaúna. A propriedade contava com um pequeno sítio e uma casa de morada feita de barro, coberta de telhas, com pouquíssimo conforto. Nesse período, teve contato com vários bandeirantes empenhados na caça aos indígenas e, em sua propriedade, reuniu enorme número de escravos índios apresados em contínuas expedições ao sertão.

Inicialmente, o termo "sertão" designava apenas as matas, uma localização geográfica. Com o tempo, passou a simbolizar uma situação específica: um vasto deserto e desconhecido interior em oposição ao estreito e conhecido litoral. A diferença entre os povoados costeiros e o sertão marcava, assim, o contraste entre dois universos: um ordenado pela religião católica e pelas leis do Reino, o outro pautado pela ausência da ordem, o mundo "sem lei", "sem rei", como era dito no período.

Em suas terras, Raposo Tavares utilizava entre trinta e quarenta escravos índios, que ficavam num pobre alojamento ao lado de sua residência. Muitos indígenas seriam vendidos até mesmo para proprietários de outras regiões.

No inventário de sua esposa constavam para o trabalho diário apenas 26 enxadas, 18 foices e 11 machados, demonstrando que o maior contingente alojado em sua fazenda seria realmente vendido.

Por causa das expedições organizadas, com o intuito de abastecer sua própria fazenda com escravos indígenas, portanto sem gozar de autorização oficial para tal, Raposo Tavares recebeu diversas ordens de prisão e foi considerado por muitos o "cabeça das entradas", um homem visto como um criminoso imoral.

## Bandeiras e religião

Os missionários jesuítas chegaram ao Brasil em 1549 e se fixaram em São Vicente em 1553. Como já vimos, a Companhia de Jesus chegava ao Brasil com a missão de converter os indígenas à fé católica, para aumentar o número de fiéis e impedir, sobretudo, a expansão dos protestantes e manutenção do judaísmo.

O interesse direto dos religiosos era justamente o indígena, visto como virgem de religião e, por causa disso, os padres entraram em competição direta contra os bandeirantes: os primeiros queriam levar os indígenas para os aldeamentos, educá-los, e os segundos, transformá-los em escravos.

O que estava em jogo não era a liberdade do índio, mas a melhor forma de exercer controle sobre sua vida. Os jesuítas também serviram aos interesses da Coroa, como verdadeiros instrumentos de desenvolvimento do projeto português, já que buscavam controlar e preservar os índios, a partir do ponto de vista da Igreja.

Ingênuos ou simplesmente enganados pelo demônio, os indígenas precisavam ter seu comportamento controlado: a poligamia, a embriaguez, o canibalismo e a idolatria deveriam ser combatidos através da fé, pelo batismo e através do conhecimento da palavra de Deus. Os ameríndios, uma vez instruídos e vigiados, poderiam, finalmente, ser cristãos perfeitos, prontos e aptos a obedecer à Coroa e, portanto, a colocar o projeto colonial em perfeita prática.

Na verdade, os religiosos apenas usariam outras técnicas para manter os nativos como trabalhadores úteis à metrópole. As missões e os aldeamentos religiosos substituíram as povoações originais, independentes, e transferiram para a mão dos europeus o controle sobre a terra e o trabalho indígenas.[3] Os padres não tratavam os índios de modo tão diferente dos colonos que eles tanto criticavam.

Os jesuítas não queriam a escravidão ilegal dos índios, como se dizia na época: não se poderia deixar os índios na boca do demônio e nas unhas dos brancos. Os inacianos, então, recorreram ao rei, que em 1570 estabeleceu a lei sobre a liberdade dos gentios: os indígenas somente seriam aprisionados em "guerra justa". Ou seja, se tivessem atacado primeiro os colonos ou se estivessem armados. Mas essa situação era fácil de provocar ou, simplesmente, ignorar.

Por ironia, atacar as aldeias jesuíticas passou a ser prática comum para os bandeirantes. Pois era uma forma rápida e segura de encontrar vários indígenas sem o problema da constante mudança de localização. Os portugueses se interessavam pelo trabalho dos guaranis não porque os padres lhes ensinavam boas maneiras e catolicismo, mas pelas técnicas de plantio desenvolvidas.

Outro fator motivador para se aventurar nos perigos das matas eram os relatos fantásticos e míticos a respeito das riquezas do sertão. A falta de informações sobre as regiões fazia a imaginação voar longe. Sobre os locais mais distantes os europeus projetavam seus sonhos, imaginando e lançando seus desejos. Relatos como o mito de Sabarabuçu, serra coberta de prata e de esmeraldas nas margens do São Francisco, certamente foram responsáveis pelo deslocamento de centenas de pessoas.

Os colonos passaram a intensificar as expedições predatórias ao sertão e este movimento atingiu seu auge nas décadas de 1620 e 1630, com as grandes bandeiras sob o comando de Manuel Preto, André Fernandes, Fernão Dias Paes e, sobretudo, Antônio Raposo Tavares.

O atrito com os religiosos chegou ao seu ponto máximo, e pouco tempo depois eles acabaram expulsos da capitania paulista em 1640. Os jesuítas tiveram suas propriedades confiscadas e a administração dos aldeamentos foi passada para o poder público. Alguns padres estabeleceram suas aldeias em regiões distantes, fronteiriças, tentando fugir das agressões e da violência dos colonos. Foram, por exemplo, ao Maranhão e Grão-Pará e às capitanias mais ao sul.

O principal alvo dos bandeirantes paulistas passou a ser as reduções de jesuítas castelhanos, no sul do Brasil colonial. As reduções eram missões jesuíticas, assim chamadas porque, pela tradição, os índios eram reduzidos à fé católica, obrigados a converterem-se ao cristianismo, abandonando seus hábitos pagãos.

Muitos indígenas eram aprisionados para ser vendidos como escravos para capitanias do Norte e Nordeste. Raposo Tavares foi, certamente, a alma de toda a empresa de destruição dessas reduções jesuíticas espanholas.

## O assalto a Guairá

As bandeiras de Raposo Tavares fizeram parte dessa geração de expedições. Sua primeira longa marcha, com destino a Guairá, foi organizada em 1628.

Junto com ele estava Paulo Amaral e a liderança de toda a empresa coube a Manuel Preto. Guairá era província jesuítica, no antigo território do Paraguai, e abrangia toda a parte ocidental do atual Paraná. Era uma região repleta de reduções e acampamentos religiosos.

As primeiras aldeias de missionários criadas nessa área foram Loreto e Santo Inácio, por volta de 1610. Mas com o passar dos anos, cerca de 13 outras aldeias foram levantadas e se calcula que os jesuítas chegaram a ter o controle de aproximadamente cinquenta mil nativos. A nomenclatura Guairá tinha origem no nome de um antigo cacique da região.

Os invasores argumentavam que o local pertencia originalmente aos portugueses, de acordo com o antigo Tratado de Tordesilhas de 1494, e, portanto, os índios ali residentes não poderiam viver sob o monopólio dos padres espanhóis. Na época da expedição, Portugal estava sob o domínio do rei espanhol Filipe II, durante a União Ibérica das coroas e, por isso, o antigo tratado não tinha mais sentido de ser obedecido. Mas mesmo assim os paulistas o usariam como pretexto para a invasão.

A expedição saiu de São Paulo em agosto de 1628. Raposo Tavares era um dos capitães, auxiliado por cerca de 2.200 índios e 900 colonos. Era uma enorme multidão composta por todo o tipo de pessoas: homens brancos, mamelucos, índios, escravos africanos da Guiné e da Mina. Homens armados que faziam barulho e competiam com os sinos da Igreja, de onde as tropas partiam após pedir a bênção e a proteção de Deus.

A presença de índios indica que as bandeiras não se caracterizavam apenas por conflitos entre portugueses e nativos. Mas também entre tribos indígenas rivais que buscavam vingança. As lideranças indígenas aliavam-se aos portugueses para aumentar seu poder de fogo contra os grupos inimigos e conseguir capturá-los.

A colônia forçava o convívio de dois mundos bem diferentes e que se viam de modos distintos: a religião do perdão, o catolicismo, se opunha, assim, à religião da vingança, universo indígena que privilegiava os vingadores. A vingança foi a instituição, por excelência, da sociedade indígena.[4] Em diversos momentos, os portugueses fomentavam e instigavam a guerra entre os próprios índios para que os capturados, em vez de serem sacrificados em rituais de canibalismo, fossem entregues como escravos para os colonos.

Outro importante fator para a forte presença dos índios nas expedições de apresamento era a necessidade bandeirante dos conhecimentos indígenas a respeito da região e sobre os mistérios das matas. Para os colonos, expostos às febres, feras e tribos desconhecidas, sua vida dependia das práticas que os índios tinham do sertão. Assim, para sobreviver nas matas, o bandeirante teve de incorporar vários hábitos e costumes dos indígenas, como andar descalço, acompanhar as abelhas para encontrar mel; e também aprender técnicas de sobrevivência. Os conhecimentos muitas vezes eram herdados pelos mamelucos, como a observação dos astros, técnicas de caça, de pesca, construção de embarcações, comunicação por meio do fogo, sinalização com gravetos, bebidas, medicamentos.[5]

Nessa situação, as condições de vida eram precárias. Comiam pães de farinha "de guerra", feitos de mandioca ou de milho, caçavam, pescavam e às vezes conseguiam frutas, raízes, pinhão, palmitos, ovos de jabuti. O maior medo era, sobretudo, o ataque dos outros índios, os "inimigos". Por isso alguns bandeirantes, com medo de morrer, dormiam nas chamadas ilhas de terra, ou seja, enterrados, para não serem vistos no meio da noite.

O Brasil no século XVI era um lugar privilegiado para infecções e doenças: sarampo, varíola, tuberculose e doenças venéreas trazidas pelos europeus. As epidemias trazidas pelos portugueses da Europa não paravam nunca, embora em São Paulo essa situação fosse mais amena, já que não estava em uma zona tropical, livrando os habitantes das doenças endêmicas.

Os navios nem sempre traziam remédios suficientes em suas "boticas". Como vinham da Europa, eram caros e nem sempre davam conta das doenças adquiridas na nova terra. Desse modo, os usos e costumes portugueses referentes à cura eram alterados e relativizados na colônia. Foi preciso aprender os costumes da terra, com as práticas de cura indígenas. Com a falta de remédios, abria-se espaço considerável para as curas mágicas[6] e o uso de ervas, curandeiros e até xamãs.

A tropa de Raposo Tavares e Manuel Preto viajou por cerca de 90 dias e chegou inicialmente à aldeia de Encarnação, onde 17 índios foram feitos prisioneiros. A principal aldeia, a de Santo Antônio, foi atacada em janeiro de 1629, sendo totalmente arrasada.

Durante a manhã, o céu se tornou negro, sob as nuvens das flechas atiradas pelos invasores. A população ameríndia, apavorada, buscava na Igreja a salvação e, enquanto isso, o padre Pedro de Mola, um dos responsáveis pelo acampamento, batizava com rapidez os indígenas pagãos para que ao menos tivessem suas almas salvas.

Os primeiros a invadirem a redução foram os tupis aliados, seguidos pelos outros membros da expedição. Todos juntos, entraram correndo à igreja, aos gritos e chutes, causando desespero e gritarias de terror por parte

Índios cativos representados como passivos por Debret.
A pintura nos faz pensar que a luta contra o apresamento era pequena, além de destacar o indígena como inofensivo, vítima e incapaz de oferecer resistência.

dos nativos abrigados. Homens e mulheres seminus, em lágrimas, corriam e caiam uns sobre os outros, lutavam, brigavam e tentavam, em vão, impedir o aprisionamento de pais, filhos e parentes queridos. Os que ameaçavam fugir ou resistir eram mortos, sem perdão, a tiros ou degolados; tudo era quebrado, destruído e as casas, incendiadas.

O fogo se alastrava pelo verde sem fim que tomava conta da paisagem. A redução religiosa estava em ruínas e os indígenas, aprisionados, caminhavam silenciosos em filas, acorrentados, para destinos incertos. Cerca de vinte mil nativos foram aprisionados nessa campanha.[7] Em regra, os bandeirantes carregavam correntes de oito metros de comprimento, com cerca de dez gargalheiras para transportar os indígenas até São Paulo.

Os indígenas que sobreviveram fugiram para o Centro-Sul da colônia, fundando novos aldeamentos na região do Tape e em Itatim, no baixo Mato Grosso. No retorno, os bandeirantes ainda agrediram os índios prisioneiros e os jesuítas que os acompanhavam; com esse resultado, outras campanhas seriam organizadas nos anos seguintes.

### Entre Guairá e Tape

Entre 1629 e 1632, Raposo Tavares permaneceu na sua fazenda em Quitaúna e não participou de nenhuma campanha. Em julho de 1632 ele ficou viúvo de sua primeira esposa e casou-se com Lucrecia Lemes Borges de Cerqueira.

Em janeiro do ano seguinte recebeu o cargo de ouvidor em São Vicente, conferido pelo conde de Monsanto, D. Álvaro Pires Castro, o que parece ter sido uma premiação pelo sucesso de sua campanha anterior. Além disso, foi eleito juiz ordinário, cargo que não pôde exercer justamente por ter sido nomeado ouvidor.

Nesse curto período, chefiou um assalto ao colégio dos jesuítas na região de Barueri, aprisionando alguns religiosos e confiscando seus bens. Raposo Tavares alegava que os padres agiam em jurisdição ilegal. No entanto, o governador-geral Diogo Luís de Oliveira, em dezembro de 1633, ordenou que tudo fosse devolvido aos padres e cassou o mandato de Raposo Tavares. Sem cargo, o antigo bandeirante necessitava conseguir meios de sobreviver.

Nesse momento, surgiu mais uma vez a figura do conde de Monsanto, que possuía terras no Sul da colônia, desde a região do Tape até a região do rio da Prata. Para ele, os jesuítas, que agora se instalavam no Tape, haviam se tornado um verdadeiro entrave, pois atrapalhavam o abastecimento de mão de obra indígena em suas terras.

Raposo Tavares seria convocado para organizar uma grande expedição de aprisionamento de indígenas, em local de fronteira, com o intuito de assegurar os domínios de Álvaro Pires na região.

Além disso, essa campanha tinha o objetivo de aprisionar ainda mais índios que a anterior, já que o comércio de escravos africanos estava cada vez mais dificultado pela presença holandesa no Atlântico. O escravo indígena custava cerca de um quinto do preço do escravo negro africano.

Alguns historiadores afirmam que essa expedição em direção aos aldeamentos espanhóis sulistas representava também um desdobramento das disputas que, na verdade, começavam na Europa: a luta dos portugueses para restaurar o trono, após tantos anos de dominação espanhola, desde o início da União Ibérica em 1580.

## A tomada de Tape e a resistência dos padres

Os jesuítas que fugiram para o Sul estabeleceram novos aldeamentos e, em menos de dois anos, alastraram-se pelo interior, conquistando a região do Tape onde ficaram até pelo menos 1634.

Os mesmos padres encontrados na região de Guairá, Simão Maceta, Pedro Mola, Cristóvão de Mendonça, José Domenech e Luiz Ernot, fundavam as novas reduções que eram cerca de vinte, reunindo uma população de aproximadamente duzentos mil índios, aglomerados em área relativamente reduzida.

O Tape correspondia a todo o centro do atual Rio Grande do Sul e era chamado pelos paulistas genericamente de *regição dos patos*. Os bandeirantes acreditavam que o Tape ofereceria resistência menor por ficar longe da administração e das vilas e cidades espanholas.

Raposo Tavares organizou sua investida contra a região em janeiro de 1636, com cento e vinte mamelucos e mil índios aliados, que serviam de guias e intérpretes. A expedição seguiu por terra, apesar de haver caminho por via fluvial. Os bandeirantes avançaram com suas tropas, ao som de tambores, trompetes de guerra e bandeiras, aproximando-se das reduções. Logo depois, uma carta foi enviada aos religiosos, afirmando ser a missão pacífica e que estavam ali apenas em busca de alimentos para os soldados. Os religiosos ignoraram a mensagem, o que pareceu ser desprezo ao olhar dos paulistas.

Os bandeirantes, diante disso, começaram a atirar em alguns índios, que se recolhiam nas capelas e nas casas dos padres. Invadiram o povoado, disparando e matando nativos e lançando fogo contra a igreja.[8] A bandeira se dividia em companhias, dispersas por vários pontos, mas mantinha certa unidade de ação. Por fim, um dos padres pediu paz, levantando a mão com um lenço branco.

A guerra durou cerca de seis horas e as aldeias de Jesus Maria, São Cristóvão e Santana foram atacadas, fazendo inúmeros cativos. Os relatos dos padres narram episódios de milagres em meio aos tiros e flechadas. O padre Antônio Bernal tomou um tiro no estômago, mas uma imagem de cobre de Nossa Senhora o salvou. O irmão Pedro de Mola recebeu uma bala na cabeça, mas ela ficou paralisada e alojada entre o couro cabeludo e os seus ossos, mantendo-o vivo. Com esse tipo de narrativa, os jesuítas queriam mostrar a presença de Deus ao lado dos cristãos e, por consequência, dizer que os bandeirantes estavam, naturalmente, do outro lado da história, ou seja, que eram o mal.

A resistência fornecida pelos religiosos era bastante intensa. Tropas e milícias de índios eram organizadas pelo padre Diogo Alfaro, que os acompanhava por todos os lados. Homem de grande resistência física, o clérigo usava táticas de guerra indígenas como se fosse um verdadeiro guerreiro. A redução se transformara numa pequena fortaleza e os sacerdotes se tornaram soldados, disparando armas de fogo. Os padres haviam armado os índios com escopetas e até mesmo com pequenos canhões.

Os paulistas sofreram algumas derrotas na região e Raposo Tavares acabou retirando-se do Tape. Em relação a essa bandeira, ele foi protagonista apenas da primeira fase de investidas. Outras campanhas conquistadoras, com outros líderes, foram necessárias para vencer totalmente os religiosos.

## Os holandeses e Itatim

Após sua retirada do Tape, alguns problemas no Nordeste fariam a vida de Raposo Tavares mudar de rumo. Os holandeses haviam invadido o

Brasil por volta de 1630, atacando principalmente as capitanias da Bahia e de Pernambuco, interessados, sobretudo, na produção de açúcar, fundando o chamado Brasil holandês.

Anos depois, com o intuito de expulsar os holandeses e formar forte resistência contra o seu domínio, o conde da Torre determinou uma provisão em 1639. Seria perdoado de seus crimes, em particular aos de entrada e captura de índios, aquele que se alistasse como capitão de milícia e partisse ao Nordeste para combater os holandeses.

Assim, Antônio Raposo Tavares conseguiu o perdão jurídico e embarcou em Santos para o Rio de Janeiro com destino ao Nordeste, para combater os flamengos. São poucas as informações sobre as ações de Raposo Tavares na reconquista de Olinda, no período de expulsão dos holandeses.

Por outro lado, sabemos que ele, ao retornar, não deu tréguas ao seu plano de aprisionamento metódico dos estabelecimentos jesuíticos em terras que considerava de Portugal. Alguns padres que tinham abandonado a região do Guairá foram fundar novos povoados no território do baixo Mato Grosso, como as aldeias de Xerez, Tarem, Maracaju, Atira e Nossa Senhora. Esses estabelecimentos formavam a denominada província do Itatim, cuja capital foi Vila Rica do Espírito Santo, já em território paraguaio.

Antônio Raposo Tavares atacou a região em 1648, juntamente com André Fernandes, Antônio Pereira e Gaspar Vaz Madeira. A tropa contava com cerca de duzentos brancos e mais de mil indígenas que os ajudavam nessas empreitadas mato adentro.

Oficialmente, Raposo afirmou que a missão da bandeira era descobrir minas de ouro no interior das matas. O assalto, porém, causou uma fuga de índios semelhante à ocorrida no Guairá. Os nativos corriam para os núcleos mais fortes das populações espanholas, onde poderiam organizar nova resistência e, se possível, pedir proteção às autoridades. Isso fez com que os paulistas abandonassem novamente a província.

Apesar de rechaçado pelos jesuítas, atacado por índios, perseguido pelos irredutíveis paiaguás e cheios de enfermidades do interior, Raposo Tavares desceu o rio Madeira em jangadas e seguiu viagem pelo rio Amazonas, chegou a Belém do Pará, após vagar por longo período pela floresta, e finalmente alcançou a região de Quito. A tropa, cansada, passou por grande fome, peste e provação.

Essa longa expedição ficou conhecida como "a maior bandeira do maior bandeirante". Com ela, Raposo Tavares tentou reproduzir o sucesso obtido anteriormente no Guairá. Depois de tanto tempo andando e tentando capturar cativos, tornou-se muito difícil saber o número exato de indígenas aprisionados, isso por causa das lendas e mitos contados sobre o empreendimento. Alguns companheiros de Raposo Tavares retornaram primeiro, exaustos, seguindo o caminho de Itatim em direção a São Paulo.

Outros homens e o próprio Raposo Tavares permaneceram mais algum tempo na região e acabaram se perdendo no caminho de volta. No fim das contas, resolveram embrenhar-se pelas matas, procurando uma rota mais fácil para regressar. Encontraram, por fim, um rio e resolveram fazer canoas para descê-lo. O mais curioso foi que só tiveram ideia de que tinham descido novamente o Amazonas após oito dias de viagem por terra. A "maior bandeira", no fim das contas, deve ter repercutido no período como verdadeiro fracasso, na medida em que Raposo Tavares regressou a São Paulo como homem pobre e acabado.

A travessia total levou cerca de três anos, terminando em Gurupá em 1651. No fim, contava com apenas 59 brancos e alguns poucos índios. Dizem os cronistas que ao retornar para casa estava tão desgastado pelas viagens que nem mesmo sua família o reconheceu.

## Ponto final

Antônio Raposo Tavares faleceu em São Paulo por volta de 1659. Ele faz parte do rol dos grandes bandeirantes e, pela visão dos colonos, foi um verdadeiro herói, responsável pelo alargamento das fronteiras, pelo controle e domínio das matas, por comandar lutas contra espanhóis, por participar da campanha contra os holandeses.

Sob o ponto de vista indígena, dos jesuítas e de centenas de milhares de famílias, certamente está na galeria dos assassinos e dos grandes invasores, capaz de matar, saquear vilas, incendiar igrejas, separar pessoas queridas, que por ele eram tratadas como mercadorias, sendo aprisionadas e maltratadas. Afinal, sua atividade era exclusivamente de apresamento de índios para negociar como escravos.

Raposo Tavares, assim como muitos paulistas, viu nesse empreendimento a chance de sobreviver e de enriquecer, diante das circunstâncias impostas pela colônia. Ele aproveitou a presença holandesa no Nordeste, que controlava o

130  Eles formaram o Brasil

Imagem de Raposo Tavares já fraco, doente e envelhecido. Mesmo assim, o caráter nobre do bandeirantismo está demonstrado a partir de suas vestimentas.

tráfico negreiro, para vender a mão de obra indígena aos engenhos dos colonos portugueses da região.

Além disso, os bandeirantes souberam usar os atritos internos entre os próprios índios, suas rivalidades, seus desejos de vingança. Dessa forma, conseguiram aliados nativos, que foram igualmente responsáveis pelos aprisionamentos.

Os índios escravizados também abasteceriam a própria região do planalto de Piratininga, principalmente nas plantações de trigo. Os paulistas, em todos esses anos, mantiveram um esquema de organização de trabalho que já existia nas sociedades indígenas: mulheres na lavoura, junto com crianças, e homens nas matas e transportes.

Essas comunidades indígenas, no entanto, foram destruídas, desestruturadas para sempre, presas e subordinadas às estruturas elaboradas pelos europeus que visavam controlar e explorar sua mão de obra.

## Notas

[1] Eduardo Viveiro de Castro, *A inconstância da alma selvagem*, São Paulo, Cosac & Naify, 2002.
[2] John Manuel Monteiro, *Negros da terra*, São Paulo, Companhia das Letras, 1994.
[3] Idem, op.cit.
[4] Florestan Fernandes, *A função social da guerra na sociedade tupinambá*, São Paulo, Pioneira, 1970.
[5] Sérgio Buarque de Holanda, *Caminhos e fronteiras*, São Paulo, Companhia das Letras, 2001.
[6] Márcia Moisés Ribeiro, *A ciência dos trópicos: a arte médica no Brasil do século XVII*, São Paulo, Hucitec, 1997.
[7] Alfredo Ellis Júnior, *Raposo Tavares e sua época*, Rio de Janeiro, José Olympio, 1944.
[8] Jaime Cortesão, *Raposo Tavares e a formação territorial do Brasil*, Lisboa, 1966.

## Indicações bibliográficas

CARVALHO FRANCO, Francisco de Assis. *Dicionário de bandeirantes e sertanistas do Brasil*. Belo Horizonte: Itatiaia, 1989.
    Obra de referência para a pesquisa dos nomes mais famosos do bandeirismo colonial. Os verbetes biográficos variam de tamanho, de acordo com a importância atribuída a cada um dos sertanistas.
CORTESÃO, Jaime. *Raposo Tavares e a formação territorial do Brasil*. Lisboa: Portugalia, 1966.
    Obra nacionalista, repleta de dados e fatos que tenta narrar e reconstruir a importância de Raposo Tavares para a história das conquistas ultramarinas portuguesas.
ELLIS JÚNIOR, Alfredo. *Raposo Tavares e sua época*. Rio de Janeiro: José Olympio, 1944.
    O autor narra os caminhos e os percursos de Antônio Raposo Tavares, valorizando suas ações e atitudes. Para o autor, as bandeiras eram formas de sobreviver frente à pobreza do planalto paulista e, com isso, acabou sendo uma atividade inevitável. Aqui, Raposo surge como herói e os índios são vistos como "menos evoluídos" do que a civilização europeia, esta sim, cheia de homens de valor, corajosos e valentes.

HOLANDA, Sérgio Buarque de. *Caminhos e fronteiras*. São Paulo: Companhia das Letras, 2001.
O autor analisa e acompanha os caminhos e os percursos realizados pelos sertanistas, destacando a importância do conhecimento indígena para a sobrevivência dos paulistas nas matas; destaque para a formação de um conhecimento misto, tipicamente colonial, em que se cruzam os saberes dos europeus e dos nativos.

MONTEIRO, John Manuel. *Negros da terra*. São Paulo: Companhia das Letras, 1994.
A obra trata as bandeiras como atividades despovoadoras e enfatiza a importância dos próprios indígenas durante todo o processo. Além disso, mostra que em muitos casos os cativos eram vendidos na região do planalto paulista, para a lavoura do trigo, que abastecia vários pontos da América Portuguesa. John Monteiro tentou mostrar a importância de um comércio interno, o trigo, relativizando as atividades coloniais voltadas sempre para os interesses da metrópole.

## Manuel Beckman (1630-1685):
## o império português contra as feridas coloniais

> "Chegado [...] Francisco de Sá Menezes no ano de 1682,
> a 15 de maio, acompanhado de um contrato por estanque;
> nome odioso [...], o governador tomou posse,
> com toda pressa [...], sem que se permitisse
> ao povo [...] liberdade [...]."
> Francisco Teixeira de Morais, 1877

O senso comum anunciou, durante décadas, a índole pacífica do povo brasileiro, alegando que teríamos sofrido poucos momentos de revolta. No entanto, somente durante o período colonial foram registrados mais de sessenta motins, insurreições, revoltas e rebeliões na América Portuguesa. Um desses movimentos reivindicatórios foi liderado por Manuel Beckman, importante senhor de engenho do Maranhão, em 1684.

Agitando a população contra o governador da capitania, Manuel Beckman envolveu seu irmão Tomás, advogado e poeta, em uma revolução que pretendia lutar contra vários problemas que afligiam a colônia. Para acabar com a corrupção, ele queria depor o capitão-mor e o governador e proibir os monopólios que garantiam privilégios a uns poucos apadrinhados do Estado. Além disso, reclamava da exploração econômica da metrópole representada pela Companhia do Comércio do Maranhão e da hipocrisia dos clérigos que pregavam contra a escravidão dos indígenas, usados largamente como mão de obra em benefício próprio.

Apesar de muitos historiadores terem enxergado em Manuel Beckman um proto-herói da independência, ele nunca cogitou essa possibilidade. Ele pretendia, em nome do monarca lusitano, iniciar reformas em prol de seus fiéis súditos presentes no Brasil. Beckman buscava fazer justiça em nome do rei, já que a prosperidade dos súditos significava a saúde da monarquia.

A aventura acabou mal, a família Beckman perdeu suas propriedades, Manuel foi executado em praça pública junto com Jorge Sampaio, aliado que também liderou a revolta. Tomás e outros envolvidos tiveram mais sorte, foram condenados ao desterro.

Por décadas, os descendentes dos irmãos ficaram entregues ao ostracismo. Em 1717, Roque, filho de Tomás, foi impedido de assumir o posto de senador da Câmara do Maranhão por uma carta do governador do Brasil, que alegava como única razão seus antecedentes familiares.

## A origem germânica e o contexto maranhense do início do século XVII

Apesar do aportuguesamento posterior do sobrenome pelos historiadores, Manuel e Tomás Bequimão eram filhos de pai alemão e mãe portuguesa. Não existem muitas informações sobre os pais dos irmãos Beckman, provavelmente apagadas dos arquivos como parte da punição à ousadia deles no episódio da derrubada do governador. Mas o contexto da época permite preencher algumas lacunas.

Quando o patriarca da família Beckman chegou ao Brasil, por volta de 1627, o Maranhão era uma zona periférica, marcada pela pobreza dos colonos, pelas dificuldades de comunicação com o Reino e outras capitanias. As viagens marítimas se tornavam o grande meio de ligação entre as regiões, conduzindo pessoas, cartas e mercadorias, pois o deslocamento terrestre era complicado, tanto pela ausência de estradas quanto pelo constante ataque de nativos.

O regime de ventos e correntes navais inviabilizava a formação de rotas regulares ligando São Luís à capital Salvador durante a maior parte do ano. Por isso, para navegar para o sul da América era preciso ir para Portugal. Mesmo assim, era preciso cuidado, pois, dependendo da época do ano, as calmarias podiam fazer o navio ficar parado em alto-mar por dias, fazendo os víveres escassearem, conduzindo tripulantes e passageiros à morte por inanição.

Por causa dessas condições, apenas 15 navios tinham vindo de Portugal diretamente para o Maranhão durante toda a década de 1620. Número ínfimo quando comparado com as 476 embarcações que foram do Reino para outras capitanias no mesmo período.[1]

Em uma dessas escassas naus esteve embarcado como tripulante o alemão Beckman. Era comum a presença de estrangeiros na tripulação dos navios lusitanos como bombardeiros, profissionais responsáveis pelo manuseio dos canhões e pela fabricação da pólvora. A função era altamente especializada, exigindo mão de obra qualificada que sempre esteve em falta entre os portugueses. Até o século XVIII não existiram fábricas de armas de fogo e pólvora em Portugal e tudo era importado da Itália e de reinos germânicos. Por isso, desde o início da expansão ultramarina, no século XVI, tornou-se praxe empregar homens oriundos dos mais diversos rincões da Europa na artilharia das naus e caravelas lusitanas.

Assim, como bombardeiro, Beckman já tinha passado por muitos outros pontos do Brasil, mas quando aportou em São Luís encantou-se por uma garota e pelo Maranhão, enxergando a possibilidade de multiplicar suas economias. Sendo detentor de cargo remunerado a peso de ouro pelo Estado, ele pôde pedir licença e estruturar um dos cinco primeiros engenhos de açúcar da capitania, iniciando a vida ao lado da esposa, não tardando para ver nascer seu primogênito: Manuel Beckman.

A jovem por quem o alemão tinha se interessado era dotada de enorme beleza. Ela tinha grandes e vivazes olhos castanhos, rosto cheio e levemente corado, contrastando com a pele extremamente branca. As várias camadas de roupa de tecido simples e remendado escondiam um corpo adolescente que atendia aos padrões de beleza do século XVII.

Aquela que se tornaria a mãe dos irmãos Beckman tinha chegado ao Brasil alguns anos antes do marido, junto com a primeira leva de colonos açorianos enviados pela Coroa para povoar o Maranhão. Ela veio em 1620 junto com os pais, inseridos no meio dos duzentos casais que migraram do arquipélago dos Açores.

Até aquela época, a única atividade rentável na capitania era o extrativismo das chamadas drogas do sertão, como bálsamo, cacau, cravo, canela, pimenta e casca para tintas. Além de pequenas produções de tabaco e algodão. A receita obtida com essas vendas era insuficiente para o pagamento da importação de cereais, tecidos e outros produtos manufaturados. Para acompanhar essa cultura de subsistência, a indústria da pesca havia se desenvolvido, constituindo também fonte de renda para os colonos.

O resto da colônia estava concentrado em outras atividades econômicas. Na região da Bahia a Pernambuco havia latifúndios de cana-de-açúcar, baseados na mão de obra escrava africana. No sertão, prosperava a criação de gado. E nas capitanias do Sul, bandeirantismo e plantação de trigo.

Antes da chegada dos açorianos, havia poucos colonos maranhenses. Eram filhos de portugueses que tinham migrado de outras capitanias para lutar contra os franceses, por ocasião da tentativa de criação da França Equinocial em 1612. Acabaram ficando em São Luís depois da expulsão dos invasores em 1615. Enxergando potencial na terra, não gozavam de apoio do Estado para implementar uma política eficaz de ocupação do solo.

Para as autoridades lusitanas, eles não passavam de reinóis, súditos de segunda categoria que, por terem nascido no Brasil, eram considerados impuros, fruto da fornicação com indígenas, corrompidos por hábitos culturais miscigenados. Sua existência era necessária para evitar a cobiça territorial de países inimigos, ocupando o território e criando um exército de pessoas para preencher cargos do baixo funcionalismo público, na supervisão dos escravos, na pecuária, no pequeno comércio, nos estaleiros e portos.

Esses colonos não tinham capital necessário para investir na produção agrícola, seja comprando terras, ferramentas ou escravos africanos. Assim, praticamente não havia africanos no Maranhão, sobretudo por conta do seu alto valor devido às dificuldades de transporte. Utilizar indígenas como escravos também estava fora de cogitação, já que as missões jesuítas estavam consolidadas por toda a capitania. Na época, a Companhia de Jesus tinha garantido que o Estado entregasse a custódia de todos os nativos daqueles lados aos clérigos para serem catequizados.

O padre Antônio Vieira encontraria terreno fértil para seus sermões e espírito de conversão do gentio no Maranhão. Nascido em Portugal e dedicado à vida religiosa desde os 6 anos, padre Vieira estudou no colégio jesuíta em Salvador. Entre 1652 e 1661 trabalhou como missionário em São Luís.

A chegada dos açorianos às terras maranhenses em nada melhorou a situação dos colonos. Ao contrário, criou uma elite que enriqueceu em contraposição a um empobrecimento ainda maior dos que já estavam no Maranhão. No entanto, passados alguns anos, os reinóis acabariam sendo liderados por um membro dessas elites contra as aflições coloniais.

## A infância sob jugo espanhol

Embora existam controvérsias, é quase certo que Manuel Beckman nasceu na cidade de São Luís em 1630. Não existem registros sobre a data do nascimento de seu irmão caçula, Tomás. Como primogênito, Manuel teve sua educação voltada para assumir os negócios da família. Já Tomás estudou desde tenra idade para se tornar jurista e foi enviado ao Reino para completar sua formação na Universidade de Coimbra.

Naquela época, a dinastia dos Habsburgo (Filipe II, III e IV) acumulava, além do comando da Espanha, o trono lusitano e o título de monarca do Reino de Nápoles, da Sicília, dos Países Baixos, do Franco Condado, Áustria, Hungria. E ainda possuía o senhorio de todas as conquistas das praças africanas e das Índias Ocidentais e o Sacro Império Romano-Germânico.[2] Por fim, a Coroa espanhola representava o braço armado do catolicismo e era herdeira dos imperadores romanos.

Na Europa, o domínio dos Habsburgo sobre boa parte do continente tinha causado a revolta holandesa em 1568, conhecida como Guerra dos Oitenta Anos. O conflito duraria até 1648, culminando com a invasão batava da América Portuguesa e das possessões lusitanas em Angola. Por outro lado, o antagonismo dos católicos espanhóis com o nascente protestantismo alemão originou, em 1618, a Guerra dos Trinta Anos, arrastando a França, a Suécia e a Áustria para o conflito.

Para manter as várias frentes de batalha, os Habsburgo intensificariam a exploração de suas colônias na América. A partir de 1580, o Pacto Colonial ficou mais rigoroso. Já em vigor nos territórios espanhóis, ele se estendeu aos domínios portugueses. Consistia basicamente no máximo aproveitamento do potencial econômico das colônias em benefício da metrópole, centro do poder e sede da Coroa. Envolvia o atrelamento das colônias às necessidades do Estado hegemônico que exercia controle territorial efetivo.[3]

Pelo pacto, as colônias estavam impedidas de produzir manufaturas e só podiam adquiri-las diretamente da metrópole. Por outro lado, eram obrigadas a vender seus produtos agrícolas com exclusividade à metrópole. Dessa forma, o Brasil não podia ter indústria alguma, nem ao menos gráficas, e precisava comprar ferramentas e artigos essenciais à vida cotidiana, tais como tecido, sal, vinho, farinha de trigo, papel e livros. Esses produtos eram monopolizados pelo Estado, que muitas vezes os entregava à exploração de particulares – quase sempre autoridades civis e militares ou seus parentes e amigos – mediante subornos.

Além disso, a colônia importava escravos da África para servir de mão de obra, em uma operação intermediada pela Coroa. A colônia exportava o açúcar para a Europa, além do algodão, do tabaco e das drogas do sertão. A água ardente e o próprio tabaco eram levados para o continente africano e serviam como moedas de troca na compra de escravos. Essa lógica configurava o comércio triangular entre Europa, América e África. Em termos administrativos e políticos, o Brasil era apenas um dos componentes do império marítimo lusitano, com trocas em via de mão dupla por todo lado, em benefício da economia imperial.

Manuel Beckman cresceu observando esta dinâmica econômica externa e, ao mesmo tempo, vendo o Maranhão ser relegado ao segundo plano no mercado interno de trocas de mercadorias. Para ajudar a desenvolver a região, o rei Filipe III, criou o Estado do Maranhão em 1621. Ele abrangia, além da capitania do Maranhão, o Ceará, o Piauí, o Pará e o Amazonas, com capital em São Luís. Era uma tentativa de vincular a zona diretamente ao Reino. Um vice-rei foi nomeado para administrar separadamente a unidade, com decisões isoladas do resto do Brasil.

A divisão, no entanto, acabou criando duas colônias: uma próspera e outra cada vez mais empobrecida. Os problemas foram ampliados, a corrupção cresceu na mesma medida em que os descaminhos da fazenda real aumentavam. O resultado seria a eclosão generalizada de revoltas e contestações.

## Contrabandeando açúcar para a Inglaterra

Enquanto crescia, Manuel Beckman aprendeu os segredos do negócio da família com o pai, observou a rotina do engenho e implementou uma administração eficiente. Tanto que se tornou, mais tarde, um dos homens mais prósperos do estado do Maranhão, mesmo com as limitações impostas pelas restrições de escoamento do açúcar para a Europa.

As ligações do pai alemão com ex-companheiros artilheiros de origem inglesa possibilitaram encontrar saídas para escoar o açúcar produzido no engenho da família. É provável que os Beckman tenham recorrido, como outros senhores de engenho de sua época, ao embarque de açúcar em navios ingleses que contrabandeavam o produto até o Velho Mundo. Burlar o aparelho estatal lusitano, em um ato de rebeldia, para vender sua produção diretamente à Grã-Bretanha, garantia preços muito mais convidativos dos que seriam encontrados em Lisboa.

O historiador inglês Charles Boxer estima que anualmente, no século XVII, foram retirados do Brasil ilegalmente entre 25 e 40 mil caixas de açúcar.[4] O que, considerando a média de 360 caixas transportadas em cada navio, seria equivalente a 111 embarcações inglesas transportando anualmente o açúcar contrabandeado do Brasil diretamente para a Inglaterra.

O contrabando realizado por navios ingleses era muito mais antigo do que se poderia supor. Já em 1530, o corsário William Hawkins teria sido o primeiro a estabelecer um comércio de contrabando ao negociar pau-brasil com os nativos, burlando a fiscalização lusitana.

Desde então, diversos navios ingleses rumaram ao Brasil, principalmente com destino a pontos periféricos como o Maranhão, transportando lã, vidro, ferramentas, quinquilharias, artigos de armarinho e miudezas, retornando à Europa com açúcar bruto, melaço e tintura para tecido britânico, extraída do pau-brasil.

A prática se tornou comum e foi intensificada com a União Ibérica, quando o governo de Portugal esteve nas mãos dos reis espanhóis. Como a Espanha era uma tradicional inimiga dos ingleses, o comércio legal foi interrompido durante o período entre 1580 a 1640.

O açúcar era então embarcado em caixas de madeira reforçadas por fora com ferro, calafetadas com barro e forradas com folhas de bananeira. Embalado conforme sua qualidade, era armazenado em forma de melaço. As caixas eram marcadas com tinta, identificando o tipo de açúcar, a procedência, o peso, o proprietário e o mercador responsável. Cada caixa comportava entre vinte e trinta e cinco arrobas, algo em torno de trezentos a quinhentos quilos.

Antes de chegar ao navio para ser remetido à Europa, fosse de maneira ilegal ou pelas vias corretas, o processo de confecção do açúcar envolvia uma grande indústria. A cana precisava ser cultivada corretamente, plantada e cortada na época certa, para depois ser moída e transformada em melaço. O que exigia uma estrutura física cara, que incluía um conjunto de edifícios e de trabalhadores.

## A rotina no engenho

No engenho da família Beckman, como em outros, a residência do proprietário era o centro da rotina diária. A casa-grande era um edifício fortificado, térreo ou assobradado, construído com paredes de alvenaria, com pilares dobrados, coberto com telhas, possuindo ampla varanda de pedra e cal. A residência servia de moradia e escritório administrativo, mas era também local de estocagem. Para lá, os carros de boi traziam a cana direto da lavoura, onde o senhor podia conferir de perto a produção.

Ao redor da casa-grande ficavam outras construções importantes: a moenda, onde a cana era transformada em líquido; a casa das caldeiras, com suas fornalhas; a casa de purgar, onde o açúcar virava melaço; o sobradinho ou palanque, de onde o mestre assistia o cozimento do açúcar; a caixaria, onde o melaço era pesado e embalado; o curral que servia de abrigo para os bois, mulas e cavalos; a senzala que abrigava os escravos, africanos ou indígenas; e uma capela, responsável pelas missas, nascimentos, batizados, casamentos e rituais fúnebres, além de organizar as festas de acordo com o calendário cristão.

O regimento de Tomé de Souza, promulgado em 1548, garantia a concessão de terras para plantar cana-de-açúcar a todos que requisitassem. A

O engenho, equipamento caro que daria nome aos grandes latifúndios no Brasil, era um mecanismo de tração animal usado para espremer o bagaço da cana, obtendo o caldo que serviria de base para fabricar o açúcar.

posse era efetivada desde que se produzisse no solo por três anos consecutivos. Entretanto, a exigência de que o proprietário mantivesse um engenho e uma moenda para extrair caldo da cana fazia com que poucos conseguissem efetivamente direito às terras.

O engenho era um equipamento caro e construir os grandes rolos de madeira e as engrenagens para passar entre eles o bagaço da cana já era problema. A construção das rodas e sua manutenção exigiam mão de obra altamente especializada. O desgaste da madeira era constante, requerendo uma contínua troca das engrenagens, além da substituição dos rolos principais pelo menos uma vez a cada três anos.

Outra questão era manter bois, mulas ou escravos para movimentar o aparato. Ou, ainda, construir engenhocas mais sofisticadas, movidas pela força das águas, o que exigia um açude, com barragem de pedras e tijolos, encarecendo o custo e ampliando os cuidados com a manutenção. Assim, muitos europeus viravam arrendatários daqueles que tinham mais posses. Eles eram obrigados a vender a cana ao proprietário das terras, ficando subordinados ao preço fixado por ele.

O solo era sempre preparado da maneira indígena: a vegetação nativa era queimada, a terra, revirada com enxada, pois não se usava arado. Na época das primeiras chuvas, no final de fevereiro até maio, as mudas eram plantadas. Entre 12 e 18 meses depois era iniciada a colheita, previamente pensada para que a cana fosse cortada a tempo de ser processada no engenho em menos de 12 horas. Após esse tempo, o teor de sacarose começava a degradar-se, afetando a qualidade do açúcar produzido.

Chegando em carros de boi e por via fluvial quando possível, a cana era limpa e preparada para a moagem. Um trabalho que começava em agosto e ia até maio, com equipes se revezando sem parar, suspendendo as atividades apenas para lubrificar o equipamento e permitir sua manutenção, embora em dias santos e domingos a maioria dos senhores optasse por dar folga a todos no latifúndio.

Extraído o caldo, o bagaço da cana era lançado de volta no campo, onde ao final da safra era queimado. O sumo era armazenado em um reservatório chamado "parol", de onde seria conduzido por encanamentos de metal até a casa das caldeiras. Lá, era cozido e clarificado em enormes recipientes de cobre. Para alimentar cada fornalha, essa parte do preparo necessitava de grandes quantidades de lenha: o equivalente a um carro de boi por hora.

O caldo, livre de impurezas após o processo inicial, transformava-se em melaço, que era cozido em vasos de barro. Ao esfriar, o produto era levado à casa de purgar, onde descansava até haver a separação natural do açúcar e da aguardente. O próximo passo era o branqueamento do açúcar pela adição de barro e água, um trabalho que demorava cerca de quarenta dias. O produto resultante era despejado em formas e colocado para secar em mesas forradas com couro. Ali, o melaço endurecia a ponto de ser preciso desenformá-lo com facas finas.

Finalmente, o açúcar estava pronto para ser exportado, restava apenas separá-lo conforme a qualidade para embalá-lo. Era dividido em branco fino, redondo e baixo, além de mascavo e batido, este último resultado do reprocessamento do melaço que escorria na hora da purga.

Esse conjunto de atividades, além de exigir equipamentos e ferramentas caras, precisava de hierarquização no trabalho e organização complexa. Os escravos, organizados por função e turnos, eram supervisionados por trabalhadores livres assalariados: feitores pequenos, carpinteiros, mestres de açúcar, banqueiros, caldeireiros, levadeiros (pessoas pagas para trazer e levar coisas), purgadores e pelo menos um cirurgião para cuidar da saúde da mão de obra. Todos coordenados por um feitor-mor.

O senhor de engenho não lidava sozinho com a parte burocrática. Ele contava com bacharéis em direito para auxiliar na parte jurídica e com um escrivão para manter os registros em dia. Ele mantinha uma casa na cidade, próxima ao porto que escoava sua produção. Lá também havia assalariados: um solicitador que atuava como seu procurador, um cobrador de rendas para fazer cumprir as obrigações aos arrendatários e um caixeiro para cuidar do açúcar que, embalado e estocado nos armazéns do porto, esperava pelo transporte.

Manuel Beckman conhecia muita gente além dos trabalhadores escravizados, pois eram muitos aqueles que dependiam dele para ganhar a vida através do salário pago com os rendimentos obtidos com a venda de açúcar. Beckman ouvia as queixas dos reinóis e influenciava a maneira de eles pensarem. Nada mais natural que se envolver com a política, reivindicando mudanças que beneficiariam tanto seus pares como, indiretamente, seus agregados.

## Os primeiros atritos com as autoridades

A capitania tinha apenas seiscentas famílias de colonos portugueses espalhados por todo o território em 1668, quando Manuel Beckman foi eleito vereador na vila de São Luís, aos 38 anos. Ele era um dos homens mais ricos do Maranhão. Era uma referência, figura de destaque, tido como bom administrador e negociante, em meio a um cenário de inúmeras dificuldades.

Apesar de quase não existirem escravos africanos à venda e dos padres católicos tentarem impedir o aprisionamento de indígenas para servirem de mão de obra, os Beckman haviam prosperado. Utilizavam no engenho da família índios escravizados, aprisionados no sertão mesmo contrariando as pressões da Igreja Católica, e africanos comprados a peso de ouro de outros proprietários instalados em locais mais privilegiados do Nordeste.

Entretanto, a maior parte da mão de obra consistia em trabalhadores livres assalariados que supriam os postos em aberto e terminavam saindo mais baratos que os indígenas e africanos escravizados, uma visão inovadora que só se tornaria comum no Brasil no século XIX, mas que dois séculos antes já era adotada pelos Beckman.

No entanto, desde o início da década de 1660, a família vinha enfrentando dificuldades causadas por constantes aumentos nos impostos somados ao abusivo valor dos gêneros de primeira necessidade e à baixa no preço do açúcar no mercado europeu.

A Câmara de São Luís era, desde 1618, um instrumento ativo para reivindicar mudanças na estrutura colonial, constituindo a voz dos colonos contra o que julgavam prejudicial aos seus interesses. Naquele ano, por exemplo, os membros da Câmara tinham expulsado, mandando de volta a Portugal, os padres jesuítas Manuel Gomes e Diogo Nunes, devido à posição que defendiam em seus sermões com relação à liberdade dos indígenas e à necessidade da Coroa de proibir a escravização do gentio.

Ainda antes de Manuel Beckman nascer, em 1622, o governador Antonio Muniz Barreiros Filho e religiosos enfrentaram a fúria da Câmara frente ao crescente aumento do poder da Companhia de Jesus, um princípio de revolta que só foi amenizado com acordos entre missionários e vereadores.

A disputa entre colonos e jesuítas esquentou em 1640, após a restauração da independência de Portugal, quando a dinastia de Bragança retomou o governo, desvinculando a Coroa lusitana da espanhola. Em 1653, a situação se tornou insustentável, quando uma ordem régia estabeleceu que todos os índios cativos deveriam ser libertados. A Câmara liderou um motim que exigiu a expulsão dos jesuítas. Os irmãos Beckman participaram ativamente nos bastidores do movimento. O resultado foi a revogação da lei.

Em 1655, pressionado pelo padre Antônio Vieira, houve outra tentativa da Coroa portuguesa de coibir a escravização dos nativos. Pela lei, capturar indígenas ficava proibido sem a expressa autorização do rei, ao passo que os índios que já serviam como escravos passavam à tutela dos padres da Companhia de Jesus. Mais uma vez, a reação dos colonos envolveu um motim. A Câmara de São Luís liderou ataques aos ajuntamentos missionários, culminando, em 1661, com a invasão do Colégio de São Alexandre, na capital maranhense, e a expulsão dos jesuítas da capitania.

O processo durou alguns anos, mas terminou quando o rei resolveu dar ganho de causa aos reinóis. Em 1663, não sendo cancelada a proibição de escravizar os nativos, uma lei determinou que a administração das aldeias ameríndias passasse à tutela das Câmaras municipais.

Na prática, o Estado dava carta branca aos colonos para gerenciarem a mão de obra indígena. No restante do Brasil, usar nativos na lavoura não era mais necessário, pois a escravidão africana estava generalizada. No Maranhão, porém, não havia como os engenhos sobreviverem sem recorrer a esse expediente.

Os colonos só permitiram o retorno dos jesuítas à capitania depois da promulgação da lei de 1663. Padre Antônio Vieira, porém, só pôde retornar ao trabalho missionário no Brasil em 1675, depois que uma investigação conduzida no Vaticano o isentou de haver instigado os motins de 1653 e 1655.

Assim, para Manuel Beckman, pertencer à Câmara de São Luís significava garantir que a necessária mão de obra ameríndia continuasse a fluir para suas propriedades. Como membro efetivo e influente na Câmara, ele tinha como sanar a falta de trabalhadores no engenho da família, o que se fazia sentir havia anos.

Os irmãos Beckman tinham entrado em atrito com as autoridades durante os motins contra os jesuítas. Além disso, como vereador Manuel ampliou o número de seus inimigos, denunciando o governador Antonio de Albuquerque por irregularidades administrativas em 1671. A maior autoridade a representar o rei, no então chamado estado do Maranhão e Grão-Pará, não tardou em demonstrar seu poder e influência. Manuel foi preso durante um breve período em 1672. Três anos depois, os irmãos Beckman foram acusados de judaísmo pela Inquisição. Mero pretexto para fazer calar os discursos proferidos na Câmara por Manuel Beckman, nos quais ele clamava por investigações que averiguassem a corrupção, o favorecimentos e a apropriação do erário público pelo governador.

Era mais provável que os Beckman fossem protestantes (e não judeus), dada a forte penetração do luteranismo e do calvinismo na Alemanha, terra natal do patriarca da família. De qualquer forma, Manuel acabou condenado. Foi deportado por dois anos para o forte de Santo Antônio de Gurupá, localizado em uma ilha na confluência do rio Xingu com o delta do rio Amazonas.

Quando voltou a São Luís, em 1678, encontrou situação ainda pior do que aquela que existia antes de sua partida. O governador já não era o mesmo, mas seu sucessor tinha prosseguido na trilha das mazelas administrativas. Nesse mesmo ano, a população revoltada exigiu a substituição do governador Pedro de César e Menezes que, acuado, fugiu para a fortaleza de Belém com o ouvidor-geral Tomé de Almeida Oliveira.

## Antecedentes da rebelião

Em 1680, a Coroa promulgou uma lei que proibia a escravização do gentio, agravando a falta de braços na lavoura açucareira. Para tentar amenizar o problema, foi criada a Companhia de Comércio do Maranhão e Grão-Pará em 1682. O objetivo era centralizar as exportações para evitar o contrabando e a sonegação de impostos. Para isso, a saída de mercadorias passava a ficar condicionada à presença de navios da Companhia no porto de São Luís, os únicos autorizados a transportar açúcar para a Europa mediante pagamento de frete à Coroa.

O modelo era uma cópia do adotado em 1649, por sugestão do padre Antônio Vieira, para tentar recuperar a capacidade de deslocamento de carga entre Brasil e Portugal. Naquele ano, a Companhia Geral do Comércio do Brasil fora criada por D. João IV, diante da falência do Estado, provocada por sessenta anos de domínio espanhol. Consistia em uma legislação que obrigava a formação de frotas de duzentas embarcações mercantes, escoltadas por 36 navios de guerra, estacionada na cidade de Salvador, para cruzar o Atlântico em segurança, inibindo o assédio de corsários e piratas.

A experiência bem-sucedida, graças ao financiamento das frotas de açúcar pelo capital de mercadores judeus, havia inspirado a organização da Companhia para o estado do Maranhão e Grão-Pará. Além de organizar o transporte de mercadorias para o Reino, a Companhia tinha outras obrigações que visavam desenvolver as capitanias do Norte.

Enquanto em todo o Brasil estava generalizado o uso de escravos africanos, no Maranhão eles eram raros e extremamente caros, forçando os reinóis a utilizarem índios como mão de obra.

De acordo com a lei fixada pela Coroa, para resolver a falta de mão de obra nos engenhos, a Companhia introduziria dez mil escravos africanos em vinte anos. Ou seja, quinhentas "peças" por ano, com preços tabelados. O contrato nunca foi cumprido, o que agravou o clima de tensão na capitania do Maranhão. Pois, apesar de não atender às necessidades dos colonos, a Companhia exerceu seu direito de monopólio sobre a importação de bacalhau, sal, vinho e farinha de trigo, os chamados produtos de estanco.

Somando-se a esses abusos, o governador Francisco de Sá de Meneses intercedeu junto à Coroa para que os jesuítas e franciscanos ficassem isentos de impostos e pudessem contornar o monopólio da Companhia, recebendo autorização para importar o estanco. Na prática, as ordens religiosas se transformaram em centros de comércio, em detrimento dos interesses dos reinóis.

A população começou a questionar a inviabilidade de prosperar em condições de extrema desigualdade: como empreender, se as leis e a fiscalização do Estado impediam qualquer tentativa de ter sucesso com a produção de açúcar ou com o comércio nas vilas e cidades? O clima de revolta só carecia de liderança para organizar um levante contra as autoridades. Manuel Beckman estava pronto para assumir a frente do movimento.

## Uma revolução em nome do rei

Em 1683, Manuel Beckman usou seu prestígio para articular redes de pessoas, colocando os diversos insatisfeitos em contato. Iniciou-se uma conspiração para organizar a insurreição, um projeto claro de destituição do governador.

Porém, à medida que as reuniões foram realizadas, angariando sempre mais adeptos, o levante transformou-se num motim armado contra os poderes constituídos: a Companhia de Comércio, as congregações clericais privilegiadas e o governo do estado do Maranhão e Grão-Pará.

Depois de alguns meses de preparação, na noite de 24 de fevereiro de 1684 os revoltosos agiram. Aproveitaram a ausência do governador, então em visita à cidade de Belém, para, em meio à confusão das festividades de Nosso Senhor dos Passos, dominar pontos estratégicos de São Luís.

Os irmãos Beckman, junto com Jorge de Sampaio de Carvalho, lideraram oitenta homens armados: senhores de engenho, comerciantes e religiosos de outras ordens desgostosos com os favores obtidos junto ao governador pelos jesuítas e franciscanos.

A primeira providência foi tomar de assalto os armazéns da Companhia de Comércio do Maranhão, onde estavam estocadas as mercadorias de estanco e os produtos esperando o embarque para a Europa. Nas primeiras horas do dia seguinte, o grupo foi até o Corpo da Guarda em São Luís, integrado por um oficial e cinco soldados, e deu voz de prisão aos representantes da Coroa, sem encontrar resistência alguma ou disparar nem mesmo um tiro.

A partir desse momento, o motim começou a se transformar em revolução, uma tentativa de implementar mudanças radicais, pois vários outros moradores da cidade foram arregimentados enquanto o grupo caminhava em direção a residência do capitão-mor Baltasar Fernandes. A multidão destituiu o governante da capitania aos gritos e, em seguida, dirigiu-se ao colégio dos jesuítas, expulsando 27 religiosos, obrigando todos a fugir para evitar linchamento.

Nesse dia, 25 de fevereiro, os Beckman organizaram uma Junta Geral de Governo na Câmara Municipal, composta por seis membros, sendo dois representantes de cada segmento envolvido: latifundiários, comerciantes e clero.

Ao tomar o poder em nome do rei, os revoltosos não queriam a separação de Portugal. Pretendiam assumir o controle da estrutura administrativa, ocupar os cargos para permitir aos súditos da Coroa prosperarem, tanto que buscaram um roupagem legalista, uma aparência de ação dentro daquilo que a lei permitia.

Mas seus objetivos eram revolucionários, pois promulgaram como primeiras medidas a deposição do capitão-mor e do governador, a abolição do estanco, a extinção da Companhia de Comércio e a expulsão dos jesuítas. Para formalizar os atos da Junta, os Beckman enviaram emissários para Belém, onde estava o governador deposto, para comunicar o fato e tentar angariar adeptos também naquela capitania, buscando a adesão de outros colonos.

O governador recebeu os enviados e tentou suborná-los. Prometeu abolir a Companhia do Comércio, anistiar todos os envolvidos e conferir honras, cargos e verbas para os revoltosos que depusessem armas. A proposta foi recusada. Simultaneamente, temendo a repercussão em Portugal da revolta dos reinóis, Manuel enviou o seu irmão como emissário à Corte em Lisboa para tentar convencer as autoridades metropolitanas de que o movimento era procedente e justo.

Manuel acreditava que a formação em Direito e experiência como jurista do irmão, além de sua veia poética, o credenciavam para mostrar ao rei as verdadeiras intenções do movimento. No entanto, o emissário não teve sucesso, recebeu voz de prisão e foi levado preso de volta ao Maranhão, para ser julgado com os demais revoltosos.

## A repressão ao movimento e suas consequências

A Coroa portuguesa reagiu com indignação e espanto diante da audácia dos reinóis, enviando um novo governador para o estado do Maranhão, Gomes Freire de Andrade. À frente de pequena frota com cento e cinquenta soldados bem treinados e armados, a elite dos militares portugueses, o governador chegou em São Luís em 15 de maio de 1685.

Assustados com a expectativa da chegada dos soldados lusitanos, muitos segmentos da população tinham retirado seu apoio à Junta liderada por

Manuel Beckman. A revolução tinha desandado. Descontentes com os resultados alcançados e arrependidos, indivíduos de tendência mais moderada já haviam abandonado os companheiros revolucionários antes da chegada de Gomes Freire. Diante disso, a tropa portuguesa não encontrou a menor resistência.

Tampouco o próprio Manuel Beckman se opôs ao desembarque do novo governador. Preocupado com o irmão, tentou negociar sua libertação, enviando emissários, enquanto os mais comprometidos com a revolta optaram pela fuga rumo ao sertão, para evitar punições.

Gomes Freire tinha ordens do rei para reprimir com força a ousadia dos reinóis, punindo exemplarmente os líderes. Depois de restabelecer as autoridades depostas, a sua primeira medida foi ordenar a prisão e o julgamento dos envolvidos no movimento, assim como o confisco de suas propriedades.

Uma ordem de detenção foi expedida contra Manuel Beckman. Previamente alertado por partidários infiltrados no funcionalismo público a serviço de Gomes Freire, no entanto, ele escondeu-se no interior do Maranhão em local inacessível aos soldados portugueses.

O governador subornou Lázaro de Melo, afilhado e protegido de Manuel Beckman, oferecendo por sua captura o cargo de Capitão das Ordenanças. Lázaro traiu o padrinho e, num encontro armado, as tropas o prenderam. Pouco depois de Manuel Beckman outro importante líder também foi preso, Jorge de Sampaio. Os dois receberam como sentença a morte pela forca. Os demais envolvidos foram condenados à prisão perpétua fora do Brasil.

Manuel Beckman e Jorge Sampaio foram enforcados em 2 de novembro de 1685, em São Luís. Atualmente, a praça onde a punição ocorreu abriga um obelisco, monumento quadrangular de pedra, alongado, sobre um pedestal, em homenagem à coragem dos revoltosos.

Segundo consta, com a corda passada em volta do pescoço, a última declaração de Manuel foi: "Morro feliz pelo povo do Maranhão!". Arrependido, acuado pela população, isolado socialmente, motivo de chacota entre a soldadesca, Lázaro de Melo, o afilhado que tinha traído o padrinho, suicidou-se pouco depois.

Todos os membros da família Beckman receberam punição. Manuel foi morto e Tomás, desterrado. Os bens dos irmãos foram leiloados. A esposa e as filhas de Manuel ficariam em completo desamparo, se o governador Gomes Freire, em ato de demonstração de respeito, não tivesse arrematado todas as propriedades para devolver tudo, integralmente, à viúva. Procedeu da mesma forma com os familiares de Tomás.

## Notas

[1] Fábio Pestana Ramos, *O apogeu e declínio do ciclo das especiarias: uma análise comparativa das navegações portuguesas da Carreira da Índia e da Carreira do Brasil – 1500-1700*. São Paulo, tese de doutorado, Departamento de História, FFLCH/USP, 2002, pp. 487-502.
[2] Josep M. Buades, *Os espanhóis*, São Paulo, Contexto, 2006.
[3] José Roberto do Amaral Lapa, *Economia colonial*, São Paulo, Perspectiva, 1973.
[4] C. R. Boxer, "English shipping in the Brazil trate, 1640-65", em *The Mariner's Mirror*, v. 37, n. 3, Grã-Bretanha, Journal of the Society for Nautical Research, julho de 1951, p. 201.

## Indicações bibliográficas

COUTINHO, Milson. *A revolta de Bequimão*. São Luís: Geia, 2004.
  Estudo abrangente sobre a Revolta de Beckman, abordando antecedentes, o momento histórico em detalhes e as consequências da rebelião. Faz referência à biografia de vários personagens envolvidos no episódio e tenta demonstrar a relevância dos fatos no desenvolvimento do futuro estado do Maranhão. Peca apenas em tentar transformar os irmãos Beckman em mártires da luta pela independência do Brasil, classificando um fenômeno complexo como mero movimento nativista.
FIGUEIREDO, Luciano. *Rebeliões no Brasil colônia*. Rio de Janeiro: Zahar, 2005.
  Uma leitura rápida e agradável que contextualiza os levantamentos, motins, revoltas, rebeliões e revoluções durante o período colonial, fugindo do anacronismo e conduzindo ao questionamento do mito da índole pacífica do povo brasileiro.
FRAGINALS, Manuel Moreno. *O engenho*. São Paulo: Unesp, 1988.
  Obra densa e completa que aborda o cotidiano em torno dos engenhos de açúcar. Embora remeta à história da cultura de cana-de-açúcar na Cuba colonial, as conclusões do autor se aplicam perfeitamente à mesma dinâmica interna observada no Brasil. Um texto clássico que merece ser lido e relido, possibilitando entender melhor o Brasil colônia visto por dentro, pelo ângulo daquilo que se passava nos engenhos e das relações que se estabeleceram no seu seio.
LAPA, José Roberto do Amaral. *O sistema colonial*. São Paulo: Ática, 1994.
  Permite entender a dinâmica do pacto colonial e suas implicações para os reinóis presentes no Brasil, possibilitando visualizar, além da esfera econômica, o contexto social e cultural.

## Maurício de Nassau (1604-1679): os holandeses e os luxuosos palácios de Pernambuco

> "A nação portuguesa será muito submissa se for tratada com bondade [...] sei por experiência que se trata de um povo que faz mais caso de bom acolhimento e cortesia do que de bens."
> Maurício de Nassau, 1644

Durante certo período do século XVII, a América Portuguesa enfrentou o ataque e a dominação dos holandeses no Nordeste. Estava formado o chamado Brasil holandês que se estenderia do Ceará ao rio São Francisco. A região era a principal fonte de renda de Portugal, a partir da produção e da exportação do açúcar.

As cidades litorâneas de Olinda e Recife se transformaram em locais cosmopolitas, recebendo todo o tipo de pessoas: católicos, judeus, escravos, índios, nobres portugueses, de diversos locais do império lusitano e da Europa como um todo.

Com o intuito de melhor administrar as posses holandesas no Brasil, a Companhia das Índias Ocidentais enviou para Pernambuco João Maurício Nassau-Siegen, conde de Nassau, para ser o governador de seus domínios. A habilidade em gerenciar uma região tão complexa, de intensas disputas externas e internas, fez de Nassau nome conhecido na história do Brasil.

Retrato de Maurício de Nassau em 1637, antes mesmo de vir para o Brasil.

As reformas urbanas, os projetos de embelezamento das cidades, a construção de pontes, pomares e palácios mudaram a paisagem de Pernambuco. Apaixonado por redes e abacaxis, Nassau foi figura central das disputas envolvendo Portugal, Espanha e Países Baixos, principais forças comerciais e ultramarinas do período. Suas ações e a herança da presença batava no Nordeste do Brasil são pontos fundamentais para conhecer nuances e detalhes da colônia portuguesa.

## Dom Sebastião e a União Ibérica

Em 1578 o rei Dom Sebastião invadiu o Marrocos. Em pleno Norte da África, vinte mil portugueses lutaram em nome de Deus e em nome do império lusitano. As tropas invasoras foram terrivelmente derrotadas pelos islâmicos em agosto e o rei português desapareceu em meios às batalhas, transformando-se em lenda.

Nas areias de Alcácer Quibir, muitos desejos se perderam e o período de ouro da expansão ultramarina portuguesa deixou de ser realidade para se tornar, em pouco tempo, lembrança e saudosismo. Com Dom Sebastião, foi enterrado também o sonho de construção do grande império.

Dom Sebastião não tinha herdeiros diretos e o trono português foi ocupado pelo seu tio-avô, o cardeal e inquisidor-mor D. Henrique, já debilitado e com problemas de saúde, aos 64 anos. Suas grandes preocupações ao assumir o trono foram o resgate de milhares de prisioneiros de guerra, em territórios africanos, e a nomeação de um sucessor legal que pudesse evitar, naquele momento, uma guerra civil em Portugal.

O quadro de crise política se agravava. Com o trono vazio, vários pretendentes passaram a disputar a Coroa devido, sobretudo, à enorme quantidade de alianças políticas formadas a partir de casamentos arranjados, que criavam diversas relações e conexões de parentesco.

Os principais pretendentes e envolvidos na disputa eram D. Catarina de Médici, rainha da França, que se dizia descendente do antigo rei D. João III; D. Catarina, duquesa de Bragança e sobrinha do Cardeal D. Henrique – era a que reunia maiores direitos; D. Antonio Prior de Crato e Filipe II, rei da Espanha, ambos bisnetos de D. Manuel I, "o Venturoso".

A disputa centralizou-se e se acirrou entre D. Catarina de Bragança, D. Antonio de Crato e Filipe II. Para amenizar o problema e tentar solucioná-lo, D. Henrique decidiu convocar as cortes portuguesas em sessão extraordinária que acabou nomeando cinco governadores para constituírem uma regência interina.

O cardeal, já fraco e doente, acabou morrendo de tuberculose em janeiro de 1580, antes de o papa dar licença para que se cassasse e tentasse gerar um herdeiro natural, deixando como herança um problema de difícil solução.

A escolha para o sucessor do trono luso seria feita pelo povo, reunido e representado em Cortes, o que fatalmente daria lugar às corrupções e manejos de todas as assembleias. D. Antônio tinha certa popularidade, pois o povo, no geral, rejeitava a ideia de ser governado por um soberano espanhol, vendo em Prior de Crato o único candidato capaz de desafiar o poderio de Filipe II.

A duquesa de Bragança contava com o apoio dos clérigos, mas suspeitava-se que tinha sangue de cristão-novo. Por outro lado, Filipe II soube articular diplomaticamente as relações políticas e econômicas que envolviam a nobreza, alguns setores do clero e, principalmente, os grandes comerciantes, obtendo, assim, uma fortíssima aliança.

Para assegurar a sua coroação, Filipe II invadiu Portugal com um forte exército em junho de 1580. Em contrapartida, D. Antônio organizou uma resistência, na qual foi aclamado rei pelo povo em Lisboa, Santarém, Setúbal e outros lugares.

Na batalha de Alcântara, as tropas espanholas derrotaram o improvisado exército revoltoso, pacificando o país em pouco menos de dois meses. Em seguida, Filipe II reuniu as cortes em Tomar, em abril de 1581, onde foi solenemente jurado e aclamado rei de Portugal com o título de Filipe I. Tinha início, assim, a chamada União Ibérica das Coroas: um rei, duas nações. Esse período duraria até 1640.[1]

### Disputas entre Holanda e Espanha: invasão do Brasil

A Espanha, mesmo antes da União Ibérica, já enfrentava um grande problema com as Províncias Unidas dos Países Baixos, que passaria à história com o nome de Guerra dos Oitenta Anos, ocorrida entre os anos de 1568 e 1648.

A primeira parte do conflito foi uma guerra de independência nacional, na revolta dos Países Baixos contra Filipe II. A Espanha procurava reimpor sua soberania sobre uma região que durante anos foi parte de sua monarquia e pretendia também esmagar os calvinistas considerados hereges. No segundo momento do conflito, após uma trégua de 12 anos, ambas as nações já eram potências coloniais e os atritos tiveram como objetivo manter preservados os domínios ultramarinos de Portugal e Espanha.

O rei Filipe II, em resposta aos Países Baixos, proibiu o comércio de todo os seus domínios com os holandeses; isso incluía Portugal e suas colônias. À medida que havia conflitos abertos entre Espanha e Países Baixos, o relacionamento entre Portugal e Holanda também iria mudar.

Os holandeses não poderiam mais continuar a exercer o papel predominante que tinham no comércio do açúcar e, em 1602, para fazer frente ao comércio e ao império espanhol, criaram a Companhia das Índias Orientais. Iniciaram suas investidas pilhando a costa africana em 1595 e invadindo as Filipinas.

Almirante Hendrick Cornelissen Loncq, que liderou a investida contra Olinda.

No entanto, após o período da trégua dos 12 anos (1609-1621), os holandeses fundaram a Companhia das Índias Ocidentais e essa atitude marcou a mudança de postura dos Países Baixos frente a Filipe II. A empresa foi criada com capital de calvinistas flamengos, juntamente com pequenos investidores, e a ela cabia o monopólio sobre a conquista, o comércio e a navegação na América e na África. Assim como estava reservada a parte oriental do mapa à Companhia das Índias Orientais. As duas empresas dividiram suas áreas de ação pelo mundo em dois blocos, do mesmo modo que os reis de Portugal e Espanha fizeram anteriormente no Tratado de Tordesilhas de 1494.

A Companhia das Índias Ocidentais tinha como principais alvos a ocupação de zonas de produção de açúcar na América Portuguesa e o controle no tráfico de escravos. Em 1624 houve a tentativa de invasão à cidade de Salvador, na Bahia, então capital do Brasil. Muito bem fortificada, a cidade resistiu e empurrou os holandeses de volta para o mar.

Seis anos depois, em 1630, os flamengos reapareceram sob o comando do almirante Hendrick Cornelissen Loncq, com 67 navios. Desembarcaram em Pau Amarelo, litoral norte de Pernambuco, conquistaram a cidade de Olinda e dominaram também Recife, dando início, assim, ao Brasil holandês ou à chamada região da "Nova Holanda".

Num primeiro momento, a administração do Nordeste era realizada por um Conselho Político com presidência rotativa, formado por nove membros, devendo obediência somente aos chefes da Companhia, o chamado Conselho dos XIX, com sede em Amsterdã. No entanto, as decisões de guerra também exigiam a presença de militares que influenciavam nas resoluções tomadas pelo Conselho Político. Esse duplo poder gerava, naturalmente, muitas divergências.

A partir desse problema, se fazia necessária a instauração de um único governo no Brasil holandês; era preciso criar uma unidade governamental e, assim, escolher um líder que passaria, então, a viver nos trópicos.

O secretário do príncipe de Orange, Constantino Huygens, indicou aos Estados Gerais um nome para ocupar o cargo de governador no Nordeste. Esse nome, por sua vez, seria indicado para a Companhia das Índias Ocidentais. Tratava-se do nobre João Maurício Siegen, conde da cidade de Nassau, que embarcaria para o Nordeste brasileiro para se tornar um dos personagens mais importantes dos eventos que ali aconteceriam. Figura repleta de curiosidades e sobre as quais muito se disse e muito se inventou.

## Primeiros anos: infância, mocidade e Exército

João Maurício de Nassau-Siegen nasceu em Dillenburg, no dia 17 de junho de 1604, filho primogênito de João Nassau com sua segunda esposa, Margarida de Holstein, filha do duque de Schleswig-Holstein e de uma princesa de Brunswick.

Nesse caso, trata-se de um pequeno equívoco chamá-lo de holandês, já que Nassau nasceu em território alemão. Os seus familiares sentiam-se descendentes de um aristocrata romano da Antiguidade, companheiro do ditador Júlio César, durante as campanhas da Gália. O próprio Nassau viveu cercado de bustos de imperadores romanos e se julgava herdeiro da tradição clássica.

Nos dois primeiros anos de vida, ele viveu em meio aos livros de sua família; obras em latim, em alemão, sobre história e artes militares. Alguns dos livros tinham sido comprados pela indicação direta de Martinho Lutero.

O castelo de sua família, datado do século XIII, com capacidade para quatrocentas pessoas e com cerca de setenta cômodos, era um lugar repleto de bibliotecas e galerias. Localizava-se às margens do rio Dill, rodeado de árvores, riachos, vegetação, fontes nos jardins e canais que captavam e aproveitavam as águas das chuvas.

Os jardins, os pomares e as flores formaram a paisagem de seus primeiros anos de vida, além dos inúmeros chafarizes e das dezenas de jatos de água que compunham a residência em Dillenburg. Essa paisagem de colinas cobertas com bosques certamente despertou o encanto de Nassau pela natureza. Com a morte do seu avô, a família recebeu uma herança nas terras de Siegen e se mudou para lá.

Sabemos pouco sobre a infância de Nassau. Ao que parece, ele foi inicialmente instruído pelo próprio pai. Mais tarde, frequentou a escola de latim em Siegen e, aos 10 anos, esteve em um centro de estudos para filhos de nobres na Basileia, por volta de 1614.

Ele viveu um período em Genebra, em seguida se deslocou para Kassel e, depois, ingressou no Colégio Mauritano, criado por um de seus cunhados. Lá estudou italiano, francês e espanhol. Além disso, aprendeu Retórica, História, Filosofia, Teologia e Astrologia. E, ainda, a dançar, montar, tocar e esgrimir – conhecimentos típicos na criação dos jovens nobres da região.

Nassau tinha mais de vinte meio-irmãos, alguns frutos do primeiro casamento de seu pai: João Ernesto; João, o "moço"; Adolfo; Guilherme e George Frederico. Tinha também outros irmãos por parte de mãe e pai, como Henrique, João Ernesto II, e algumas irmãs.[2] Ele terminou seus estudos por volta de 1619, aos 15 anos. Tinha ambições militares, típica aspiração de homens nobres que viam na carreira a personificação de valores do período, como coragem, bravura, comando, habilidades com as armas e, sobretudo, liderança e heroísmo.

Servir na Cavalaria significava tanto lutar a cavalo quanto realizar grandes feitos com armas, proezas. Ao sentido militar da Cavalaria, agrega-se uma conotação social aristocrática. Na Cavalaria não entra ou participa quem quer, pois a nobreza controla e comanda essa atividade, emprestando-lhe a sua ideologia particular. O cavaleiro não é apenas um guerreiro a cavalo, mas um membro reconhecido da aristocracia, a ponto de "cavaleiro" virar título de nobre.[3]

Em pouco tempo, a mãe de Nassau, por intermédio de conhecidos, conseguiu para ele um posto de alferes de cavalaria no Exército e rapidamente foi promovido a capitão. Em apenas nove anos tornou-se coronel, permanecendo na função até 1636. Suas habilidades para a guerra eram notáveis e ele parecia mais inclinado às armas do que aos estudos. Participou das guerras envolvendo Espanha e Holanda e em uma delas tomou um tiro de mosquete, o que o fez perder a parte superior da orelha direita.

Nassau oscilava entre os campos de batalha da Europa e a vida na corte de Haia. Essa vivência, entre nobres e militares importantes, proporcionou-lhe fortes laços que, mais tarde, lhe valeriam indicações e nomeações dentro da política holandesa.

Nessa mesma época, sobe ao trono o príncipe de Orange, Frederico Henrique, neto do líder protestante Gaspar Coligny e afilhado de Henrique IV, da França. O secretário do príncipe, Constantino Huygens, era amigo de Nassau, desde os tempos de serviço militar. Ele exerceria importante papel para a nomeação de Nassau como governador do Brasil holandês, por volta de 1636, a partir de sua intervenção direta frente ao monarca Frederico Henrique, que, por sua vez, indicaria Nassau para os Estados Gerais, que o indicaram para a Companhia das Índias.

## Os preparativos para a travessia

O grupo que liderava a Companhia das Índias do Ocidente, o Conselho dos XIX, ficou com certo receio. A nomeação de Nassau atenderia diretamente ao interesse do chefe de Estado. Mas a Companhia deveria tomar decisões a partir de seu próprio interesse, totalmente particular, por se tratar de uma empresa privada. As desconfianças tiveram início desde os primeiros tempos.

Sendo nobre e coronel do Exército, manter Nassau no Brasil se tornaria tarefa relativamente cara, devido aos caprichos e às exigências que ele teria no Nordeste brasileiro. Ele receberia pelo cargo 2% de todo o lucro do ouro conseguido pelos corsários holandeses, além de 6 mil florins de ajuda de custo, 1.500 florins mensais e 18 empregados pagos por sua empresa, além de médicos, secretários e um adiantamento de 10 meses de salário, ou seja, 15 mil florins.

Nesse momento da vida, Nassau tinha certa tranquilidade financeira, pois herdara feudos após a morte de seu pai e não tinha família para sustentar. Além disso, continuava a receber o soldo do Exército, ao qual se somava o salário de governador do Brasil holandês. A vinda para o Brasil seria uma grande chance para Maurício de Nassau exercer um cargo de extrema confiança. Ele estava ao mesmo tempo a serviço de uma companhia e do Estado; sua carreira profissional poderia, finalmente, avançar, já que durante anos tinha se dedicado às armas.

Além do título de conde, a experiência bélica de Nassau foi fator decisivo para sua escolha. Afinal, o Brasil holandês era lugar conflituoso e mais cedo ou mais tarde Espanha e Portugal lutariam para ter de volta a colônia brasileira. No dia 4 de agosto de 1636, aos 32 anos, Nassau jurou, perante o Conselho dos XIX, ser o governador, capitão e almirante das localidades conquistadas ou a conquistar.

Doze navios com pouco mais de dois mil e quinhentos homens vieram ao Brasil. Junto com Nassau, vinham seu irmão João Ernesto II e o sobrinho Carlos Nassau. Eles partiram em 6 de dezembro de 1636, do porto de Texel.

O próprio Nassau financiou a vinda de um grupo de cientistas, pintores e geógrafos, com o objetivo de documentar a vida na colônia, os animais, a vegetação, os habitantes. Dentre eles, estavam o médico Willem Piso, o jovem paisagista Frans Post e o retratista Albert Eckhout. Nassau era um verdadeiro humanista nos trópicos.

Os pintores que vieram com Nassau observaram e pintaram as plantas e a população da região. As imagens feitas durante esse período circularam por toda a Europa e, de certa forma, tiveram influência nas visões que os europeus tiveram do Brasil durante muito tempo.

## O conde nos trópicos

Os holandeses desembarcaram em Pernambuco no dia 23 de janeiro de 1637. Nassau chegou e foi hospedado na ilha de Antônio Vaz. No Brasil, ele tinha amplos poderes, pois presidiria o Alto e Supremo Conselho, formado por apenas quatro membros. O voto de Nassau tinha peso dois e, assim, se um dos membros o apoiasse já valeria a sua vontade na decisão final.

O primeiro passo de Maurício de Nassau era consolidar o domínio holandês na região e eliminar os ainda possíveis focos militares hispano-luso-brasileiros. Pois, apesar de Olinda ter caído na mão dos neerlandeses em 1630, inúmeros conflitos ocorreram até 1637, na tentativa de recuperação do litoral nordestino por portugueses e espanhóis. O comandante das tropas portuguesas era o general Bagnuolo e os seus soldados se encontravam concentrados na região da vila de Porto Calvo, no litoral de Pernambuco.

A experiência militar de Nassau foi colocada em prática logo nos primeiros momentos. O que ele viu foi uma região destruída pelas guerras de conquista, a fome, os terrenos alagadiços e a desestruturação de toda uma sociedade. Em meio às ruínas, focos de resistências precisavam ser destruídos.

Uma milícia holandesa foi formada pelos recém-chegados com o intuito de expulsar os resistentes lusitanos. A região de Penedo foi conquistada, a marcha holandesa continuava sertão adentro, destruindo vilas, isolando as tropas inimigas ao destruir diversas pontes e torná-las incomunicáveis. No fim dos conflitos, a marcha alcançou a margem do rio São Francisco. Ali uma fortaleza foi construída para marcar um dos limites geográficos do Brasil holandês. Essas conquistas iniciais tiveram um alto preço para Nassau: o seu sobrinho Carlos morreu nos conflitos contra as tropas de Bagnuolo.

Após consolidar a dominação, um dos primeiros problemas enfrentados por Nassau era o abastecimento de seus homens e de Pernambuco como um todo. Como a região havia acabado de passar por um período de batalhas e conflitos, a produção de alimentos agrícolas estava praticamente parada. Diante disso, receando que recém-chegados passassem fome e que os soldados ficassem mal nutridos, o governador do Brasil holandês ordenou aos engenhos que produzissem farinha de mandioca. Isso seria feito de forma proporcional ao número de escravos do engenho e serviria como alternativa à farinha de trigo, que era importada a preços altíssimos.

Nassau encontrou no Brasil uma grande quantidade de funcionários acomodados, resquícios da administração portuguesa, homens dos primeiros tempos da colonização e que estavam preocupados em desfrutar as regalias da região; viviam rodeados de criados e desviavam dinheiro da Companhia e da colônia. Com o intuito de criar uma administração eficiente e livre de acomodações, Nassau demitiu dezenas de funcionários, que foram mandados de volta à Europa.

O maior desafio de Nassau seria, certamente, reativar a produção de açúcar no Nordeste brasileiro, parada há sete anos por causa dos conflitos. Muitos senhores de engenho portugueses haviam abandonado Pernambuco durante a guerra e se instalado na Bahia; outros tiveram suas propriedades queimadas e destruídas, comprometendo a produção do principal produto de exportação da colônia naquela altura, apesar da relevância do tabaco e do algodão.

Para se ter uma ideia do tamanho do estrago causado pela invasão holandesa, praticamente todos os engenhos da região estavam destruídos e pelo menos metade havia sido abandonada. Cerca de 15 mil pernambucanos migraram para a Bahia.

## Nassau, o açúcar e a escravidão

No primeiro ano de seu governo, Nassau mandou leiloar engenhos confiscados devido à ausência de seus proprietários. O comprador deveria investir oitenta mil florins, plantar novos canaviais e providenciar mão de obra para trabalhar na lavoura.

A compra foi facilitada por Nassau: o prazo para pagamento era de seis anos e meio. Assim, as trocas comerciais aumentariam, fazendo com que, acreditava ele, empregos fossem gerados, o que estimularia a imigração e faria a região crescer. A prática, porém, causou muito descontentamento na Companhia, pois a população local teria de bancar essas vendas. Nassau tinha sido criado numa região republicana, lugar de intensa vida urbana e trocas comerciais. Por isso, acreditava na liberdade de comércio, sem monopólio.

Além disso, para a produção do açúcar voltar a crescer seria necessário um grande abastecimento de mão de obra com o menor preço possível. Os escravos africanos eram considerados indispensáveis à prosperidade da lavoura, uma vez que além de trabalharem no grande latifúndio também funcionavam como valiosa mercadoria. Desse modo, seria importante ter o controle sobre a fonte de fornecimento de escravos, diretamente retirados na África.

O mercenário flamengo Hans Koin conquistou as regiões de São Jorge da Mina, Angola e Luanda, todas anteriormente sob domínio português. Assim, os flamengos conseguiram controlar o tráfico negreiro em seus principais postos e poderiam diminuir a ida de negros para as minas de prata espanholas em Potosí, no Peru. Ao mesmo tempo, venderiam escravos mais caros à Bahia, que repassaria o aumento ao preço do seu açúcar e, assim, o açúcar pernambucano, sob domínio holandês, teria o melhor preço.

Apesar desse aumento no fluxo negreiro para Pernambuco, Maurício de Nassau também pedia e estimulava a vinda de europeus endinheirados para a colônia, para poderem investir no comércio da região e, sobretudo, adquirir escravos. O governador do Brasil holandês enviou diversas cartas à Europa, relatando as riquezas naturais da região, as terras imensas, as pastagens e todas as oportunidades que aguardavam apenas o momento de serem aproveitadas.

## Religião e a administração dos conflitos culturais

Diante de uma verdadeira sopa cultural, em que viviam índios, negros, colonos portugueses e pessoas vindas de diversas partes da Europa, uma das principais dificuldades de Maurício de Nassau, assim como já era para os lusitanos, seria formar um governo único, homogêneo e conciliador.

Era necessária uma administração coesa e forte para dar conta de tantos interesses e diferenças existentes no universo múltiplo da colônia. Governar o Brasil holandês era administrar diversas relações de conflito, entre vários grupos, marcadas por intensas rivalidades religiosas, econômicas e nacionais. Os antigos atritos entre judeus, católicos e protestantes, por exemplo, tinham viajado os mares e se encontravam novamente na colônia.

Por ser o principal produtor de açúcar e por estar mais próximo da Europa, o Nordeste se tornou o ponto de parada de diversas comunidades religiosas que conviveriam, ainda, com indígenas e africanos. Nassau executou uma política conciliatória, tentando amenizar os atritos e as pressões que ele recebia de todos os lados, principalmente da própria Companhia das Índias, com interesses mercantilistas, e dos habitantes da colônia, em que muitos outros interesses, de índios, católicos, negros, judeus e protestantes se misturavam. Ele sabia da importância atribuída à religião, na medida em que os colonos católicos eram os detentores do conhecimento necessário à produção do açúcar.

Nassau promoveu certa liberdade religiosa para os católicos, mas com algumas restrições. Não se tratava de uma liberdade plena, mas de uma ausência de perseguições e de uma liberdade de consciência. Para Nassau, o importante era manter a segurança de Pernambuco.

A celebração da missa católica era permitida em capelas privadas e as festas públicas, como as procissões, a paixão de Cristo e as festas da igreja, estavam proibidas. Além disso, no bairro do Recife, as igrejas haviam se convertido em templos reformados, ou seja, em lugares para as cerimônias calvinistas, de tradição protestante holandesa e que a Companhia fazia questão de valorizar.

Os bens da Igreja Católica também tinham sido transferidos para os protestantes flamengos. Os sacerdotes não seriam renovados. Ou seja, uma vez mortos por doenças ou velhice, os padres e os clérigos sumiriam da região, já que a administração holandesa proibia a vinda de novos religiosos católicos. Isso causava grande confusão entre os colonos. A questão de se sentirem "católicos" governados por "protestantes" foi de grande importância, mais tarde, para a criação de um sentimento de identidade no processo de expulsão dos holandeses.

Em relação aos judeus, o governo holandês também impôs restrições. Na verdade, o judeu era ao mesmo tempo inimigo do católico e do protestante. Embora permitida a existência de sinagogas, o culto somente poderia ser levado a efeito de portas fechadas e sem causar escândalos.

A Companhia das Índias Ocidentais concedeu o direito de descanso aos sábados, mas exigiu igualmente o respeito ao dia de domingo. Criava-se também um imposto ou taxa sobre mercadorias e negros adquiridos pelos membros da comunidade judaica.

Por outro lado, no Brasil, diferentemente da Europa, os judeus poderiam participar livremente das atividades comerciais. Em 1642, um judeu, Moisés Abendana, cheio de dívidas e incapaz de lidar com elas, se enforcou. O governo de Nassau se aproveitou da situação e tomou uma decisão inesperada para criar uma farsa: proibiu o enterro do judeu e determinou que o corpo fosse posto em exposição em uma forca, para que todos vissem um judeu morto em público, como tentativa de causar medo e alertar toda a comunidade judaica de que as dívidas poderiam levar à morte.[4]

## Um projeto diferente para o Brasil: urbanização

O projeto holandês para o Brasil estava imbuído do espírito mercantilista tanto quanto o português.[5] Assim, a visão difundida pelo senso comum que o Brasil seria melhor caso a ocupação holandesa tivesse obtido êxito é equivocada. Devido à popularidade do governo de Nassau, criou-se uma falsa imagem do real projeto holandês para o Brasil. Mas Nassau era um funcionário de uma organização mercantilista, voltada à exploração comercial da América e interessada no açúcar, no lucro e na escravidão.

Porém, não é possível negar diferenças na prática dos projetos colonizadores das duas potências europeias. A política colonizadora holandesa se baseava nos centros populacionais urbanos, diferentemente da política agrária portuguesa. O próprio conceito de império ultramarino batavo envolvia a fixação em alguns pontos fortificados e urbanizados do litoral, incentivando o crescimento de uma nova classe burguesa a intermediar os produtos do Brasil para a Europa.

Dessa forma, o projeto holandês para a América envolveu a urbanização da colônia. Mas isso ocorreu porque os batavos estavam restritos ao litoral, cercados e pressionados pelos portugueses espalhados pelo sertão. Os holandeses estiveram, durante os 24 anos de ocupação, encurralados em uma pequena faixa de terra que acompanhava o litoral.

Além disso, lembremos que o próprio Maurício de Nassau veio de uma região da Europa altamente urbanizada para os padrões da época. A Holanda realizava intenso comércio de grãos, de aveia e cevada, além das atividades pesqueiras que proporcionaram grandes melhoras na indústria naval e consequentemente um grande investimento urbano. Amsterdã contava, na época da infância de Nassau, com cerca de 120 mil habitantes; o grau de alfabetização era altíssimo, um dos maiores da Europa, além de conter inúmeras ruas pavimentadas, estradas, jardins e praças.

Essa postura de planejamento urbano chegaria ao Brasil holandês a partir do seu governador e da cultura batava de valorizar a cidade e os espaços públicos. Os holandeses que vieram para o Nordeste eram todos originários de aglomerados urbanos e, por isso, não poderiam pensar numa cidade que não fosse voltada para o urbano.

Quando chegou a Olinda, Nassau encontrou uma população que vivia nas piores condições de higiene e conforto. Ele determinou que os moradores varressem a rua na frente de suas casas e orientou que não jogassem mais as imundícies, como urina e fezes, no meio das ruas e nem que as deixassem em tonéis, mas que tudo fosse lançado apenas nas praias. Em relação às obras, em primeiro lugar ele reformou a sua própria residência na ilha de Antônio Vaz; casa grande, com observatório astronômico e jardinagem. Nassau tinha grande interesse pela natureza e pela vegetação. Sua infância, vivida em castelos rodeados de árvores e riachos, certamente contribuiu para a formação desse gosto. No entanto, não se pode pensar que Nassau fosse um biólogo ou algo semelhante a um ecologista contemporâneo.

O que lhe agradava era a natureza controlada e domesticada pelo homem em forma de jardins, lavouras e pomares; uma natureza a ser contemplada e admirada a partir da valorização da ação humana sobre o espaço. O que chamava

O palácio de Friburgo foi demolido em 1840, representou durante a ocupação holandesa em Pernambuco o luxo da corte de Nassau.

a atenção de Nassau, portanto, eram as obras dos homens, a construção dos espaços de lazer, a simetria e a proporção dos jardins e não a natureza em si.

Ele ergueu uma segunda residência, chamada de "Fonte", e depois o parque e o palácio de Friburgo em 1641, e que mais tarde seria sede do governo de Pernambuco. Foi demolido quase duzentos anos depois, em 1840. Para a construção de jardins mandou vir coqueiros das ilhas de Cabo Verde; eles também seriam utilizados na construção do Jardim Botânico e do Horto, repleto de frutas, como laranjas, limões, figos, mamão, caju, banana, além de conter um viveiro com peixes.

Um bosque, inspirado num outro existente em Haia, na Holanda, seria erguido em Pernambuco, cheio de espécies animais, de diferentes locais, para serem vistos e admirados, como verdadeiro zoológico. Com a intenção de agradar o nobre holandês e de estabelecer alianças e proximidade, a população levava as mais variadas espécies de animais para presentear Nassau, que conseguia, assim, aumentar sua coleção.

Nos jardins de Friburgo, Nassau promovia combates entre índios tapuias e animais ferozes, transformando o indígena e os animais do Novo Mundo em espetáculos de entretenimento exótico, como verdadeiros gladiadores.

A Companhia das Índias Ocidentais confiscou os bens de todos os proprietários ausentes e, por isso, tinha o controle de vários terrenos, assim como da própria ilha Antônio Vaz em que Nassau mandaria erguer o distrito de Maurícia. Pontes de comunicação e canais ligavam a cidade à ilha.

Ao tentar estender o domínio holandês para o interior, Nassau combateu as oligarquias locais. Mas a intenção acabou abandonada quando foi substituído como governador. A hegemonia holandesa era apenas nominal no interior, pois o controle efetivo nunca saiu das mãos dos portugueses, os quais, escondidos pelos matos, junto com seus aliados nativos, continuaram lutando contra os invasores.

Isso acabou gerando diversos problemas de abastecimento nas cidades e em diversos momentos houve longos períodos de fome e epidemias. Outro grande problema foi a falta de casas. Havia pouco espaço em Recife e as políticas habitacionais na ilha de Antônio Vaz não surtiram efeito até a criação da ponte juntando-a ao núcleo urbano do Recife.

O problema habitacional atingia grandes camadas da população. Recife foi tomada por sobrados de dois ou três andares, cortiços, quartos coletivos para os funcionários da Companhia das Índias. Foram realizados aterros em mangues para ampliação da área habitável, mas mesmo assim os aluguéis atingiram preços exorbitantes.

Antiga capital portuguesa e centro político da região, Olinda, devido a sua difícil defesa, foi inicialmente incendiada e abandonada. Mas, devido à falta de espaço em Recife, depois foi novamente ocupada, sendo reconstruída e convertida na cidade Maurícia. A cidade tornou-se um exemplo de urbanização coerente e eficiente. Entretanto, Nassau não mexeu na estrutura do colonialismo, escravidão e latifúndio. É verdade, porém, que trouxe diversos avanços culturais e estruturais para Recife e Olinda, incentivando um processo de higienização e sanitarismo públicos, construindo um museu artístico e um plano urbanístico baseado no estilo das cidades holandesas. Seu período no Nordeste gerou uma grande herança histórica e científica.

Lembremos, como já dito, que ele trouxe ao Brasil uma comitiva com 46 artistas, cronistas, naturalistas e arquitetos. Entre eles estava seu médico particular Willem Piso, o astrônomo George Marcgrave e os pintores Frans Post e Albert Eckhout. Eles seriam responsáveis não apenas pelas obras do governo holandês, mas por reproduzir paisagens, fazer mapas, catalogar animais, plantas e retratar a população.

A obra *História natural brasileira* foi publicada em Amsterdã em 1648 por Willem Piso e Marcgrave, contendo um compêndio das espécies de plantas. Era o mais completo sobre a flora do Novo Mundo de que se tinha notícia e seria utilizada por Charles Darwin séculos depois. O pintor Albert Eckhout fez oito pinturas em tamanho natural com tipos étnicos da colônia, além de uma coleção de quadros menores. Frans Post, por sua vez, foi o primeiro a retratar a paisagem da região. Esses pintores não eram famosos no período, já que aceitaram vir para os trópicos em vez de circular pelas academias de artes na Europa.

É importante perceber que esses artistas retrataram a colônia a partir de seus olhares, de suas experiências, daquilo que julgaram ser ou não importante registrar; eles selecionaram, omitiram e fizeram escolhas particulares no momento da concepção de suas obras. Essas imagens e esses estudos viriam a se espalhar por diversos museus do Velho Mundo, circulariam por cortes, palacetes e ajudariam a disseminar uma imagem específica de Brasil, influenciando muito a ideia que os europeus viriam a fazer do universo colonial, tão distante e ao mesmo tempo tão próximo, tão exótico e, simultaneamente, tão conhecido da antiga Europa.

## A corte de Nassau no Brasil

Para manter a corte de nobres de Nassau e suas regalias, a Companhia gastava verdadeiras fortunas. Diariamente a empresa devia abastecer o palácio de Friburgo com cerca de 45 quilos de carne, 11 quilos de toucinho, 5 quilos e meio de manteiga, 4 galinhas, 2 litros de vinho espanhol, 2 litros de vinho francês, 4 litros de cerveja, além de 2 litros de azeite e 4 litros de vinagre.[6] Muitos desses produtos não eram feitos na colônia e, portanto, vinham importados para o Brasil, tornando o gasto muito maior do que seria na Europa.

Os gastos e os luxos certamente seriam um dos pontos de atrito de Nassau com a Companhia. O palácio de Friburgo, por exemplo, contava com aparelhos de observação astronômica, além de um viveiro com variadas espécies de peixes, igualmente comprados para serem vistos e contemplados. Os móveis eram feitos de pau-brasil e jacarandá, madeiras preciosas, e o vinho sempre era servido em taças de cristais. Somente para as necessidades de Nassau existiam dez empregados, pagos pela Companhia das Índias, que eram utilizados na manutenção dos jardins. Além destes, outros oitenta africanos também trabalhavam para o governador do Brasil holandês, apesar de terem sido comprados com dinheiro do próprio Nassau.

    Dentro das residências na ilha Antônio Vaz existiam gabinetes de curiosidades exóticas ao olhar europeu, como armas indígenas, punhais, tambores, trombetas, machados, minerais, conchas, vegetais, crocodilos, cobras d'água, tartarugas, rinocerontes, foca, elefante e até mesmo um leão marinho.

    Nassau apaixonou-se por duas coisas que vira no Nordeste: abacaxi e rede. Ele passou a dormir em redes, que o ajudavam em seus problemas de gota e cálculos renais. E também o auxiliavam a superar o calor, um dos grandes infortúnios para Nassau e para a grande maioria de europeus recém-chegados à colônia.

    Nassau nunca se casou, pois parecia colocar a carreira e suas ambições à frente de qualquer outro tipo de compromisso. Margarida Soler, habitante da colônia, pode ter sido sua amante em Pernambuco. Mas mesmo isso Nassau evitava para não mexer com maridos ciumentos adeptos a vinganças sangrentas.

## Resistências e atrito com a Companhia das Índias

    Os problemas envolvendo a defesa do Brasil holandês e a manutenção da região voltaria a exigir a atenção e os esforços de Nassau em pouco tempo. Ao norte, o Ceará não representava grandes problemas de segurança, pois os tapuias da região apoiavam os holandeses contra os portugueses. O local ainda poderia ser explorado a partir da extração do sal, do cultivo do algodão e das madeiras. O principal foco de resistência luso-brasileira, nesse período, estava centrado nas regiões localizadas entre o Sergipe e a Bahia.

    Nassau temia uma investida hispano-portuguesa e pensava em se antecipar a um possível ataque, conquistando a Bahia, onde estava a capital da América Portuguesa. Desse modo, ele responderia também às críticas que vinha recebendo do Conselho dos XIX por não agir diante das constantes movimentações de tropas de resistência.

    Conquistar a região baiana poderia ser um grande salto na carreira de Nassau, pois ele seria o responsável pela construção do império colonial ultramarino holandês, obviamente, caso conseguisse conquistar todas as possessões lusitanas. Com isso, ele parecia querer se igualar, em feitos, glórias e reconhecimento, aos heróis holandeses como o pirata Piet Heyn, no Caribe, quando aprisionou navios espanhóis carregados de prata.

A Bahia correspondia ao principal lugar de refúgio dos lusitanos, local de máxima resistência, além de conter um maior número de engenhos. Era necessário conquistar Salvador, para conquistar o Brasil. A sede do Governo-Geral interessava politicamente a Nassau e a ocupação da capitania viabilizaria economicamente a continuidade da presença batava na América.

Uma tropa holandesa foi armada e preparada por Nassau que pediu, através de cartas, reforços para a Companhia das Índias: homens, armas, navios e víveres. Sem ser atendido, ele marchou desprovido de tudo o que havia requisitado. Nassau partiu no dia 8 de abril de 1638 com 36 navios e com cerca de 3 mil homens. As batalhas foram intensas e contaram com ativa participação do governador do Brasil holandês. No entanto, fracos, com pouca alimentação, armas, e com número inferior de homens, os holandeses perderam a chance de invadir a Bahia.

Nassau foi derrotado e trezentos soldados morreram. O fato o abalou profundamente, pois perdeu importantes líderes e capitães, mortos durante as batalhas. Ele e seus homens foram obrigados a fugir da Bahia, numa noite chuvosa, em condições humilhantes para alguém com grande sentimento de nobreza e cavalaria.

Para Nassau, era impossível expandir os domínios da Companhia com um exército tão desfalcado, passando fome e sofrendo com o calor e doenças tropicais. Suas queixas à companhia aumentavam, ele afirmava não poder fazer nada com o que lhe enviavam, já que a empresa parecia ter abandonado o Brasil holandês, tratando com descaso os pedidos do seu governador. Por outro lado, na Holanda, em Haia, as críticas contra Nassau também surgiam; suas cartas pessoais estavam sendo violadas, pois a administração em Amsterdã queria entender o motivo para o excesso de gastos em Pernambuco.[7]

Enquanto isso no Brasil, em 1639, uma armadilha foi preparada contra os holandeses. Tropas vindas de Portugal e Espanha, com cerca de oito mil homens, fixaram-se em Salvador e invadiram Pernambuco. Essa milícia era formada por ex-combatentes do general Bagnuolo e por veteranos de guerra das batalhas de resistência no início da invasão holandesa, todos chefiados por André Vidal de Negreiros, Antônio Felipe Camarão e Henrique Dias.

Os lusos tinham como objetivo realizar uma invasão por terra, atravessando o rio São Francisco para depois incendiar engenhos, já em território pernambucano. Nassau optou em resistir por mar, o que deu vitória parcial aos holandeses. Desse modo, impediu o desembarque da resistência em Pernambuco. O irmão de Nassau, João Ernesto II, morreu nesses conflitos ocorridos entre novembro de 1639 e janeiro de 1640.

Esse episódio de relativo sucesso holandês e derrota luso-espanhola levou a um grande descontentamento em Lisboa, que via seus domínios perdidos devido, sobretudo, à União Ibérica e ao fracasso de Filipe II na América Portuguesa.

Uma movimentação das cortes seria responsável pela restauração do trono português, nesse mesmo ano, sob a figura de D. João IV, da casa Bragança. O próprio Nassau organizou três dias de festa em homenagem à restauração da monarquia, já que Portugal poderia ser um importante aliado contra os espanhóis. Festas, danças e bebidas distribuídas, homens e mulheres se embriagando em público.

Porém, a restauração tão comemorada por Nassau seria um dos fatores de revigoramento do sentimento de orgulho luso e um dos motores para a elaboração de uma campanha definitiva contra a presença dos holandeses na colônia. Cedo ou tarde, D. João IV procuraria reaver suas possessões.

A queda no preço do açúcar seria outro grande problema a ser enfrentado pela administração neerlandesa, causada principalmente por pragas, enchentes e epidemias de varíola. O próprio Nassau foi vítima de malária no Novo Mundo. Outro motivo para a crise do açúcar era a superprodução e os grandes estoques acumulados pelos comerciantes holandeses. Outro fator era a concorrência do açúcar importado através do Oriente. A Companhia reduziu seu lucro em um terço e suas ações estavam em queda brusca.

Somam-se a isso os gastos com o luxo da corte holandesa no Brasil e o fato de muitos senhores de engenho deverem enormes quantias de dinheiro à empresa batava, devido, principalmente, às facilidades de pagamento criadas pelo governador flamengo no Brasil, logo após a sua chegada. Assim, as relações do governador com a empresa estavam bastante debilitadas.

O conselho de finanças da companhia passou a cobrar as dívidas dos senhores e exigiu atitudes mais enérgicas de Nassau. Como se não bastasse havia mais problemas: Nassau deu ordens imprudentes de ataque a regiões africanas sem a devida autorização da Holanda, sendo que esse impedimento estava baseado no receio de que isso poderia gerar ódio entre os portugueses, o que terminou acontecendo quando os lusos resolveram vir atrás de vingança.

Em represália pela desobediência do governador holandês do Brasil, os gastos com a mesa, como se dizia à época, efetuados por Nassau, simbolizando custos com a alimentação, além da sua criadagem, foram cortados, a Companhia se recusava a cobri-los. Nassau passou a ser acusado de usar dinheiro do Brasil holandês para construir um palácio em suas terras na Holanda. Para piorar a situação, os acionistas de Amsterdã lhe deviam 66 mil florins de pagamento de salário, além de 12 mil florins de aluguel, já que a Companhia havia alugado propriedades pertencentes a Nassau para servir de moradia a seus funcionários no Recife, deixando de pagá-lo sob o pretexto de que nada mais era devido em troca de seu insucesso.

Ao mesmo tempo, Nassau exigia da empresa um tratamento mais brando com os colonos devedores. Sobretudo, com os católicos. Além disso, ele continuava a pedir mais homens, mais munição, armas e acusava a Companhia de não conhecer os detalhes e os nuances do território colonial, tão híbrido e formado por tantos e diferentes grupos.

## Anos finais

Em abril de 1642, Nassau foi dispensado pela Companhia das Índias Ocidentais. A ordem era que embarcasse de volta para a Holanda no máximo na primavera do ano seguinte. Num primeiro momento, porém, ele se recusou a partir, apelando diretamente para os Estados Gerais, que também o haviam nomeado.

O governador era popular no Brasil holandês e tentou mobilizar os luso-brasileiros e as Câmaras Municipais ao seu favor. Pedia que enviassem relatórios aos Países Baixos elogiando seu governo, para conseguir estender sua permanência. É importante perceber que a sua postura conciliatória de evitar atritos e conflitos era uma forma eficaz de sustentar uma estrutura em ruínas e de dificílima gerência. Nassau era como a pedra de base: uma vez retirada faria o edifício desmoronar.

Os colonos e ele mesmo sabiam bem disso; na sua ausência, a Companhia, distante da realidade da América, tomaria as providências imediatas para recuperar seus lucros, sem ao menos ter o cuidado de saber onde estava pisando e sem saber como agir em relação aos diferentes grupos que compunham a colônia. Os habitantes de Pernambuco, por sua vez, tinham uma lista de reivindicações e queixas que certamente seria usada contra os batavos no momento de elaboração do ataque de reconquista e restauração de Olinda.

Os holandeses tinham proibido que novos padres chegassem a Pernambuco, mas ao mesmo tempo continuavam a cobrar o dízimo dos católicos. Esse dízimo era usado anteriormente para sustentar a vida e o dia a dia dos padres. Como poderiam cobrar o dízimo se não existiam mais praticamente clérigos na região?

Naturalmente a cobrança das dívidas dos senhores de engenho, algo por perto de seis milhões de florins, foi outro grande fator de descontentamento contra a presença holandesa que se via, nesse momento, sem o seu principal negociador e o único a ter certo prestígio frente aos colonos.

Praticamente de "malas prontas", Nassau cancelou todos os preparativos feitos para uma campanha militar em Buenos Aires. Simultaneamente, já chegava à Bahia o novo governador-geral da América Portuguesa. Enviado por D. João IV, Antônio Teles da Silva chegou para botar fogo na situação, acirrar ânimos e levantar os luso-brasileiros contra os flamengos.

Logo de início, Antônio Teles enviou tropas para o Brasil holandês, partindo do recôncavo baiano e lideradas por André Vidal de Negreiros para estudar o terreno, as fraquezas e as condições de batalha, quebrando um antigo acordo de trégua que impedia a presença de portugueses vindos da Bahia em Pernambuco. Além disso, foi proibida a venda de farinha de mandioca baiana para Pernambuco, com o intuito de provocar fome e isolar a região.

Em setembro de 1643, Nassau recebeu também a dispensa dos Estados Gerais. Sem, contudo, existir um substituto imediato, ele entregou o governo do Brasil holandês ao Supremo Conselho da Companhia. Nassau encerrou seu governo fundando uma ponte que ligava Recife a Maurícia. A ponte custou cerca de 140 mil florins. Para a inauguração, Nassau anunciou à população que um boi iria voar sobre suas cabeças. Para surpresa, na hora da festa, o couro de um boi foi preenchido com palha, preso numa corda e lançado para baixo do alto do palácio de Friburgo. A população aplaudiu o espetáculo e a brincadeira do governador holandês, que, naquele momento, fazia praticamente sua despedida.

Em 3 de maio de 1644, ele se deslocou para a Paraíba, de onde partiria o navio que o levaria de volta à Holanda. A marcha até o porto foi narrada de modo trágico por um cronista da época: pessoas tristes seguiam o "príncipe"

Retrato de Maurício de Nassau em seus momentos finais, com 75 anos, já na Europa.

Nassau, como era chamado no Brasil, mesmo sem nunca o ser de fato; lágrimas, choros, despedidas, pessoas pedindo os últimos favores, seguido o seu cavalo e o chamando de "pai protetor". Nassau foi carregado nos ombros pela multidão até o local de embarque.

Ao todo 13 navios levavam uma carga avaliada em quase três milhões de florins. Só as coisas de Nassau ocuparam duas embarcações. Junto com ele viajavam para a Holanda tonéis de abacaxi, as redes de dormir, amostras de animais, plantas, artefatos indígenas e toda a produção artística de seus cronistas, pintores e naturalistas.

Foram dois meses de viagem. O conde voltou à Europa no mesmo navio que o trouxera ao Brasil, o Zuphen, e lá mesmo comemorou seu 40º aniversário. Nassau faleceu em 1679 com 75 anos. Em toda a Europa, até hoje é conhecido como "Maurício, o brasileiro".

Após a retirada de Nassau, a delicada situação em Pernambuco finalmente explodiu. D. João IV e o seu governador-geral na Bahia, Antônio Teles da Silva, iniciaram a campanha de expulsão dos holandeses, mas dessa vez a estratégia de guerra seria diferente daquela usada durante a resistência. Índios, negros e mulatos tratariam de colocar em prática a chamada "guerra brasílica", a guerra volante, de movimentação, baseada em emboscadas e guerrilha, dentro das matas úmidas e fechadas. Os holandeses seriam definitivamente expulsos em 1654.

## Notas

[1] Evaldo Cabral de Mello, *Olinda restaurada: guerra e açúcar no nordeste*, Rio de Janeiro, Topbooks, 1998.
[2] Evaldo Cabral de Mello, *Nassau: governador do Brasil holandês*, São Paulo, Companhia das Letras, 2006.
[3] Jacques Le Goff, *Dicionário temático do ocidente medieval*, Bauru, Edusc, 2006.
[4] Charles R. Boxer, *Os holandeses no Brasil: 1624-1654*, São Paulo, Companhia Editora Nacional, 1961.
[5] Gilberto Freyre, *O Recife sim, Recife não*, Rio de Janeiro, José Olympio, 1960.
[6] Evaldo Cabral de Mello, *Nassau: governador do Brasil holandês*, op. cit.
[7] Idem.

## Indicações bibliográficas

BOXER, Charles R. *Os holandeses no Brasil*: 1624-1654. São Paulo: Companhia Editora Nacional, 1961.
    A obra do brasilianista aborda os anos de invasão holandesa no Brasil e contém dois importantes capítulos sobre o governo de Maurício de Nassau: "As conquistas feitas por João Maurício" e "Um príncipe humanista no Novo Mundo".

Mello, José Antônio Gonsalves de. *Tempo dos flamengos*. Rio de Janeiro: Topbooks, 1987.
   Obra de referência para a compreensão da presença holandesa no Nordeste, aborda a influência holandesa na cultura do norte do Brasil. Os capítulos são temáticos e podem-se encontrar assuntos como "a urbanização", "os holandeses e os judeus", "os holandeses e os índios e os negros" e assim por diante.

Mello, Evaldo Cabral de. *Olinda restaurada*: guerra e açúcar no nordeste. Rio de Janeiro: Topbooks, 1998.
   A obra do diplomata e historiador Evaldo Cabral de Mello aborda as táticas e técnicas usadas pelos nativos para a expulsão dos holandeses durante a restauração de Olinda. A guerra brasílica ou a guerra "volante" é aqui analisada por ele e é possível perceber a importância das estratégias indígenas e africanas de combate para a expulsão dos neerlandeses do litoral nordestino.

Mello, Evaldo Cabral de. *Nassau*: governador do Brasil holandês. São Paulo: Companhia das Letras, 2006.
   A obra é uma biografia em português sobre Nassau. Além de abordar a sua vida no Brasil, o livro traz a vida de Nassau em seus últimos trinta e cinco anos de vida na Europa.

Vainfas, Ronaldo. *Dicionário do Brasil colonial*. Rio de Janeiro: Objetiva, 2001.
   Obra-base para o início de qualquer leitura, pois carrega informações valiosas sobre os personagens, fornece um panorama geral e mínimo a respeito de vários nomes importantes da colônia, além de indicar bibliografia para cada um dos verbetes.

## Gregório de Matos (1633-1696): o barroco na Bahia

> "Os da Pátria desterrados
> viver na pátria desejam;
> quereis vós, que dela sejam
> deste mundo os degradados?"
> Gregório de Matos

Por onde passava, o poeta baiano Gregório de Matos e Guerra fazia barulho. Escandalizou a sociedade colonial ao criticar ferozmente a prática de hábitos e costumes europeizados, atacando as autoridades locais com veemência. Utilizou termos de baixo calão para se referir a habitantes de Salvador e, por isso, ficou conhecido pelo apelido Boca do Inferno. Ao mesmo tempo, foi alvo de críticas por envolver-se em casos amorosos com mulatas, maltratar sua esposa e bajular alguns elementos poderosos em troca de favores.

Naquela época, descendentes de portugueses nascidos na América eram malvistos pelos europeus residentes no Velho Mundo. Eram considerados degenerados, corrompidos pelo modo de vida colonial, súditos de segunda categoria. Alguns até podiam ocupar cargos de destaque na administração pública colonial, mas enfrentavam preconceitos e eram isolados quando tentavam se aproximar da nata da sociedade lusitana pertencente à alta nobreza. Em Portugal, essas pessoas eram motivos de escárnio velado, de piadas de mau gosto, muitas vezes contadas às escondidas, a partir de palavras grosseiras ou ditas pelas costas.

Por isso, além das poesias líricas e religiosas, Gregório escreveu poemas satíricos tentando demonstrar a incompatibilidade entre o modo do europeu pensar e enxergar o Brasil e a vida concretamente possível por aqui. Como podia um português nascido na colônia identificar-se com um nobre europeu, tentar manter hábitos medievais quando, na metrópole, era tratado como um simples reinol?

Nesse caso, Gregório de Matos remetia a uma tradição que utilizava o termo *reinol* para definir os portugueses nascidos no Brasil, tidos em Portugal como súditos da Coroa de segunda classe, estigmatizados e malvistos pelos lusitanos nascidos no Reino. Portanto, uma palavra que com o tempo, ao longo do século XVI, foi adquirindo um sentido pejorativo, carregada de preconceito.

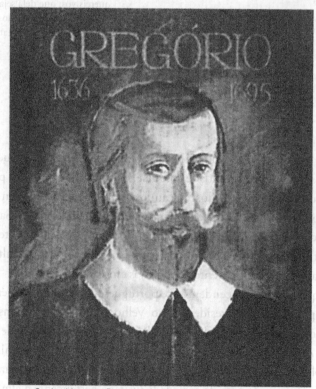

Conhecido como Boca do Inferno, o poeta Gregório de Matos gostava de comprar briga com as autoridades coloniais.

Na América Portuguesa, um título de nobreza, mesmo quando outorgado pelo rei, tinha apenas valor simbólico. Representava *status* para o próprio indivíduo detentor do título e alguns poucos sujeitos ao seu redor, elevava o orgulho, simbolizava dignidade social perante a periferia colonial, mas nada valia para os verdadeiros nobres de sangue e nem para o mais simples camponês nascido na Europa.

Assim, o respeito almejado por aqueles que passavam a vida buscando obter reconhecimento através de títulos era mera ilusão. Não existia razão de o ser no Brasil, onde o sincretismo imperava na cultura, na religiosidade e a miscigenação impregnava o seio de todas as famílias.

Gregório de Matos não escapou dos efeitos produzidos pelo encontro de diferentes patrimônios culturais. Nascido em Salvador em 23 de dezembro de 1633, foi fruto do casamento entre um filho de português e uma mulher com ascendência miscigenada.

## A origem familiar na Salvador quinhentista

A família do poeta baiano não tinha origem nobre como defenderiam alguns de seus biógrafos, mas enriqueceria ao longo de duas gerações vivendo no Brasil. Seu avô, Pedro Gonçalves de Matos, era camponês do Minho, região norte de Portugal. Desembarcou na capital da América Portuguesa no final do século XVI, buscando oportunidades para enriquecer rapidamente.

Salvador era capital do Brasil desde 1549, um centro urbano que irradiava notícias, despachava ordens para o restante da colônia e prestava contas ao rei, recebendo orientações vindas da Europa. A cidade centralizava a administração pública, abrigava a última instância das decisões judiciárias e eclesiásticas e tinha o maior efetivo militar lusitano da colônia, pronto para deslocar-se e defender os súditos da Coroa contra as constantes tentativas de invasão estrangeira.

Quando o avô de Gregório de Matos chegou a Salvador, as muralhas de proteção que a cercavam não existiam mais. A população havia se espalhado desordenadamente e a cidade deixara de ser um conjunto urbano e planejado.

O crescimento orgânico das vilas e das cidades fazia parte da tradição europeia desde o período medieval. O crescimento de Salvador inauguraria, na América Portuguesa, essa tendência de expansão das habitações e do comércio. Isso sobrecarregou os sistemas públicos de deslocamento de pessoas e mercadorias, tornando precárias as condições de habitação, saneamento básico e saúde, tendo causado, ainda, um aumento da violência.

No século XVI, a consequência imediata do crescimento desordenado de Salvador foi o aparecimento constante de várias doenças entre seus habitantes: sífilis, escorbuto, sarampo, tifo, varíola, cólera. Tudo interpretado como sendo castigo de Deus pelos abusos cometidos nos trópicos e combatido com muita reza e água benta.

Por isso, as mais diversas ordens religiosas foram compelidas a instalar sedes na cidade, construindo igrejas, mosteiros e conventos. E foi assim que o avô de Gregório de Matos conseguiu sua fortuna. Pedro Gonçalves de Matos se tornou mestre de obras, na época uma espécie de empreiteiro, enriquecendo com a construção dessas edificações, além de quartéis e fontes dentro e fora da cidade.

É provável que Pedro tenha participado da construção do convento dos carmelitas em 1585, na parte norte da cidade, além do mosteiro dos beneditinos, em 1584, no sul, e na edificação, ao leste, do mosteiro dos franciscanos em 1587.

Além disso, teve uma ideia brilhante que lhe renderia dividendos nunca sonhados e que revolucionaria o transporte na capital, fomentando um crescimento ainda maior da cidade. Na entrada da baía de Todos os Santos, hoje bairro da Barra, as mercadorias chegavam e saíam de Salvador através da vila do Pereira, onde estava o porto com seu cais de madeira. Com a expansão da região, a vila e Salvador se uniram e havia necessidade de um transporte mais eficiente e rápido entre a parte alta e a baixa. Pedro Gonçalves de Matos construiu um guindaste movido com a força de tração de escravos e animais e cobrava pelo serviço de erguer e baixar pessoas e cargas.

Interligando os 72 metros da praça Tomé de Souza, na cidade alta, à cidade baixa, Pedro multiplicou sua fortuna adquirida como empreiteiro. Homem de visão empreendedora, usou os lucros para estruturar um engenho de açúcar com 130 escravos africanos, na fazenda Inhambupe, investindo também em gado para abastecer os colonos.

A vila consolidava-se como grande praça comercial, exportadora de açúcar, algodão e tabaco, importadora de produtos manufaturados. Tornara-se centro distribuidor de mercadorias para o interior da província e elemento de ligação entre as capitanias do sul, do norte e também com a Europa.

Desde a introdução da mão de obra africana, em 1559, Salvador se expandiu muito rapidamente. A população original de mil habitantes portugueses chegaria a sessenta mil no final do século XVII. Tornou-se cidade cosmopolita, cheia de aventureiros europeus misturados com contrabandistas, respeitados senhores de engenho e seus familiares, religiosos, funcionários públicos, soldados, marinheiros, mamelucos e escravos andando pelas ruas.

Em meio a essa efervescência cultural, Pedro Gonçalves de Matos se estabeleceu em um casarão na parte alta da cidade, onde ficariam concentrados os ricos e poderosos, junto aos edifícios da administração colonial. Casou-se com uma esposa trazida de Portugal e com ela teve vários filhos. Um deles era Gregório de Matos, pai do famoso poeta.

Ainda em vida, Pedro dividiu os bens entre os seus filhos. Continuando a administrar apenas a empreiteira, entregou a fazenda Inhambupe para Gregório pai, que herdou o engenho da família, multiplicando, assim, seus lucros. Para outros filhos, Pedro entregou os negócios com o gado e o guindaste, introduzindo alguns deles no alto funcionalismo público no Brasil e em Portugal.

No devido tempo, Gregório de Matos pai casou-se com Maria Guerra, filha de um português com uma indígena, e com ela teve cinco filhos. Os mais conhecidos foram: o padre Eusébio de Matos, famoso orador sacro, além do poeta que levou o mesmo nome do pai agregado ao nome da família da mãe.

Nasceu, assim, Gregório de Matos e Guerra, indivíduo controverso que iria criticar o preconceito da sociedade europeia e colonial, mas que, contraditoriamente, sempre tentou ocultar sua origem miscigenada. Origem, aliás, apenas recentemente descoberta pelos historiadores. Prova disso é o fato de ter adotado o uso corrente apenas do nome do pai, pelo qual ficaria conhecido na posteridade: Gregório de Matos.

Durante a infância, o poeta foi vítima de uma impiedosa criação e de grande severidade doméstica, o que mais tarde se juntaria à rígida educação jesuítica. Suas sátiras certamente foram um desafogo dos complexos adquiridos nesses primeiros anos de sua vida.

## O sincretismo religioso e cultural baiano

Ainda criança, Gregório de Matos e Guerra observou de perto a miscigenação cultural da América Portuguesa da primeira metade do século XVII. Ele

Ao som de tambores, negros africanos e mulatos nascidos no Brasil praticavam rituais religiosos que misturam elementos de várias crenças: um sincretismo que forjou a religiosidade do povo brasileiro.

foi testemunha da criação de um conjunto de elementos religiosos múltiplos, representativos da mistura entre europeus, índios e africanos. Esteve diante de um sistema cultural que iria espelhar o sincretismo e a extrema capacidade adaptativa da colônia, capaz de absorver características externas e transformá-las.

Inicialmente, os portugueses que vieram para o Brasil, inseridos no universo mental de seu tempo e espaço, partilharam o ideal de cruzada medieval contra os infiéis e adotaram o catolicismo como insígnia do poder da Coroa. Entretanto, os conquistadores terminaram absorvendo algumas características da cultura ameríndia e também da tradição africana, isso quando a mão de obra escrava dos negros foi introduzida no século XVI.

Vigiados de perto por seus senhores e fiscalizados pelos eclesiásticos católicos, os africanos foram obrigados a aceitar a fé em Cristo como símbolo da submissão aos europeus. Surgiram associações de caráter locais, permitidas pelos senhores de escravos e estimuladas pelos padres como forma de fomentar o catolicismo entre os africanos: irmandades negras que contribuíram para forjar a polissemia e o sincretismo religioso brasileiro.[1]

As irmandades representavam uma das poucas formas de associação permitidas aos negros no contexto colonial, pois eles eram impedidos de frequentar espaços que expressavam a religião católica dos brancos. As confrarias formadas por leigos não dispunham de membros ordenados pela Igreja Católica e juntavam escravos e alforriados, que guardavam suas economias para construir igrejas e capelas, organizando festas religiosas.

Oficialmente, essas irmandades negras auxiliavam a ação da igreja, demonstrando a eficácia da cristianização da população escravizada, conferindo *status* e proteção aos seus membros. Esses espaços também representaram uma das maneiras de resistência pacífica à escravidão, pois através dessas irmandades os membros ajudavam os irmãos a comprarem a própria liberdade.

Os escravos fizeram nascer religiões afro-brasileiras como o acontundá, o candomblé e o calundu ao dar múltiplos significados à devoção de determinado santo. Dessa forma, incorporavam-se ritos e cultos aos deuses africanos. Muitos desses escravos africanos que oficialmente cultuavam, por exemplo, São José, na capela erguida pela irmandade negra, clandestinamente dançavam em frente a uma imagem semelhante, ao som do tambor e em casas simples com paredes de barro cobertas de capim, utilizando palavras extraídas de textos católicos, mescladas a um dialeto da Costa da Mina.[2]

Uma junção de culturas que se tornaria típica do patrimônio colonial, também presente no candomblé, em que o rito do deus africano Coura e a devoção a Nossa Senhora do Rosário se fundiram, fornecendo um valioso exemplo do sincretismo religioso no Brasil.[3]

Gregório de Matos percebeu essas junções e expressou um olhar crítico em poemas que descreviam as contradições do ambiente colonial. Escrevia sobre aqueles portugueses que pensavam constituir a nata da sociedade, tentando colocar-se acima, quando na verdade estavam ao lado dos colonos mais humildes, igualmente sofrendo influências dos africanos escravizados. Contrapunha, ainda, o desejo pelo poder de alguns ao caos de uma administração ineficiente:

A cada canto um grande conselheiro,
que nos quer governar cabana, e vinha,
não sabem governar sua cozinha,
e podem governar o mundo inteiro.

Em cada porta um frequentado olheiro,
que a vida do vizinho, e da vizinha
pesquisa, escuta, espreita, e esquadrinha,
para a levar à praça, e ao terreiro.

Muitos mulatos desavergonhados,
trazidos pelos pés os homens nobres,
posta nas palmas toda a picardia.

Estupendas usuras nos mercados,
todos, os que não furtam, muito pobres,
e eis aqui a cidade da Bahia.

Levando em conta as influências sofridas durante sua infância na Bahia, Gregório de Matos e Guerra criticava o dogmatismo católico, chamando a atenção para a mútua influência entre as religiões e a hipocrisia de muitos cristãos que se mostravam mais preocupados com seus lucros e ambições ao poder:

Digam idólatras falsos,
que estou vendo de contino,
adorarem ao dinheiro,
gula, ambição, e amoricos.

Quantos com capa cristã
professam o judaísmo,
mostrando hipocritamente
devoção à lei de Cristo!

Quantos com pele de ovelha
são lobos enfurecidos,
ladrões, falsos, e aleivosos,
embusteiros, e assassinos!

Boca do Inferno criou paradoxalmente vínculos e inimizades com vários eclesiásticos. Recebia tanto olhares de escárnio quanto favores, pois também escrevia poemas líricos enaltecendo a fé católica, em concordância com o espírito barroco que unia o sagrado ao profano e comportava contradições.

## A miscigenação e o barroco

Até completar 14 anos, Gregório de Matos viveu em Salvador. Como vimos, ele era membro de família influente, com tios no alto funcionalismo público e eclesiástico, assim como em outros ramos importantes da sociedade baiana.

Estudou no colégio dos jesuítas, onde recebeu formação dentro dos princípios cristãos, e, simultaneamente, observava a vida na cidade, formando imagens mentais que serviriam de base apara a construção de seus poemas satíricos.

Foi durante esse período que Gregório se iniciou sexualmente com uma mulata escrava, propriedade de seu pai. Era comum entre os brancos estimular os filhos homens a ter relações sexuais com escravas desde tenra idade.

A escravidão negra já estava amplamente disseminada pelo litoral e era bem menor o número de escravas índias. O sexo com escravas não era malvisto pelos colonizadores, pois o corpo da escrava pertencia ao senhor. Eles exerciam pleno controle sobre o corpo dessas mulheres, tratadas como objetos, numa situação de total submissão. Assim, muitos encontravam nas africanas as substitutas ideais para as práticas anteriormente adotadas com as indígenas.

Os escravos negros eram vistos como instrumentos de trabalho, inferiores ao branco, mas a mulata instigava a sexualidade. O europeu desejava a africana e, ao mesmo tempo, repudiava seus sentimentos e suas vontades.

Gregório de Matos e Guerra deixaria claro, em vários poemas, essas posturas diante das escravas:[4]

Achei Anica na fonte
lavando sobre uma pedra
mais corrente, que a mesma água,
mais limpa, que a fonte mesma.

[...] Conchavamos, que eu voltasse
na segunda quarta-feira,

que fosse à costa da ilha,
e não pusesse o pé em terra,

Que ela viria buscar-me
com segredo, e diligência,
para na primeira noite
lhe dar a sacudidela.

Depois de feito o conchavo
passei o dia com ela,
eu deitado a uma sombra,
ela batendo na pedra.
Tanto deu, tanto bateu
co'a barriga, e co'as cadeiras,
que me deu a anca fendida
mil tentações de fodê-la.

Uma maneira de pensar que, junto com a integração cultural entre brancos, índios e negros, forjou o espírito barroco do século XVII, do qual

Típica cena do cotidiano vivido nas cidades coloniais brasileiras, onde brancos, negros e índios se misturavam pelas ruas, fomentando a miscigenação. Isso acontecia apesar do preconceito e da estratificação social fortemente presente na colônia.

Gregório de Matos se tornaria seu máximo representante na vertente poética, junto com Cláudio Manuel da Costa, o respeitável advogado que esteve envolvido na Inconfidência Mineira no século XVIII.

O auge da escola barroca foi o período seiscentista. Época marcada pela ambiguidade, quando a obediência aos dogmas católicos não admitia contestações. O gosto pelo profano e pelos prazeres mundanos na alcova estava na moda, tanto entre os pobres e subjugados pela escravidão como entre os ricos e respeitáveis, atingindo até mesmo o clero.

A palavra *barroco* é de origem portuguesa e, antes mesmo de nomear a nova tendência cultural, denominava as pérolas imperfeitas. Por extensão, era uma expressão usada para definir as joias falsas. No entanto, terminou se tornando sinônimo de movimento artístico que procurava comover o espectador através da exaltação dos sentimentos.

O barroco também marcava claramente uma dualidade humana. Demonstrava que não existiam mais certezas: o homem desconfiava da existência de Deus, já que a ciência começava a florescer como nova explicação da realidade. O artista barroco tentava fazer uma ponte entre dois mundos, o sagrado e o profano, sendo o guia de uma reflexão e espelhando uma lógica coletiva.

O barroco simbolizava, ainda, o combate entre a Reforma de Lutero e a Contrarreforma católica, marcando a eterna luta entre o bem e o mal, deixando bastante clara a oposição luz e trevas. A arte barroca foi usada com o intuito de promover a sensibilização do espectador diante dos dogmas cristãos e para marcar a grandeza de Deus e a pequenez dos homens diante da obra divina.

No cenário europeu, o barroco referendou o chamado Antigo Regime, as monarquias absolutistas, a autoridade incontestável dos reis, inspirados pelo poder divino para tomar decisões sempre acertadas. Porém, no Brasil, acompanhou as diretrizes gerais estilísticas da tendência em Portugal, simplificando a erudição europeia, sem deixar de lado o simbolismo das obras de arte.

Enraizado na América portuguesa desde 1600, nomeado posteriormente como a "alma do Brasil", o barroco compôs a arte dentro do âmbito de sua verdadeira natureza, conferindo sentido ao caos colonial. Uniu uma profusão de crenças e jeitos de ser de vários povos em uma única corrente estética, por vezes revestida de uma aparência católica, mas cheia de nuances anticlericais, expondo a dimensão humana de santos e figuras celestes.

Os representantes do barroco brasileiro, em geral, seriam autoditadas, e não acadêmicos. Esse foi o caso, por exemplo, de Aleijadinho, o famoso escultor do século XVIII, Antonio Francisco Lisboa, responsável por obras presentes em várias igrejas de Minas Gerais. Mas havia exceções e Gregório de Matos era uma delas.

## Vivendo como estudante em Portugal

Gregório de Matos foi enviado pela família para estudar na Europa em 1652, já dominado pelo espírito barroco de sua época. Fez estudos preparatórios até os 19 anos, quando ingressou na Universidade de Coimbra. Cursou direito até 1661, já que o gosto da época fazia das leis uma carreira de prestígio diante da família e da sociedade.

Fundada em 1290, a universidade era uma das mais antigas da Europa e exigia dos seus candidatos uma comprovação da pureza do sangue. Aqueles que tivessem ascendência judaica, moura ou africana não podiam estudar em Coimbra.

Pela lei, nada objetava que Gregório, filho de mãe mestiça entre portugueses e índios, pudesse se candidatar como estudante em Coimbra. Mas a comissão examinadora nunca aprovaria alguém nas mesmas condições que ele, que era um reinol. Isso apesar de legalmente sua nacionalidade ser lusitana, já que o Brasil era colônia de Portugal. Ele conseguiu a vaga porque possuía parentes poderosos, bem colocados nas altas esferas do poder, tanto na América portuguesa como no Reino e não por pertencer a uma família rica. Um fator determinante foi o fato de o avô, Pedro Gonçalves de Matos, ter pertencido ao Tribunal da Santa Inquisição, nomeado então pelo inquisidor de Évora, D. Marcos Teixeira, o qual se tornaria quinto bispo do Brasil.

Mesmo com a suspeita de que o patriarca teria comprado o cargo como forma de aumentar seu prestígio junto ao Estado e à Igreja – já que executava obras como empreiteiro para as duas instâncias –, a família Matos passou a gozar de enorme poder a partir da nomeação de Pedro Gonçalves como membro da visitação da Inquisição na Bahia, entre setembro de 1618 e janeiro de 1619.

Em várias ocasiões, mesmo após a morte do avô, o medo gerado pelo parentesco com alguém ligado ao Santo Ofício salvaria a pele de Gregório de Matos. Ao voltar a Salvador, se indispôs com o promotor eclesiástico Antônio Roiz da Costa, mas nada aconteceu a ele.

Motivo de chacota em mais de um poema de Gregório, em 1685, o promotor eclesiástico denunciou sua herege atitude de difamar Jesus Cristo e não mostrar reverência tirando o barrete da cabeça quando passava por uma procissão. O inquisidor visitante, mesmo considerando o poeta um "cristão de modo solto", não teve coragem de tomar qualquer atitude punitiva, arquivando o processo.

A personalidade eminentemente satírica de Gregório de Matos se formou quando ele era apenas estudante em Coimbra. Foi nessa época que conheceu a obra do grande poeta espanhol Francisco Gómez de Quevedo y Santibáñez Villegas, influência fundamental na sua concepção de poesia.

Até então Gregório tinha se limitado a escrever (sem publicar) poesias sacras e líricas, algumas de circunstâncias jocosas, mas não satíricas. Ao entrar em contato com as poesias de Quevedo, o poeta baiano descobriu um universo voltado à critica social, envolvendo a sátira ao ideal de fidalguia espanhol e deplorando as guerras na Europa.

Entretanto, tolhido pelo tradicionalismo dos Matos, Gregório ainda seguia bem comportado. Casou-se com dona Michaela de Andrade, proveniente de uma família de magistrados, no mesmo ano em que foi diplomado bacharel em Direito. Mas, ao terminar o curso, recebeu dois diplomas: o de jurista e o de poeta boêmio. Ele mesmo escreveu ao se formar:

> Adeus prolixas escolas.
> Com reitor, meirinho e guarda.
> Lentes, bedéis e secretários.
> Que tudo somada é nada.

## O comportado magistrado e as esferas do poder

Gozando de brilho próprio e com boas conexões ampliadas pelo casamento, Gregório de Matos ingressou na magistratura lusitana. Foi nomeado juiz de fora de Alcácer do Sal, cidade no Alentejo, sul de Portugal, em 1663. Juiz de fora era um cargo de confiança, nomeado diretamente pelo rei. Atuava onde existiam conflitos entre os poderosos locais, intervindo como indivíduo supostamente isento e imparcial.

Em muitas ocasiões os juízes de fora assumiam papel político, sendo indicados para presidir Câmaras Municipais como forma de controlar e centralizar o poder, diluindo rebeldias estabelecidas contra a monarquia ou seus representantes. O juiz de fora pode ser comparado à figura de um interventor, encarregado de fazer cumprir as leis e, simultaneamente, reprimir os desejos de autonomia da população em favor dos interesses do Estado, ou daqueles que estavam no controle dele.

Servindo como juiz de fora, tendo estabilizado a situação em Alcácer do Sal, Gregório de Matos e Guerra assumiu nova função em 1665, quando passou a provedor da Santa Casa de Misericórdia da cidade, permanecendo no cargo por dois anos.

Advogou por breve período, até ser escolhido para representar a Bahia nas cortes de Lisboa em 1668. As cortes foram criadas nos primórdios do nascimento de Portugal como país independente, pelo rei D. Afonso III, e funcionavam como espécie de conselho.

Em caso de decisões importantes, como declarar guerra ou lançar novos impostos, o monarca convocava as cortes: tratava-se de uma reunião extraordinária da nobreza, do clero e do povo, este último representado pelas Câmaras Municipais eleitas pela população local. No entanto, as cortes se dissolviam tão logo fosse discutido o assunto proposto. Tinha uma função consultiva, já que suas deliberações eram ouvidas, mas não necessariamente seguidas; o rei sempre dava a última palavra.

A rigor, as câmaras das vilas e cidades do Brasil tinham os mesmos direitos dos conselhos municipais portugueses de enviar representante às cortes, mas como as despesas com a viagem e estadia estavam a cargo dos súditos, poucas elegiam representantes e um número menor ainda enviava o escolhido para Portugal.

Apenas as cidades mais abastadas, em geral aquelas abrigando as casas de latifundiários e grandes mercadores, como era o caso de Salvador, efetivamente participavam das cortes quando convocadas. O mais comum eram todas as vilas somarem esforços para enviar um único representante da capitania.

É interessante notar que nem sempre a pauta de discussões nas cortes envolvia decisões que beneficiariam as colônias. Na sessão de 1668, por exemplo, Gregório de Matos ajudou apenas a decidir e a referendar o resultado da disputa pelo trono entre o rei D. Afonso VI e seu irmão, o infante D. Pedro, saindo o último vitorioso e aclamado regente, em substituição ao legítimo herdeiro. Essa participação em nada alteraria diretamente a situação do Brasil.

Em 1671, como reconhecimento pelos relevantes serviços prestados, Gregório foi nomeado juiz do Cível na capital portuguesa. No ano seguinte, 1672, o Senado da Câmara da Bahia outorgou-lhe o cargo de procurador, representante direto dos interesses dos reinóis em Portugal.

Acumulando dois cargos públicos, ele foi novamente eleito para representar a Câmara da Bahia nas cortes de 1674, dessa vez ajudando a tomar decisões importantes que interessavam às colônias.

Sendo um dos poucos representantes dos reinóis presente nas cortes, em contraposição a numerosos indivíduos das municipalidades portuguesas, Gregório de Matos precisou exercer a arte da oratória, na qual era mestre, para convencer os colegas a negarem o pedido do monarca para reforçar os efetivos militares nas fronteiras de Portugal.

Tivesse a proposta sido apoiada pela maciça maioria dos membros das cortes, o rei transferiria os navios do Brasil e da Índia para o Reino, deixando as colônias desprotegidas e o transporte de cargas e pessoas desfalcado. Na mesma reunião ficou definida uma nova política do Estado que iria repercutir fortemente sobre o destino da América Portuguesa: passava a ser prioritária a pesquisa de metais e pedras preciosas e a extensão da fronteira da colônia até as margens do rio da Prata.

Referendado pelas cortes, o rei enviou o visconde de Barbacena ao Brasil, com instruções especiais para incentivar as explorações mineiras, instigando os bandeirantes paulistas ao emprego do seu real serviço. No mesmo ano em que esteve trabalhando em favor dos colonos nas cortes de 1674, Gregório de Matos e Guerra começou a ver sua reputação de homem sério destruída. Nasceu Francisca, sua filha com uma amante, na Freguesia de São Sebastião da Pedreira, em Lisboa.

O escândalo foi notório por todo Reino e chegou até Salvador, principalmente porque foi acompanhado de um boato de que Gregório era alcoólatra e batia na mulher com regularidade. Assim que ficou sabendo, a Câmara da Bahia o destituiu do cargo de procurador. O fato não teve consequências imediatas, mas marcou o início de mudanças drásticas em sua vida. Alguns anos depois, em 1678, dona Michaela de Andrade faleceu, deixando-o viúvo.

Gregório de Matos teve um filho com a esposa, mas o registro de seu nome e data de nascimento perdeu-se. O menino deve ter sido entregue aos cuidados da família Andrade. Existe a hipótese de que dona Michaela tenha morrido no parto.

A partir de então, a carreira do doutor Gregório no magistrado público lusitano foi por água abaixo. Restou a ele voltar ao Brasil após viver 32 anos em Portugal, não sem antes usar suas ligações para conseguir ser nomeado desembargador da relação eclesiástica da Bahia em 1679.

O Tribunal Eclesiástico tinha por função julgar casos que diziam respeito à vida espiritual dos católicos no Brasil. Supondo que um homem casasse com uma mulher, julgando ser ela solteira, descobrindo depois que já era casada, caberia à instituição decidir se o indivíduo havia cometido pecado ou não, cabendo analisar a possibilidade de anulação do casamento anterior para tornar o atual válido.

A instituição analisava também as denúncias de desvios de conduta católica contra padres, como a não observância do voto de castidade ou abusos cometidos contra os fiéis. E também furtos e saques das propriedades da Igreja, como roubos de dízimo e cobranças indevidas. Qualquer colono podia apresentar queixa contra membros do clero, algo comum diante de desentendimentos de párocos com poderosos locais. Situação resolvida através de apresentação de denúncia ao Tribunal Eclesiástico.

No caso do cargo ocupado por Gregório de Matos, o desembargador não era propriamente um juiz, não julgava processos, mas tinha a responsabilidade de examinar as leis canônicas para retirar impedimentos apontados como impossibilidades de solução das petições. Em outras palavras, encontrava brechas que ofereciam respostas para finalizar processos eclesiásticos de forma satisfatória tanto para a Igreja como para os colonos, sem ferir os dogmas católicos.

O poeta Boca do Inferno, responsável pela função na Bahia, tomaria contato com processos que denunciavam escandalosos casos de padres envolvidos sexualmente com indígenas e escravas africanas. E também religiosos que traíam o voto de silêncio e o segredo da confissão para chantagear os fiéis em proveito próprio.

### De volta ao Brasil

Antes do retorno à Bahia, em 1681, Gregório de Matos tornou-se uma espécie de clérigo honorário das ordens menores. Teve seu cabelo cortado pelo bispo de Lisboa como sinal de sua ordenação no primeiro grau monástico e passou a ser o que hoje chamamos de diácono, um leigo que tinha permissão especial para rezar missa e ministrar alguns sacramentos, auxiliando os sacerdotes.

Pensando tratar-se de um sinal de seu arrependimento pelos pecados cometidos contra a esposa, o rei nomeou Gregório tesoureiro-mor da Sé de Salvador em 1682. Ele parecia reabilitado, tanto que um importante professor de Direito, Emanuel Alvarez Pegas, passou a citá-lo novamente como renomado jurista, publicando em seu livro, nesse mesmo ano, sentenças de autoria do doutor Gregório de Matos e Guerra.

Quando ele chegou ao Brasil, porém, não era mais o mesmo magistrado que havia vivido em Portugal ao lado de uma esposa de família rica e respeitada. Aos 48 anos de idade, havia se processado uma mudança na sua concepção de mundo e nas suas relações sociais. Ele agora fazia amizade com elementos segregados pela sociedade baiana, gostava de grandes caçadas com os amigos, farras no recôncavo e nos bairros afastados de Salvador. Um rebelde amargurado que se recusava a usar batina e obedecer às ordens dos superiores no clero.

Apenas alguns meses após sua volta, Gregório foi se destituindo de seus cargos eclesiásticos sob pretexto de não estar apto para o trabalho porque não acatava a imposição das ordens maiores. Frei João da Madre de Deus, recém-nomeado arcebispo na Bahia, não se impressionou com os parentes importantes do poeta. Achava um absurdo que ele se recusasse a usar batina e que mantivesse vida tão desregrada.

A partir desse momento, Gregório de Matos tornou-se o poeta "boca de brasa", passou a atacar os padres, os representantes do poder constituído, as relações econômicas Brasil-Portugal. Começou a escrever e a publicar seus poemas satíricos, evidenciando os costumes do povo de todas as classes sociais baianas, tornando-se, às vezes, obsceno.

Passou o surucucu
e como andava no cio,
com um e outro assobio,
pediu a Luisa o cu:
Jesu nome de Jesu,
disse a Mulata assustada.

Desenvolveu uma poesia corrosiva, erótica, quase pornográfica, apesar de continuar andando por caminhos mais líricos e sagrados. O pior de tudo: não teve pudores em dar nomes aos seus alvos, escancarando as portas a ponto de os ofendidos passarem chamá-lo de "canalha infernal".

E nos frades há manqueiras? - Freiras.
Em que ocupam os serões? - Sermões.
Não se ocupam em disputas? - Putas.
Com palavras dissolutas
Me concluís, na verdade,
Que as lidas todas de um frade
São freiras, sermões, e putas.

Além disto, Gregório de Matos passou a criticar também as autoridades civis, revelando certa consciência anticolonial. Era homem de família rica, produtor rural brasileiro prejudicado pela política protecionista portuguesa, beneficiadora da metrópole e da Inglaterra em detrimento dos interesses dos colonos.

Em alguns poemas, ele dizia que as naus de Portugal vinham cheias de pedras e voltavam abarrotadas com as riquezas da terra. O seu sentimento não era separatista. Ele era apenas um membro das elites latifundiárias contrariado nos seus interesses econômicos.

Apesar de não lidar diretamente com a administração do engenho dos Matos, depois de ter sido destituído de seus cargos eclesiásticos, tinha passado a viver à custa da família e sentia os efeitos do empobrecimento dos produtores de açúcar. O preço do produto caíra muito no mercado internacional, já estava em crise quando o Brasil foi ocupado pelos holandeses, tendo sofrido queda ainda maior no seu preço com a expulsão dos batavos, justamente quando estes passaram a produzir açúcar nas Antilhas.

Por outro lado, os ingleses cobravam favores de Portugal por ter ajudado os Bragança a retomarem a Coroa das mãos da Espanha. Acordo após acordo, a metrópole desequilibrava mais sua balança comercial, beneficiando os ingleses. Os portugueses vendiam vinho e produtos primários de baixo valor e eram obrigados a comprar da Inglaterra mercadorias manufaturadas a alto preço. Para compensar, a Coroa aumentava constantemente os impostos nas colônias.

Na vida pessoal, depois de vários romances escandalosos com mulatas, comentados por todos em Salvador, Gregório de Matos casou-se novamente na década de 1680. A nova esposa, Maria de Povoas, era filha de um reinol com uma mulata. Da união, nasceu um filho chamado Gonçalo.

Rituais africanos, envolvendo danças e cantos, soavam como exóticos para os reinóis, despertando a sexualidade e estimulando a miscigenação.

Mesmo depois disso, os vínculos familiares do poeta continuaram rendendo frutos. Por intermédio do irmão padre e também poeta, Eusébio de Matos, em 1691, Gregório conseguiu ser admitido em uma irmandade leiga, a Santa Casa de Misericórdia da Bahia. Como os recursos familiares estavam esparsos, ele pegou um empréstimo com a irmandade, dívida que saldaria somente no ano seguinte.

Gregório de Matos seguiu sua vida satirizando Deus e o mundo, até que, em 1694, exagerou na dose, ridicularizou o governador Antonio Luiz Gonçalves da Câmara Coutinho em um poema:

Tão cheio o corpanzil de godolhões,
Que o julguei por um saco de melões;
Vi-te o braço pendente da garganta,
E nunca prata vi com liga tanta.

[...] Que parece ermitão da sua cara:
Da cabeleira pois afirmam cegos,
Que a mandaste comprar no arco dos pregos.

Olhos cagões, que cagam sempre à porta,
Me tem esta alma torta,
Principalmente vendo-lhe as vidraças
No grosseiro caixilho das couraças:
Cangalhas, que formaram luminosas
Sobre arcos de pipa duas ventosas.

Em outro poema, o Boca do Inferno ousou fazer referência aos filhos do governador. Os dois filhos, identificados como "filhos do capitão da guarda", já tinham matado inimigos e saído impunes dos crimes. Com fama de ter a cabeça quente, ameaçaram assassinar Gregório de Matos.

Sal, cal e alho
Caiam no teu maldito caralho. Amém.
O fogo de Sodoma e de Gomorra
Em cinza te reduzam essa porra. Amém.
Tudo em fogo arda,
Tu, e teus filhos, e o capitão da guarda.

Os amigos do poeta, entre os quais havia gente poderosa, inclusive o futuro sucessor do governador, D. João de Alencastro, armaram-lhe um conluio. Colocaram Gregório em uma embarcação que carregava cavalos do rei e que saía do Brasil com destino a Angola. Ele relatou o episódio em um poema maldizendo a Bahia.

## O exílio em Angola e a morte em Pernambuco

O poeta Gregório de Matos passaria apenas alguns meses em Angola. Na época, o grande centro exportador de escravos africanos para o Brasil. No século XVI, a importação de mão de obra, somente da região angolana, havia chegado a 28.793 escravos, sendo ampliada no século seguinte para 688.098.

Nos séculos XVIII e XIX, a importação de escravos de toda a África chegaria à extraordinária cifra de, respectivamente, 1.234.949 e 1.445.070. Contribuindo para somar um total de 4.864.374 homens, mulheres e crianças arrancadas de todo o continente africano e introduzidos no Brasil, o que representou 45% do total do tráfico negreiro na Idade Moderna.

Isso considerando apenas os números oficiais, pois hoje sabemos que o contrabando de africanos foi muito mais intenso. Os traficantes de escravos tentavam burlar de várias maneiras o pagamento de impostos à Coroa, fornecendo números falsos, subornando os fiscais e desembarcando em praias desertas. Em todo caso, Angola forneceu oficialmente 3.396.910 escravos para a América Portuguesa ao longo do período colonial e imperial, 70% do total importado da África.

Em 1694 Gregório de Matos desembarcou em Luanda, capital administrativa de Angola. Fazia quase cinquenta anos que os portugueses tinham reconquistado a praça dos holandeses, que a ocuparam em 1630 e, na ocasião, privaram o Brasil do fornecimento de escravos. Em 1648, Salvador Correia de Sá tinha reunido no Rio de Janeiro uma grande expedição, com uma frota de 15 navios e cerca de 2 mil homens, expulsando os holandeses e intensificando o tráfico negreiro pelo Atlântico.

Depois disso, Angola havia se tornado um emaranhado de pontos fortificados no litoral repleto de soldados portugueses. Por lá, seguindo uma tradição africana com séculos de existência entre os nativos, o padrão monetário era o zimbo, um pedaço de pano que servia como moeda.

Justamente um pouco após a chegada de Gregório de Matos em Angola, a Coroa resolveu trocar o zimbo por moedas de cobre. Os soldados lusitanos tiveram seu poder de compra tremendamente diminuído devido à mudança. Já não podiam comprar grandes quantidades de tecido com seus salários junto às tripulações de embarcações que passavam por Angola e trocá-las por mercadorias com os africanos, depois revendidas aos marujos de outros navios de passagem.

Tendo que viver somente com seus soldos, sem poder participar do lucrativo contrabando de marfim e outras mercadorias com alto valor na Europa e nas outras colônias, os militares se revoltaram contra o governador. Sabendo da fama de Gregório de Matos, foram até ele e pediram que intermediasse as negociações. Ele fingiu aceitar lutar com os soldados para reverter a situação e traiu secretamente o movimento, delatando os líderes da revolta.

Presos e executados os cabeças do motim, o governador de Angola acabou com a revolta e intercedeu junto às autoridades no Brasil e em Portugal para premiar o poeta com seu retorno em segurança para a América Portuguesa.

Nessa altura Gregório já andava doente, tinha contraído uma febre que não cedia, provavelmente sintoma de malária. Esses foram os piores anos da vida do poeta: "Tanta tragédia e inópia. Tenho em Angola sofrido". Não foi difícil conseguir a permissão para que voltasse ao Brasil, embora não na Bahia, onde continuava jurado de morte.

Em 1695, Gregório de Matos e Guerra desembarcou em Pernambuco, recebendo permissão e garantias de vida para se instalar na cidade do Recife. Aos 62 anos, o poeta e ex-magistrado definhava dia a dia, mas não tinha perdido a sua irreverência.

No leito de morte, em 26 de novembro de 1696, minutos antes de falecer, mandou chamar dois padres, pediu que cada um ficasse de um lado da cama e, quando lhe ofereceram a extrema-unção, recusou dizendo que representava a si mesmo como Jesus Cristo e que estava morrendo entre dois ladrões, tal como o Salvador ao ser crucificado. Gregório de Matos foi sepultado no Hospício de Nossa Senhora da Penha dos capuchinhos.

## Notas

[1] Mary Del Priore, *Religião e religiosidade no Brasil colonial*, São Paulo, Ática, 1995.
[2] Luiz Mott, *Escravidão, homossexualismo e demonologia*, São Paulo, Ícone, 1988.
[3] João José Reis e Eduardo Silva, *Negociação e conflito*, São Paulo, Companhia das Letras, 1989.
[4] Gregório de Matos, *Obra poética*, Rio de Janeiro, Record, 1992.

## Indicações bibliográficas

ÁVILA, Affonso. *O lúdico e as projeções do mundo*. São Paulo: Perspectiva, 1994.
    Aborda o fenômeno barroco em sua totalidade, tanto na vertente estética como histórica, enfatizando, sobretudo, os desdobramentos da tendência no Brasil.

DIJK, Teun A. van (org.). *Racismo e discurso na América Latina*. São Paulo: Contexto, 2008.
   Trata da construção do discurso racista disfarçado na prática social brasileira e do continente americano, mostrando como, camuflado por eufemismos sutis, o racismo continua se perpetuando, sustentando uma ideologia da desigualdade.

DIWAN, Pietra. *Raça Pura*: uma história da eugenia no Brasil e no mundo. São Paulo: Contexto, 2007.
   Embora não constitua propriamente uma discussão da miscigenação cultural no Brasil, aborda a questão da preocupação instalada entre a população mundial sobre a formação artificial da purificação racial, dando prosseguimento a uma falácia iniciada no período colonial, que foi criticada e satirizada por Gregório de Matos.

HEYWOOD, Linda M. (org.). *Diáspora negra no Brasil*. São Paulo: Contexto, 2008.
   Levando em consideração que a maior parte dos africanos que cruzaram o Atlântico veio da África Central, da zona cultural entre o Congo e Angola, o livro investiga como os povos africanos remodelaram suas instituições culturais, crenças e práticas a partir da interação com os portugueses. Ao mesmo tempo, mostra como a cultura da África Central foi incorporada pela cultura brasileira.

MATOS, Gregório. *Obra poética*. Rio de Janeiro: Record, 1992.
   Coletânea dos poemas de Gregório de Matos que pode ajudar a entender o contexto de sua época e a escola barroca, indicada como leitura literária e histórica.

## Felipe dos Santos (1680-1720): o tropeirismo e o ouro das Minas Gerais

> "O tropeiro meu irmão
> Pelas terras do Brasil
> Vai, vai, vai, vai
> Não tem tempo pra pensar
> No amor que ele deixou
> Vai, vai, vai, vai."
> *Sinfonia tropeira*, 2004

Morador de Vila Rica, Felipe dos Santos Freire foi tropeiro, pecuarista, latifundiário, contrabandista, minerador e participou da Revolta de 1720. O movimento pode ser visto como precursor da Inconfidência Mineira de 1789. A rebelião foi gerada contra algumas medidas da Coroa portuguesa, que planejava impedir o contrabando de ouro e incrementar a arrecadação de impostos.

Por sua participação, Felipe dos Santos acabou enforcado em praça pública e, de acordo com algumas versões, esquartejado por quatro cavalos. Seus bens foram confiscados e os registros de sua presença foram totalmente apagados da história, como verdadeiro exemplo àqueles que pretendessem desafiar as autoridades metropolitanas.

Por isso, são escassos os dados biográficos sobre Felipe dos Santos, as informações, desencontradas e geralmente fornecidas em segunda mão. O que se tem são apenas indícios da presença de um empreendedor de sucesso em um levante contra o Reino, que, ao sentir seus negócios prejudicados por diversas mudanças na legislação, liderou uma revolta.

Alguns contemporâneos afirmavam que ele teria nascido no Brasil. No entanto, essa hipótese é desmentida por registros em Portugal, os quais confirmam que Felipe dos Santos Freire era natural da região do Minho, norte da península ibérica.

Nasceu por volta de 1680, vindo de uma família de camponeses pobres. Foi atraído pelas oportunidades que a aventura em além-mar oferecia àqueles com coragem e sabedoria. Como muitos outros lusitanos, Felipe dos Santos veio para o Brasil no final do século XVII, pretendendo participar da expansão rumo ao sertão, motivada pela descoberta de pedras e metais preciosos pelos bandeirantes paulistas.

O incremento populacional da América Portuguesa no período foi impulsionado pelos portugueses que pretendiam enriquecer com a nova empreitada, deixando o Reino quase deserto. A população europeia no Brasil, que no século XVI não tinha passado de cem mil habitantes, até o final do século XVII chegou a trezentas mil pessoas. Com as descobertas auríferas saltou para extraordinária cifra de três milhões e duzentos e cinquenta mil habitantes no século XVIII.[1]

## A interiorização da colonização e o tropeirismo

Décadas antes de Felipe dos Santos nascer, a interiorização da colônia foi iniciada através do bandeirantismo. Até então, a ocupação do Brasil estava concentrada no litoral. Os rios ainda eram as grandes vias de acesso para o sertão, por onde os portugueses iam buscar índios para escravizar e arriscar a sorte procurando pedras e metais preciosos.

Na capitania de São Vicente – de onde partiriam os homens que iriam fundar as Minas Gerais – a facilidade de transporte por via fluvial estimulou a interiorização da ocupação portuguesa desde os primórdios de sua colonização.

O rio Tietê era o caminho para alcançar a bacia do rio da Prata, depois de percorrer 3,5 mil quilômetros, passando pelo rio Paraná, chegando à América

Os tropeiros ajudaram a desbravar o Brasil: em cavalos, andando em lombo de mula, carro de boi, ao lado do gado ou transportando mercadorias pelos rios, estabeleceram rotas comerciais e traçaram picadas pelos matos.

Espanhola, ligação entre o oceano Atlântico e o Pacífico. A região platina foi um grande meio de comunicação e deslocamento de carga, essencial durante a União Ibérica (1580-1640).

Com 1.136 quilômetros de extensão e correndo para o interior, o rio Tietê é muito sinuoso, com uma longa série de corredeiras e cachoeiras e recebe um grande número de afluentes. Isso torna a navegação complicada, com várias quedas de água pelo caminho, forçando aqueles que iam por ele a carregar canoas por terra em vários trechos. Esse fluxo de pessoas incentivou o aparecimento de povoados ao longo de seu percurso, que em pouco tempo terminaram convertendo-se em vilas e cidades.

Até essa altura, não havia a necessidade de tropeiros para abastecer os arraiais, mas no início do século XVIII, a navegação fluvial pelo Tietê foi intensificada com a descoberta das minas de Cuiabá. Nesse momento, além dos aventureiros que partiram para tentar a sorte nas minas, as frotas de comércio, conhecidas como *monções*, deram especial relevo ao rio, fomentando o crescimento dos povoados que serviam de apoio aos viajantes.

Inicialmente, canoas com armas, sal, escravos, vinho, azeite, aguardente e artigos manufaturados abasteciam os moradores de Cuiabá. As monções partiam de Porto Feliz, desciam normalmente o Tietê até a foz, seguiam o curso do atual Paraná, entravam por um de seus afluentes, em geral o Pardo, e depois subiam o Anhanduí-Guaçu até chegar ao rio Paraguai. De lá alcançavam o São Lourenço e, finalmente, o Cuiabá.

Acontece que nem tudo podia ser transportado por via fluvial, pois as vilas precisavam também de cavalos, mulas e gado. Os animais precisavam ser conduzidos por via terrestre, o que exigiu o desbravamento do sertão e criou condições para o desenvolvimento do tropeirismo nas capitanias do Sul do Brasil.

Os tropeiros aproveitavam a condução de animais para levar neles produtos que poderiam vender nas paragens pelas quais passavam ao longo do percurso até chegar ao seu destino final. Funcionavam quase como se fossem caixeiros viajantes, distribuindo mercadorias e intermediando produtos da terra entre os diversos arraiais. Muitas vezes conduzindo gado ao som do berrante, seguindo em carro de boi carregado com bugigangas e gêneros de primeira necessidade ou em lombo de burro.

Assim, a formação das tropas estava associada com a expansão do gado que desbravou o interior do Brasil, algo que possibilitou a fundação de povoados e estradas de terra batida, depois usadas pelos tropeiros para transportar animais e carga.

## A expansão pecuária

A base econômica colonial, centralizada inicialmente na cultura da cana-de-açúcar, exigiu a importação do gado tanto como força motriz para os engenhos como para o abastecimento alimentício. Posteriormente, introduziu-se a pimenta-do-reino, o tabaco e o algodão, entre outros produtos.

As áreas impróprias para o cultivo de cana-de-açúcar ficaram reservadas à pecuária. No Rio Grande do Norte, por exemplo, essa base econômica se solidificou, entregue aos pequenos investidores, excluídos do grande negócio representado pelo açúcar, expandindo-se sertão adentro.[2]

Os poucos trabalhadores livres eram pagos em animais que depois seriam comercializados, numa sociedade bem menos hierarquizada do que a açucareira do litoral. Apesar da mobilidade exigida pela alternância de pastos e pelo deslocamento dos animais até os mercados consumidores, essa população se fixou no sertão, ajudando a intensificar a interiorização na colônia.

A posse da terra era controlada pelo governador-geral, que só concedia o direito de utilização aos colonos portugueses ou vassalos do rei de Portugal. O povoamento deveria ser feito dentro de um ano.

Posteriormente, com a colonização portuguesa e o povoamento se acentuando cada vez mais no litoral, tornava-se complicado alimentar a população, pois as terras que não estavam sendo utilizadas para o plantio de cana-de-açúcar eram ocupadas com a criação do gado. Assim, medidas jurídicas empurraram ainda mais para o interior as iniciativas pecuárias.

As autoridades provinciais resolveram limitar a criação do gado, proibindo-a até dez léguas do mar e também às margens dos rios, para que essas terras pudessem ser preservadas tanto para o cultivo da cana, quanto para outros produtos agrícolas. Como consequência, terras inexploradas foram ocupadas.

O litoral, durante todo o início da colonização, recebeu grande destaque. Era nos portos que chegavam as mercadorias, que embarcavam e desembarcavam pessoas, lugar de chegada dos remédios, das boticas, das notícias do Reino, das cartas dos parentes distantes; lugar de cura, de saudades e de esperança. As primeiras vilas estavam concentradas no litoral, locais em que valia a lei do Estado, as regras da Coroa. O sertão, ao contrário, era justamente o desconhecido, verdadeira muralha a ser vencida. Era a ausência das leis.

Mesmo assim, vilas e cidades foram fundadas nos caminhos percorridos pelo gado. A pecuária era um excelente negócio no qual Felipe dos Santos também investiria. A criação de gado se constituiu numa economia vibrante, fonte de renda para muitas famílias. Propiciava o aproveitamento total do animal, inclusive do couro que era exportado para outros países. Isso levou ao surgimento de oficinas de beneficiamento, os curtumes, em várias vilas. A partir da intensificação da pecuária, a ocupação portuguesa no sertão se consolidou devido ao avanço das frentes pastoris.

A convivência entre indígenas e portugueses era pacífica no início da expansão pecuária devido, principalmente, ao pagamento de resgates por parte dos colonos. Esses resgates eram uma espécie de imposto de paz e visavam estabelecer cordialidade entre invasor e invadido. Porém, o gentio tinha muito medo do avanço do colonizador pelo sertão e vice-versa, criando um ambiente de permanente tensão.

O gado foi ganhando terreno, concentrando-se em grandes propriedades e adotando o modelo latifundiário dos engenhos de açúcar, incrementando ainda mais a expansão rumo ao interior. A pecuária chegou ao pampa gaúcho, onde as condições pastoris eram bastante favoráveis. Ao mesmo tempo, a mineração consolidou o processo de expansão ao interior, entrando em confluência com um fenômeno que ficaria conhecido como tropeirismo.

## Ouro, diamantes e esmeraldas

Quando Felipe dos Santos chegou ao Brasil, sua intenção não era tornar-se pecuarista, tampouco tropeiro, mas pretendia ser minerador. No entanto, não sabia que outros já haviam ocupado os espaços disponíveis, deixando apenas as funções de suporte, também imensamente lucrativas.

A ocupação do território que comporia a futura capitania de Minas Gerais começou com a bandeira de Fernão Dias Paes, no último quartel do século XVII. Partindo de São Paulo, o bandeirante rumou para o norte em busca de esmeraldas. Apesar de ter achado apenas turmalinas, terminou por encontrar, segundo suas próprias palavras, uma "serra resplandecente",[3] desbravando terras onde seria encontrado ouro.

A partir de 1674, com a bandeira das esmeraldas, surgiram os primeiros povoados portugueses no novo território. E também núcleos de aldeamento e caminhos que, com suas paragens e roças, permitiam aos viajantes descansar e conseguir alimentos e víveres para sua manutenção no ir e vir pelos sertões. A expansão para o interior intensificou-se após 1692, com a descoberta de ouro por Antônio Rodrigues Arzão, nos sertões do rio Casca. Assim, a necessidade de abastecimento das novas vilas começava surgir.

A corrida do ouro para as Minas encheu a região de gente de toda parte, sobretudo da Bahia e do Rio de Janeiro, tornando a zona a mais populosa do império português, ultrapassando, inclusive, a densidade populacional registrada na metrópole. Foi nessa época que Felipe dos Santos desembarcou no Brasil.

Em poucos anos, um território até então habitado por indígenas, passou a integrar pessoas das mais diversas origens e procedências. Os caminhos encheram-se de sertanistas e aventureiros, acendendo a cobiça geral. Houve um inchamento desenfreado e indisciplinado, como nunca antes se vira na história da América Portuguesa.

Povoados surgiram da noite para o dia ao longo de caminhos sinuosos ou junto às datas de mineração, destacando-se as vilas do ouro de Mariana, Ouro Preto, Sabará, São João Del Rei, Caeté, Pitangui, Serro Frio e São José Del Rei.

A fim de abastecer essas aglomerações, para além do gado, desenvolveu-se uma intensa rede comercial, com produtos de primeira necessidade e artigos de luxo trazidos da região portuária do Rio de Janeiro e Paraty, além de outros locais como São Paulo, Bahia, Pernambuco e Rio Grande do Sul.

Os tropeiros assumiriam a importante tarefa de ligar todas essas paragens, conduzindo animais e cargas para abastecer as vilas, ajudando a escoar a produção de pedras e metais preciosos para o litoral, muitas vezes burlando os mecanismos de fiscalização para evitar pagar impostos à Coroa. Essa atividade se tornaria mais lucrativa do que lidar diretamente com a extração aurífera e logo atrairia Felipe do Santos.

## Os paulistas contra os emboabas

No final do século XVII, os núcleos populacionais mineiros eram embrionários e careciam ainda de estrutura e abastecimento. Um cronista da época descreveu a situação como uma sede insaciável pelo ouro que estimulou muitos a deixarem suas terras e a meter-se por caminhos ásperos trilhados com dificuldade. O caminho do ouro era também o da perdição.

Para chegar ao povoado do Arraial do Padre Faria, futura Vila Rica, era necessário vencer inúmeros obstáculos. Era preciso atravessar florestas, cruzar rios caudalosos e descer serras, muitas vezes lutando contra índios, carregando instrumentos de mineração e conduzindo escravos. O núcleo populacional havia sido fundado pelo bandeirante Antônio Dias de Oliveira, pelo padre João de Faria Fialho e pelo coronel Tomás Lopes de Camargo, em 1698.

Mesmo com as dificuldades, frades fugiam dos conventos e proprietários abandonavam as plantações, procurando como loucos as terras repletas de ouro, pensando que iriam acumular riquezas sem luta. Grande engano. Os paulistas que tinham descoberto as primeiras pedras e metais preciosos, peneirando os rios, já estavam instalados por lá. Defendiam o território armados até os dentes, cercados por nativos e mamelucos.

Homens como Felipe dos Santos desembarcavam no Rio de Janeiro cheios de sonhos e devaneios e juntavam-se para comprar escravos e os apetrechos necessários à viagem, mas sem desconfiar que quando chegassem à região das Minas seriam recebidos por balas de mosquete dos que já estavam por ali. Esses portugueses eram chamados pelos paulistas de *emboabas*, um termo pejorativo em tupi que significava inimigo invasor.

A essa altura, a capitania de São Paulo ainda não existia. O que existia era a capitania de São Vicente, que teve o Rio de Janeiro sob sua tutela até 1557, quando a cidade foi elevada à categoria de capitania autônoma. Entretanto, no século XVII, boa parte da região das Minas pertencia ainda a São Vicente. Os habitantes da vila de São Paulo, sede administrativa da capitania de São Vicente, pelo direito de descoberta, sentiam-se donos da região aurífera.

O clima de tensão crescia dia a dia. A Câmara da vila de São Paulo solicitou ao rei que concedesse à instituição, em 1700, a exclusividade da outorga de terras nas Minas para tentar evitar a penetração dos emboabas.

O aumento desse atrito coincidiu com a chegada de Felipe dos Santos à capitania de São Vicente. Não sabemos se ele, ao menos, tentou arrumar um guia para ir às Minas. Mas certamente observou de perto a situação se tornar

O cotidiano nas lavras de ouro das Minas Gerais, retratado por Rugendas. Podemos observar o largo emprego da mão de obra escrava africana.

Lavras de diamantes no arraial do Tijuco, hoje Diamantina.

ainda mais complexa, quando ricos latifundiários baianos e pernambucanos também chegaram por ali. Vinham acompanhados de capangas e dispostos a forçar passagem até os sítios auríferos, apoiando as reivindicações dos emboabas.

Felipe dos Santos foi esperto: identificou outras oportunidades e fez fortuna sem se envolver no conflito, vendendo animais e mercadorias para os dois lados. Nesse meio tempo, a disputa pelo controle da região das Minas conduziu a formação de um grupo de paulistas liderado pelo ex-bandeirante Manuel de Borba Gato. Do outro lado, emboabas, baianos e pernambucanos passaram a ser liderados por Manuel Nunes Viana, português que foi para a Bahia ainda muito jovem. Ele ficou conhecido por tornar-se proprietário das minas mais lucrativas, a partir da expulsão dos ocupantes originais por meio de intimidação e muita pancadaria.

A rivalidade era o tema das conversas regadas à cachaça. Os ânimos se exaltavam e, quando os grupos se cruzavam, a confusão estava armada. A situação permaneceu equilibrada até 1706, quando alguns incidentes serviram de estopim ao que ficaria conhecido como Guerra dos Emboabas.

Na vila de São Paulo, índios carijós partidários dos paulistas, passando por um bar de um recém-chegado reinol do Nordeste, entraram e começaram a beber cachaça, maldizendo os reinóis. O proprietário quis defender seus conterrâneos, acompanhando os indígenas na conversa, que virou uma discussão tumultuada em que os nativos terminaram matando o sujeito a pancadas.

Os emboabas exigiram do governador uma punição exemplar dos culpados pelo crime. As autoridades procuraram pelas matas por dias, mas os carijós não foram encontrados. Os homens de Manuel Nunes Viana viram nesse fato um descaso dos paulistas para com os emboabas e, tempos depois, no Arraial Novo do Rio das Mortes, lincharam dois paulistas envolvidos nas buscas aos carijós e fugiram mata adentro.

Ao invés de revidarem, os paulistas se limitaram a enterrar os companheiros. Sentindo-se fortalecidos diante da impunidade, os assassinos voltaram para o arraial. Dessa vez os paulistas responderam, iniciando em 1707 um conflito sangrento que iria durar até 1709, terminando com a vitória dos emboabas após a emblemática batalha do Capão Redondo.

Tropas comandadas por Bento do Amaral Coutinho, apoiadas secretamente pela Coroa, enfrentaram os paulistas por dois dias, até que eles resolvessem se render. O líder dos emboabas jurou pela Santíssima Trindade que após a deposição das armas não mataria nenhum inimigo e expediria salvo-conduto. Mas, assim que os paulistas se renderam, ordenou a execução dos trezentos prisioneiros capturados. Os poucos remanescentes do massacre fugiram para o oeste, onde mais tarde descobririam novas jazidas de ouro no que hoje é Mato Grosso e Goiás.

## A vida como tropeiro

Embora a Guerra dos Emboabas tenha sido causada pela disputa por jazidas auríferas, outro fator complicou a situação: a inflação dos gêneros alimentícios. Muitos produtores de trigo abandonaram suas plantações para ir atrás de ouro e o gado ainda não havia chegado à região das Minas, devido às dificuldades de deslocamento. Assim, os produtos de primeira necessidade inflacionaram na mesma medida que se tornaram escassos.

Em 1701, o gado disponível em toda capitania de São Vicente não passava de 1,6 mil cabeças, insuficiente para abastecer o crescente contingente populacional; enquanto nas capitanias mais ao sul havia 20 mil cabeças. Inicialmente, a solução foi importar víveres do Nordeste e do Reino, tudo transportado por navios e descarregado no Rio de Janeiro e em Paraty, mas a medida paliativa não resolveu o problema.

Todas as mercadorias trazidas de fora precisavam ser transportadas por um longo caminho terrestre após serem descarregadas no porto. Assim, a importação de alimentos e instrumentos de mineração somente contribuiu para agravar mais o quadro de miséria e acirrar os ânimos entre os despossuídos paulistas e os ricos emboabas. Em várias ocasiões, os dois lados pilharam arraiais em busca de comida, matando toda a população e queimando as casas.

Felipe dos Santos enxergou na crise uma oportunidade para enriquecer. Resolveu buscar gado no Sul para vender aos dois lados e tornou-se tropeiro. Na medida em que foi enriquecendo, também virou pecuarista e latifundiário, trazendo gado para criar no interior da capitania de São Vicente e plantando trigo e outros gêneros em paragens mais próximas.

Como tropeiro, no início do empreendimento, formava comitivas que liderava pessoalmente, contratando vários homens para ir a cavalo até o Sul buscar gado, sempre acompanhados de mulas para o transporte de produtos que pudessem ser adquiridos.

A tropa comprava mercadorias – escravos, alimentos, bebidas, vestimentas, ferramentas e instrumentos de mineração – para repassar a quem pudesse pagar mais do que tinha custado. A tropa renovava constantemente os produtos transportados no lombo das mulas, fazia a mercadoria girar enquanto multiplicava o dinheiro que serviria para comprar o gado no Sul.

Na volta, a tropa repetia a mesma operação que havia feito na ida, juntando mais produtos para vender nas Minas, enriquecendo Felipe dos Santos. O número de homens participando da comitiva crescia. O gado era tocado pelo berrante e ao lado iam as mulas carregadas de bugigangas e até carros de bois lotados de mercadorias.

A viagem podia durar meses, não existiam ainda estradas, os tropeiros precisavam seguir por trilhas indígenas, exigindo o acompanhamento de guias nativos. Em outras vezes, nem sequer esse expediente estava disponível, e era necessário abrir picadas pelo mato, as quais acabavam se tornando caminhos seguidos por outros tropeiros.

Como o trabalho exigia uma vida itinerante, muitos homens levavam consigo a família, o que também atrasava a marcha da comitiva. Além disso, era preciso parar pelo caminho para esperar que as chuvas estiassem e o nível das águas dos rios baixasse. O percurso em si já exigia pernoites e acampamentos para alimentação dos tropeiros, assim como pastos para alimentar os animais.

Tudo isso fez muitas famílias se estabelecerem ao longo dos caminhos das tropas, dedicando-se ao cultivo e ao comércio para atender viajantes, ampliando a interiorização da colônia, a partir de arraiais que, mais tarde, se tornariam

Paragem de tropeiros, típica do século XVIII, em torno da qual se desenvolveriam vilas e cidades.

cidades. Foi o caso de Curitiba, Sorocaba e Santana do Parnaíba, centros de criação de mulas que seriam vendidas às tropas de passagem.

Conforme esses povoados cresceram, fornecendo apoio logístico para as comitivas, também surgiram estradas ligando as vilas que, por sua vez, fomentaram o aparecimento de mais arraiais, incrementando a demografia e a ocupação territorial das capitanias do Sul.

Ao fim da Guerra dos Emboabas, em 1709, o transporte de carga já não era mais problema. Estradas rudimentares facilitavam o deslocamento e ligavam a região das Minas às zonas produtoras de alimentos. Isso resolveu a carência de víveres e desinflacionou o preço das mercadorias.

## Cruzando caminhos como contrabandista

Pioneiro no tropeirismo, Felipe dos Santos já era homem rico quando, em 3 de novembro de 1709, São Vicente foi transformada na capitania de São

Paulo e Minas de Ouro, englobando vasto território que hoje corresponde aos estados de São Paulo, Minas Gerais, Paraná, Santa Catarina e parte do Mato Grosso e de Goiás.

O escoamento da produção aurífera estava concentrado, desde 1695, no porto de Paraty, exigindo passagem por Taubaté, onde havia sido fixada a

Soldado da 1ª CIA      Oficial da 2ª CIA      Soldados

Soldados      Oficiais

O regimento militar lusitano Dragões das Minas tornou-se responsável por guardar os caminhos entre o litoral e as zonas auríferas. Foi uma tentativa da Coroa portuguesa de tentar impedir o contrabando e executar uma política de controle mais apertada junto aos seus súditos no Brasil.

Casa de Fundição, também chamada Oficina Real dos Quintos. Ali o ouro era transformado em barras, recebendo selo da Coroa, momento no qual um quinto de seu peso era separado para pagar o imposto exigido por Portugal.

Surgiu, então, o Caminho Velho, uma trilha entre o arraial de Ouro Branco e Paraty, ligando vários outros povoados e passando por Taubaté. A estrada de terra batida tinha 1,2 mil quilômetros e demandava 95 dias de viagem de ponta a ponta.

Para evitar que metais e pedras preciosas fossem embarcadas para o Reino sem pagar impostos, a Coroa concentrou os chamados Dragões das Minas, dois destacamentos de cavalaria, no Caminho Velho, além de um terceiro grupamento militar no Rio de Janeiro.

Os mesmos tropeiros que traziam mercadorias de luxo de Paraty às Minas encarregavam-se de escoar a produção aurífera, indo carregados com produtos manufaturados e voltando com ouro em pó que precisava passar pela Casa de Fundição antes de ser remetido para a Europa. Um procedimento obrigatório que era fiscalizado pelos Dragões.

Para evitar o pagamento de impostos, vários tropeiros, dentre os quais Felipe dos Santos, abriram uma nova trilha em 1707. Com 1,4 mil quilômetros, o Caminho Novo ligava Ouro Branco com a baía do Guanabara, no Rio de Janeiro, passando por 178 povoados.

A alegria dos contrabandistas durou pouco, pois a Coroa instalou regimentos de Dragões e Casas de Fundição também no novo caminho. Em pouco tempo, a nova estrada tornou-se a mais movimentada da colônia, servindo ao escoamento de metais e pedras preciosas e ao abastecimento das Minas e das vilas que tinham se desenvolvido ao longo do percurso. Mais tarde, no século XIX, ela seria usada para o transporte do café.

O governo lusitano transformou o Caminho Velho em Estrada Real no ano de 1720, calçando-a com pedras para facilitar o deslocamento, clara alusão à oficialização do percurso como trajeto obrigatório.

Entretanto, apesar do endurecimento da fiscalização, os contrabandistas como Felipe dos Santos sempre podiam contar com os descaminhos da fazenda real, pois era fácil subornar militares e fiscais civis para passar com o ouro em pó.

Falhando a estratégia, havia ainda a possibilidade de levar metais e pedras preciosas por outras trilhas, tais como: o Caminho dos Paulistas, que ligava São Paulo a Minas e de lá ao porto de Santos; ou o Caminho da Bahia, um longo trajeto entre Salvador e Ouro Branco.

## A vida nas vilas auríferas

Dentre os povoados surgidos em torno das atividades mineradoras, Vila Rica, assim denominada a partir de 1711, hoje cidade de Ouro Preto, destacava-se por sua estrutura urbana. Como outros grupos populacionais auríferos, tinha nascido a partir de amontoados de barracas, colocadas lado a lado para servir de abrigos aos mineiros, crescendo de modo rápido e desordenado.

Em 1773, Cláudio Manuel da Costa, o mesmo que se envolveria na Inconfidência Mineira, contou em um de seus poemas como foi fundada a vila. Segundo ele, inicialmente, a futura cidade nada tinha de atrativo, era um amontoado triste de ruas lamacentas, em contraste com o frescor da serra a sua volta, cheia de troncos e rochedos.

Realmente, o Arraial do Padre Faria não passava de um conjunto de casas feitas de pau a pique e taipa, construídas em ruas tortas de terra batida. Porém, quando Felipe dos Santos se mudou para Vila Rica, tudo estava mudado.

Os homens que tinham enriquecido como mineradores transformaram o núcleo populacional em um sítio cheio de casarões geminados, cercados por ladeiras e ruas calçadas com paralelepípedos bem recortados. Não existiam ainda as tantas igrejas e capelas, em estilo barroco, que seriam construídas

A cidade de Ouro Preto é uma das poucas vilas coloniais preservadas onde se respira o ambiente dominante no século XVIII e sente-se dentro do contexto do ciclo do ouro.

depois da década de 1720. Porém, a forte religiosidade estava presente nas festas e procissões que as irmandades e a sociedade realizava.

A Matriz de Nossa Senhora da Conceição de Antônio Dias já estava por lá, havia sido instituída em 1705, com arquitetura típica da primeira metade de setecentos, envolvendo capela-mor, corredores laterais, sacristia e consistório, embora fosse reconstruída em 1727, com reaproveitamento da talha dos altares das naves.

Para receber os muitos recém-chegados que dia após dia lotavam o arraial, havia diversas hospedarias e tavernas, onde a estadia e a cachaça só podiam ser pagas com metais e pedras preciosas. O que obrigava os forasteiros a entregar até suas joias para tentar se arranjar nos primeiros dias.

Transitavam pelas ruas da vila gente de toda espécie: padres, mercadores, proprietários de minas com seus capangas, escravos e diversos profissionais liberais que tinham ido para lá em busca dos clientes endinheirados. Entre estes últimos estavam cirurgiões, farmacêuticos, barbeiros, alfaiates, mestres de obras, pedreiros, marceneiros e advogados. Pessoas de toda a colônia e também vindas diretamente de Portugal.

Nos arredores de Vila Rica, como em outros povoados auríferos, estavam as lavras de aluvião, pedaços de terra junto aos rios, cedidos pela Coroa para a exploração mineradora. Pelo direito da época, o senhor do solo e do subsolo era o rei, que dava permissão de trabalhar aos seus súditos em quinhões, mediante o pagamento de parte nos resultados, 20% do que fosse extraído. A Coroa concedia aos responsáveis uma mina de pouco mais de dois mil metros quadrados.

No início, qualquer um poderia requerer os lotes alegando direito de descoberta. Na prática, o suborno era obrigatório para que os funcionários do Estado reconhecessem a legítima ocupação do solo, interferindo também o prestígio social e político do requerente, sobretudo depois da Guerra dos Emboabas.

Na medida em que os espaços foram ocupados, só havia dois caminhos para conseguir um bom lote de mineração: usar a força para intimidar o ocupante ou comprar legalmente os direitos de exploração. Não se sabe exatamente como, mas depois de enriquecer como tropeiro, pecuarista, latifundiário e contrabandista, Felipe dos Santos fixou residência em Vila Rica e tornou-se também um minerador. Adquiriu um lote e colocou escravos para minerar sob a supervisão de um homem de confiança, especialmente contratado como capataz.

## A Revolta de Vila Rica e a execução de Felipe dos Santos

Em 1720, a Coroa portuguesa decidiu proibir definitivamente a circulação de ouro em pó, instalando a Casa de Fundição em Vila Rica, onde todo metal extraído das Minas deveria ser transformado em barras para depois ser transportado ao litoral.

A medida pretendia acabar com o contrabando e incrementar a arrecadação de impostos, prejudicando os interesses dos proprietários de lavras auríferas, comerciantes e profissionais liberais que recebiam ouro em pó pelos seus serviços, além dos tropeiros que escoavam a produção.

As novas diretrizes foram intensamente discutidas, nos bares, nas tavernas, e críticas ferozes eram lançadas, nas rodas de conversa, contra a administração local. Uma revolta se levantaria contra as medidas de controle da Coroa.

Há duas versões para o levante. Na primeira, foi Felipe do Santos que, usando suas conexões, articulou as camadas médias da vila para exigir que o governador da capitania de São Paulo e Minas de Ouros, D. Pedro Miguel de Almeida Portugal, o conde de Assumar, voltasse atrás. Em 28 de junho de 1720, na iminência da entrada em funcionamento da Casa de Fundição de Vila Rica, aproveitando que o governador estava em Mariana, povoado vizinho, Felipe dos Santos reuniu duas mil pessoas e foi até lá, com mosquetes em mãos, aos brados de "abaixo à tirania".

Numa segunda explicação, homens mascarados começaram a fazer desordens pela vila, depredando residências e exigindo, aos berros, o fim das Casas de Fundição. Essas cenas de violência popular marcaram o episódio, a partir da ação de Sebastião da Veiga Cabral, Manuel Nunes Viana, Pascoal da Silva, em conluio com o ouvidor Mosqueira da Rosa. Felipe dos Santos, tropeiro exaltado, teria defendido publicamente a revolta em várias ocasiões e fazia parte dos homens de Pascoal da Silva.[4]

Assim, na primeira versão, Felipe dos Santos aparece como líder do movimento e, na segunda, apenas como participante subalterno do levante.

Independentemente disso, diante do tumulto, o governador procurou ganhar tempo. Ele negociou com os revoltosos e prometeu acabar com a Casa de Fundição. Desse modo, ele se retiraria da região, com o objetivo claro de buscar reforços, sob o pretexto de levar ao rei a proposta dos colonos.

Os revoltosos, por sua vez, aproveitaram para fortificarem-se em Vila Rica, enquanto aguardavam as supostas boas notícias. Antes que elas chegassem, um agrupamento dos Dragões, com cerca de 1,5 mil homens, chegou com ordens de prender todos os insubordinados.

Diante do desequilíbrio de forças, não houve resistência, os amotinados baixaram armas após a promessa de perdão do governador. No entanto, tão logo capturados, o conde de Assumar ordenou que as casas dos envolvidos fossem queimadas e seus bens, confiscados. Sumariamente, sem julgamento, D. Pedro de Almeida Portugal decidiu o destino dos revoltosos. Apesar da expropriação das propriedades, colocou a maioria em liberdade, mas exilou outros, principalmente aqueles identificados como cabeças do movimento.

Quanto a Felipe dos Santos, o governador fez dele um exemplo: mandou enforcá-lo em praça pública e, no dia 16 de julho, teria sido esquartejado por cavalos, com os pedaços de seu corpo pendurados pelos quatro cantos de Vila Rica. Não há dúvidas de que ele foi enforcado, mas a versão do esquartejamento por cavalos carece de documentação histórica.

Felipe dos Santos não foi julgado, e o castigo, certamente, foi uma cerimônia pública. Essa era uma forma de punição baseada no castigo exemplar, no corpo suplicado, esquartejado, amputado, marcado simbolicamente no rosto ou no ombro, exposto vivo ou morto, dado como espetáculo.

A eficácia dessa punição estava associada à sua intensidade visível, à vergonha, ao medo de ter que passar por esse abominável teatro. Nesses casos, o Estado e a Justiça assumiam publicamente os atos de violência. Muito mais do que a condenação, era o ritual e o modo de colocá-la em prática que gerava terror no criminoso. A dor no corpo, o castigo físico eram os elementos da pena, uma verdadeira arte das sensações insuportáveis.[5]

O mesmo procedimento, décadas depois, seria adotado contra Tiradentes. Ele acabaria enforcado e esquartejado no Rio de Janeiro. Seu corpo foi salgado e levado em viagem de volta à região das Minas para ser exibido à população. Uma vez mais a lenda é convincente em sua simbologia: fogo, dor e sofrimento integram o espetáculo do castigo exemplar, altamente ritualizado e bem ao gosto das sociedades do Antigo Regime.

O levante de Felipe dos Santos, que talvez seja mais exato chamar de levante de Vila Rica, apresenta uma peculiaridade: talvez não se tenha executado o principal revoltoso, mas uma figura subalterna, poupando-se os poderosos do castigo capital. É importante perceber que não havia, à época, consciência de unidade, de nação ou pátria. A revolta de Felipe dos Santos jamais colocou em pauta a separação efetiva de Portugal. Mais do que real possibilidade de ruptura com a dominação lusitana, a revolta indicava as contradições internas do mundo colonial: mundo rachado e cortado por diversos interesses, onde ainda não havia uma ideia e um programa capaz de harmonizar os atritos.[6]

## As consequências da Revolta de 1720

Os tumultos de 1720 tiveram como consequência imediata, em 12 de setembro, precipitar a separação da capitania em duas: São Paulo, com sede na cidade de mesmo nome, de um lado; Minas Gerais, do outro lado, com capital estabelecida em Vila Rica. Além disto, a Coroa reforçou os efetivos militares na nova capitania, tentando ampliar a fiscalização.

Entretanto, a presença da Casa de Fundição e dos Dragões no centro urbano não conseguiu impedir o contrabando de ouro, efetivado por outras vias. Os chamados santos do pau-oco, imagens sacras recheadas de ouro em pó, exportadas como arte barroca para Portugal, levavam esse ouro ilegalmente e com a conivência de diversas autoridades locais.

A obrigação da fundição do ouro em barras só fez aumentar os descaminhos da fazenda real, pois funcionários do Estado aproveitavam para separar o seu bocado, registrando pesos inferiores aos verdadeiramente extraídos.

A prática seria uma das razões que levaria o rei D. José I a promulgar a *finta* em 1750, um mecanismo de controle que visava garantir a cota mínima de 100 arrobas anuais de ouro para a Coroa. Caso essa quantia não fosse atingida, a Coroa cobraria um imposto anual, a *derrama*, com o intuito exclusivo de completar o valor.

No entanto, essa medida seria vista como excessivamente agressiva, pois os funcionários da Coroa teriam a permissão de invadir residências em busca de ouro escondido e contrabandeado. Isso, mais tarde, provocaria outro levante que conduziria importantes proprietários de lavras auríferas e autoridades das Minas Gerais a se oporem novamente a Portugal.

Em 1789, esses homens seriam inspirados pelas histórias a respeito de Felipe dos Santos, que passaram a ser contadas de boca em boca, depois de seu suposto martírio. As pessoas alteravam parcialmente a versão dos fatos, acrescentando tons de tragédia, suplícios, perdão e dramaticidade. O tropeirismo, nesse sentido, também colaborou muito como difusor de narrativas heroicas, capazes de mitificar os personagens e suas ações. As inspirações teóricas e ideológicas foram importadas e adaptadas à realidade colonial, advindas do Iluminismo europeu e da independência dos Estados Unidos de 1776.

A rigidez burocrática lusitana aplicada à fiscalização sobre dividendos econômicos, prejudiciais aos colonos, precipitou a chamada Inconfidência Mineira, não por acaso na mesma região aurífera que abrigara a revolta de Felipe dos Santos.

## Notas

[1] Celso Furtado, *Formação econômica do Brasil*, São Paulo, Companhia Editora Nacional/Publifolha, 2000, p. 90.
[2] Maria de Fátima Lopes, *Índios, colonos e missionários na colonização do Rio Grande do Norte*, Natal, dissertação, mestrado em História, Universidade Federal do Rio Grande do Norte, 1999, p.102.
[3] Sérgio Buarque de Holanda, "Metais e pedras preciosas", em Sérgio Buarque de Holanda (dir.), *História geral da civilização brasileira: a época colonial*, Rio de Janeiro, Bertrand Brasil, 1997, v. 1, t. 1, pp. 259-310.
[4] Laura de Mello e Souza e Maria Fernanda Baptista Bicalho, *O império deste mundo: 1680-1720*, São Paulo, Companhia das Letras, 2000.
[5] Michel Foucault, *Vigiar e punir*, Rio de Janeiro, Vozes, 1987.
[6] Laura de Mello e Souza e Maria Fernanda Baptista Bicalho, op. cit.

## Indicações bibliográficas

ABREU, Capistrano de. *Caminhos antigos e povoamento do Brasil*. Rio de Janeiro: Civilização Brasileira, 1975.
   Narrativa apaixonante da penetração e do povoamento lusitano a partir de quatro centros: São Vicente, Salvador, Pernambuco e Rio de Janeiro. Retrata de maneira integrada o avanço para o sertão, a submissão dos índios, as ligações interiores, o movimento bandeirante, a criação do gado e a descoberta do ouro, refletindo sobre as implicações da vitória dos emboabas.
ABREU, Capistrano de. *Capítulos de história colonial*: 1500-1800. Belo Horizonte: Itatiaia, 2000.
   Extremamente abrangente, é uma leitura essencial para compreender a interiorização da colonização, tanto no que diz respeito ao papel desempenhado pela criação do gado como pelo bandeirantismo, tropeirismo e a mineração.
FURTADO, Celso. *Formação econômica do Brasil*. São Paulo: Companhia Editora Nacional, 2000.
   Análise ampla da economia brasileira que aborda com detalhes o contexto colonial, trabalhando com o conceito de ciclos, dentre os quais se enquadra o período em que a extração de metais e pedras preciosas foi o sustentáculo da metrópole portuguesa.
MAXWELL, Kenneth. *A devassa da devassa*: a Inconfidência Mineira – Brasil e Portugal – 1750-1808. São Paulo: Paz e Terra, 2001.
   Obra que permite entender as consequências advindas com a Revolta de Vila Rica, contextualizando o ciclo do ouro nos séculos XVII e XVIII e mostrando suas implicações sociais e políticas, enfatizadas nas relações entre a colônia e a metrópole.

## Chica da Silva (1720-1796): do inferno ao paraíso – contradições da sociedade mineradora

> "O nome matrimônio deriva da palavra *madre*, porque seu fim é que a mulher se torne mãe e exercite tal ofício exatamente dando a seus filhos uma educação cristã. E, assim, o matrimônio é uma sociedade legítima entre o homem e a mulher, instituída por Deus para a multiplicação do gênero humano."
> Frei Manuel de Arceniaga, 1794

A ex-escrava Francisca da Silva viveu no arraial do Tejuco durante o período da mineração, no século XVIII. Ela foi casada não oficialmente com o contratador de diamantes João Fernandes de Oliveira. A sua história, assim como a de tantas outras escravas libertas, pode nos fornecer um bom panorama a respeito da complexidade da região das Minas, assim como do sistema de escravidão no Brasil colonial.

Chica recebeu alforria em 1753. Pode-se dizer que ao longo de sua vida atravessou diferentes esferas da sociedade colonial. Ela transitou por diferentes mundos e sua história representou as fortes contradições da colônia. Do cativeiro à liberdade. De escrava a senhora de escravas.

Retrato de escrava alforriada, utilizando vestimenta de elite, com colares e brincos.

A vida de Chica da Silva nos permite caminhar pelo cotidiano da sociedade mineradora, através das irmandades religiosas, passando pelas dificuldades de se viver num universo violento e de péssimas condições, até a relativa libertação do estigma causado pela escravidão, principalmente após seu matrimônio com um importante membro da elite colonial.

A ex-escrava tornou-se símbolo de resistência à escravidão, um verdadeiro mito. Diz a tradição que Chica da Silva foi encontrada, muitos anos após sua morte, com a pele seca e negra e o corpo quase intacto. A afirmação parece sugerir certo milagre, como se ela tivesse alcançado uma vitória sobre a putrefação pós-morte, indícios de santidade e pureza do corpo.[1]

Sua figura sempre atraiu e despertou curiosidade, principalmente anos depois de seu falecimento. Ela deixou de ser uma entre outras escravas que viveram em Minas Gerais e se tornou uma lenda, que ao longo do tempo sofreu inúmeras modificações, atualizações e releituras ao gosto de cada época. Nas diversas versões, deparamo-nos com muitas "Chicas": a bruxa, a sedutora, ora heroína, às vezes rainha e ora simplesmente escrava.

## Ouro, tremores e cometas: contradições

A descoberta de ouro na região das minas causou grande impacto na corte portuguesa. Depois de muitos anos, o sonho lusitano se fez realidade. Sua principal colônia finalmente lhe fornecia a tábua de salvação, frente ao iminente naufrágio econômico que se anunciava em fins do século XVII. Os espanhóis, antigos rivais, exploravam há tempos as minas de Potosí e Zacatecas, no Peru e no México. O ouro do Brasil fazia ressurgir a força e a sensação de poder do império português.

A notícia sobre a existência de ouro nos sertões de São Paulo aportou no Reino quando o século chegava ao fim, agindo na conturbada corte de D. Pedro II como prenúncio de tempos novos. Não se sabe ao certo quando se achou ouro nas Gerais.

As descobertas foram, certamente, frutos de várias expedições mais ou menos simultâneas ou sucessivas. Pode-se afirmar, contudo, que os primeiros achados ocorreram entre 1692, com a bandeira de Antônio Rodrigues Arzão, e 1700, com a descoberta do ribeirão do Carmo por João Lopes de Lima.[2] Era ouro de aluvião, ou seja, que se catava nas águas dos rios, efêmero, mas abundantíssimo, fruto de depósitos ocorridos ao longo dos milênios.

Em Lisboa, a descoberta das tão desejadas gemas foi motivo de festas e procissões que mobilizaram todo o povo. Em Roma, o papa Clemente XI mandou celebrar missa e graças solenes. Os ares de mudança e anúncio de melhoras haviam sido lidos, anos antes, em fenômenos naturais. A 6 de dezembro de 1689, no aniversário de aclamação do rei, viu-se no céu da Bahia um cometa, com figura de palma de cor de ouro, símbolo que indicava felicidade. Todos aguardavam os bons momentos que estavam por vir.

Seis anos depois, no entanto, surgiu outro cometa na capitania baiana, mas dessa vez em forma de espada, anunciando golpes e fatalidades, prognosticando calamidades para todo o mundo: pestes, mortes e catástrofes políticas. No ano seguinte, em 1696, houve 17 tremores de terra em Lisboa: fiéis rezavam, pediam a proteção dos céus, em meio ao desespero, às correrias, enquanto abóbadas despencavam das igrejas.

Indícios de felicidade se misturavam com os de destruição. O mundo das contradições se anunciava. Deus emitia sinais e estes precisavam ser interpretados. Os acontecimentos "do céu" eram vistos como verdadeiros presságios divinos e, assim, como tantos outros, indicavam o fim de uma era e o início de outra. Esses episódios marcaram o universo mental da época e foram símbolos das mudanças estruturais pelas quais passava o império português.

Esses fenômenos naturais, que ora indicavam felicidade e ora indicavam tragédias, simbolizavam a própria essência que viria a ser a região das Minas e a descoberta de ouro. O governo de Deus seria, aos poucos, substituído por administrações seculares, mais voltadas para o lucro e para a funcionalidade estatal, assim como seria mais tarde a postura do governo de D. José I e de seu ministro, o marquês de Pombal.

Para alguns, a experiência aurífera pelos sertões, em busca de riqueza imediata, estava associada ao pecado e os paulistas eram verdadeiros demônios. Em meio às matas, escondidos e em busca de bens materiais, as pessoas se entregavam a toda sorte de desmandos, desobedecendo a Deus e caindo nas garras do diabo, vivendo como feras.[3] As Minas eram enganosas e só serviam para fazer as almas rodarem pelo barranco da perdição. Ninguém ficava em paz ou em sossego, pois o demônio e o interesse pela cobiça andavam juntos, reinando e cegando os olhos interiores das almas, deixando soltos pecados, ambição, usuras, roubos, enganos, homicídios, adultérios, soberba e inveja.[4]

Ao mesmo tempo, a descoberta de ouro permitiu Portugal contornar a grande crise que começara por volta dos anos 1780, dinamizando a economia, criando mercados e enriquecendo o comércio dos grandes portos. A cunhagem de moedas de ouro possibilitaria a entrada do Brasil na economia mundial. Esse mesmo ouro, saído das minas, fruto do pecado, foi usado na construção do convento de Mafra em Portugal, em homenagem a Deus, como sinal de fé diante do Criador.

### Do eldorado ao inferno

Minas Gerais carecia de infraestrutura e víveres. Todo produto, como armas, alimentação e escravos, era ali altamente valorizado. A região era, por excelência, o lugar da inflação. No início, os exploradores buscavam alimentos fornecidos pela natureza, como o mel, as aves e os peixes de rio. No entanto, com o passar dos anos, esses alimentos não eram mais suficientes, o que forçou o surgimento de culturas agrícolas voltadas para a subsistência, assim como o desenvolvimento de comércio.

Os governadores das outras capitanias do Brasil se queixavam que a região aurífera estava absorvendo os produtos e a mão de obra do restante da colônia, pois os comerciantes, sabendo dos altos preços ali atingidos, não queriam mais comercializar em outras áreas. Com isso, faltaria mão de obra, armas para a defesa e, consequentemente, diminuição da produção e falência geral da colônia. Antes de ser uma felicidade, essa era uma situação a ser temida.

Os paulistas plantaram milho, cultura rápida, e também mandioca, cultura demorada, perecível e difícil de levar nas viagens e, por isso, quase sempre era consumida sob a forma de farinha. Entre os anos de 1697 e 1701 as fomes que assolaram a região foram terríveis e o eldorado, paraíso terrestre, tão atraente para milhares de pessoas, se alternava com verdadeiras descidas ao inferno.[5]

As dificuldades do dia a dia, a falta de alimentos e a imensa pobreza também marcaram a região aurífera do Brasil. Não se tratava apenas de riquezas, de luxo e ostentação, mas de necessidade. Além disso, era um local de divisão hierárquica da sociedade em que alguns poucos enriqueceram e a grande maioria manteve-se sem recursos.

### Henequim, as dificuldades do dia a dia e o sincretismo

Foi essa situação que Pedro de Rates Henequim conheceu ao viver nas Minas. Filho de mãe católica portuguesa e de pai calvinista holandês, nasceu por volta de 1680. Quando tinha cerca de 20 anos, foi tentar a sorte na colônia, a convite dos jesuítas. Viveu nas Minas até 1722 e depois voltou para Lisboa, lugar em que seria processado pela Igreja Católica em 1744.

Durante o período em que esteve no Brasil, passou a alimentar a fantasia de que o Éden estaria assentado em algum lugar do sertão da colônia portuguesa. Tentou demonstrar que algumas profecias bíblicas se reportavam ao Brasil, principalmente à região das minas de ouro.

Henequim emitiu opiniões inovadoras sobre a condição divina da Virgem Maria, da existência de trechos apócrifos na Bíblia e tentou até mesmo legitimar a fornicação e o concubinato. As preocupações teológicas, mesmo nesse outro momento da colônia, ainda continuavam a incomodar e a fazer parte das conversas entre reinóis e colonos. Longe de ser uma questão inofensiva e fútil, especular sobre a localidade do Éden implicava em rediscutir o maior de todos os problemas teológicos: o mistério da salvação.

Ele identificava o vinho que aparece no texto bíblico *Cântico dos cânticos* como uma bebida ritual dos indígenas. Além disso, afirmou que Adão deixou mensagens escritas em português nas folhas das palmeiras brasileiras. E ainda concluiu que Adão era indígena. Mas como isso seria possível? Para Henequim, a original do nome Adão em hebraico, *Adam*, significa "vermelho". E "vermelho" era sinônimo de "indígena" para os portugueses.

O herege dos trópicos falava e emitia blasfêmias, discutindo o "sexo dos anjos", os "peitos da Virgem", detalhando sua "vagina hermafrodita" e afirmando que as "mijadas" de Nosso Senhor Jesus Cristo se transformavam em chuvas. Ele se definia como o "novo Moisés" e tinha a esperança de convocar um concílio em Roma.

O hibridismo, tão característico da colônia, teria sido o principal motor para a criação de suas concepções a respeito da origem do mundo, de sua teoria cosmogônica e de suas ansiedades místicas.

A instabilidade social nas Minas era muito grande por causa da itinerância, do imediatismo, do caráter provisório assumido pelos empreendimentos. A insegurança, o medo e as incertezas levaram boa parte da população a procurar segurança em Deus.

O desconforto espiritual gerado em face de crimes e roubos cotidianos fazia ressurgir a ideia de esperança, de salvação coletiva, a partir da união em irmandades e na aquisição de santos para serem colocados dentro das casas. Com isso, se pretendia estabelecer intimidade com o santo, aproximando-se do divino e, assim, os meios populares costumavam humanizar o mundo dos seres supraterrenos. Esforço de aproximar a religiosidade da experiência cotidiana, na medida em que viver se tornava difícil.

Os santos eram invocados para simplesmente reaver objetos perdidos, como no caso de São Longino, ou favorecer alguma conquista amorosa. Se não ajudassem as pessoas, as imagens seriam quebradas, agredidas e até mesmo xingadas, como se fizessem parte da família.

Num mundo tão misturado, de tantas incertezas e dificuldades, Henequim tentava buscar uma explicação racional para o que via, mesmo que a partir de modelos religiosos. Ele queria encontrar uma ordem, um sentido, uma regra. Esse é o mesmo período em que se proliferaram os manuais de comportamento, de etiqueta, período em que os fiéis contabilizavam os pecados.

Esse era o chamado século das luzes e Henequim queria enxergar o mundo como parte de uma ordem, quase como resposta à total desordem do mundo em que vivia. Na mesma época em que ele elaborava suas teorias, Bach e Mozart compunham submetendo os intervalos da escala musical a padrões matemáticos. Nesse mesmo século Newton criaria leis racionais para a compreensão da natureza.

A concepção de um único Deus, distante de todos, se chocava com a pluralidade da colônia. Os pensamentos de Henequim foram respostas ao emaranhado de culturas aglutinadas no Brasil. Ele foi processado em Portugal, já no reinado de D. João V, conduzido em auto de fé e executado diante da família real no dia 21 de junho de 1744.[6]

Henequim, assim como Chica da Silva, exprimiria as contradições típicas e internas de uma sociedade multicultural.

## Mineração e escravidão

A atividade mineradora na América Portuguesa só se tornou importante no século XVIII, quando provocou inúmeras transformações na vida da colônia. A necessidade de braços na mineração ativou o tráfico atlântico de escravos, fazendo com que um movimento migratório até então restrito ao litoral adentrasse o continente: entre 1698 e 1770 foram enviados cerca de 340 mil escravos para os campos auríferos de Minas Gerais.[7]

Os escravos chegavam à região principalmente através dos portos do Rio do Janeiro e de Paraty, onde eram comercializados e trocados por cachaça na África. Depois disso, eram levados por terra à região e as dificuldades no transporte os tornavam ainda mais caros do que no litoral. Na região das Minas havia o predomínio de homens brancos e de negros escravos, algumas escravas e pouquíssimas mulheres brancas.

Por isso, muitas escravas eram obrigadas a servir sexualmente seu senhor, outras eram forçadas a se prostituir a fim de alcançar ganhos econômicos para seu dono. Qualquer que fosse a forma que assumisse a violência da escravidão feminina, seu limite ultrapassava o âmbito da exploração de sua força de trabalho e se estendia ao corpo e à sexualidade da escrava.

Entre a elite colonial, a utilização dos serviços sexuais das escravas era prática tolerada, uma vez que preservava a virgindade das jovens brancas. Muitas escravas também eram responsáveis pela iniciação sexual do jovem colono, sendo por isso chamadas de "bonecas de carne".[8]

Nas cidades, muitos escravos viviam sob a condição de "escravidão ao ganho". Esses cativos ficavam livres durante o dia, mas tinham que procurar trabalho e, no fim da jornada, deveriam prestar contas ao seu senhor, entregando-lhe o dinheiro conseguido. Nesse caso, a prostituição da escrava negra era um ganho certo, ainda mais pela carência de mulheres brancas.

No entanto, a prostituição não era bem vista na sociedade colonial, pois era uma prática punida e condenada pela Igreja Católica. Mesmo assim, com o intuito de fugir de qualquer tipo de condenação, os senhores disfarçavam suas escravas de vendedoras de doces, que ficavam nas ruas, o dia todo, segurando os tabuleiros, repletos de gêneros alimentícios para, assim, poderem se prostituir às escondidas.

Negras vendendo doces e frutas. A aquarela de 1822 apresenta ruas e roupas limpas na tentativa de mostrar um caráter menos violento da escravidão.

Além da prostituição, havia outras formas de violência praticadas pelos senhores contra suas escravas. As agressões físicas eram muito comuns: barrigas chutadas, seios arrancados, rosto queimado, dentes quebrados, unhas e cabelos tirados à força, além de, muitas vezes, sofrerem intensamente com estupros e penetração de objetos cortantes em suas genitálias.

Outra exploração bastante frequente do corpo da escrava era o seu uso como ama de leite. As mulheres negras eram consideradas especialmente aptas à amamentação. Alguns chegavam a defender que o leite delas possuía propriedades únicas. Comparavam-se as amas de leite negras com a terra: quanto mais negra, mais fértil.

Muitos senhores temiam ser envenenados por suas escravas, a partir de misturas de ervas venenosas, vidro ralado e outros ingredientes que poderiam ser colocados nas comidas que preparavam. Temiam também o uso das práticas religiosas das escravas, tinham medo de serem amaldiçoados ou enfeitiçados.

Muitas escravas, na tentativa de melhorar sua condição, procuravam espaços e direitos dentro do próprio sistema social. As mulheres tinham mais chances de conseguir sua liberdade por vários motivos. Elas conseguiam mais facilmente acumular recursos e o preço de sua alforria era mais baixo do que a masculina. Além disso, havia as relações afetivas desenvolvidas com grandes senhores. Na região aurífera, a alforria sempre foi mais acessível às escravas, pois, sendo escasso o número de mulheres, o concubinato se generalizou e muitos senhores brancos alforriavam suas companheiras escravas.

Uma vez atingida a liberdade, as ex-escravas partiam para casamentos com homens brancos, conseguindo se libertar dos grilhões, dos preconceitos e em parte do estigma gerado pela escravidão.[9]

A alforria, muitas vezes, era o início do processo de aceitação dos valores da elite branca. Nesse sentido, na sociedade diamantinense houve espaço para que homens e mulheres de origem africana obtivessem suas alforrias. Uma vez inseridos no mundo dos livres, muitos acumularam bens e se misturaram à sociedade branca do arraial. Reproduziam, assim, em escala menor, o mundo daqueles que os havia submetido à escravidão.

### Sobre a escrava Chica da Silva

Chica nasceu por volta de 1732, no arraial do Milho Verde, a meio caminho entre o arraial do Tejuco e a vila do Príncipe, hoje cidade do Serro.

Era mulata clara, filha de negra com homem branco. Sua mãe chamava-se Marina da Costa, escrava africana oriunda da Costa da Mina. Seu pai era o português Antônio Caetano de Sá.

O sobrenome "Costa" era dado aos escravos de que não se sabia a procedência, indicando a origem pelo "litoral" africano. O que se sabia era que tinham vindo da costa da África. Chica foi batizada por volta de 1734 e, assim como outros escravos, desde cedo acompanhava a mãe em seus trabalhos.

O primeiro registro dela como escrava pertenceu ao médico português Manuel Pires Sardinha. Chica era escrava doméstica. O sobrenome Silva, que ele adotou para ela, indicava indivíduos também sem procedência ou de origem indefinida, ou seja, vindos "da selva", assim como o termo "silvícola".[10]

Foi com o médico que Chica teve seu primeiro filho, chamado Simão Pires Sardinha. Na época, ela era muito jovem e ele, bem mais velho, com cerca de 60 anos. No registro de batismo do filho, o português não assumiu a paternidade de Simão, mas lhe concedeu liberdade. Mais tarde, em seu testamento, Manuel Pires considerou o menino um de seus herdeiros, juntamente com outros meio-irmãos, filhos de outra mulher.

### Sobre o contratador de diamantes

Com o passar dos anos, a Coroa portuguesa passou a exercer maior controle sobre a economia da região, interferindo diretamente na extração de ouro, o que antes não ocorria. O controle foi ainda mais rigoroso no caso da extração de diamantes. Apesar da descoberta oficial de diamante datar de 1729, sua exploração já era realizada havia algum tempo. Logo que as primeiras pedras foram achadas, a Coroa afirmou sua propriedade sobre elas.

Até 1734 a exploração foi aberta a todos os que possuíssem escravos e capital para investir, exceto para mulatos e negros forros, mas era cobrada uma taxa por cada escravo utilizado, a *capitação*. Os arredores do Tejuco, ainda selvagens, estavam repletos de ciganos, desocupados e quilombolas que amedrontavam os moradores. O povoado começou a crescer e se fixou em torno da matriz de Santo Antônio.[11]

Uma grande corrida aconteceu em busca das pedras brilhantes. Quando os diamantes foram descobertos, a vila de Sabará, por exemplo, ficou quase deserta, pois todos mudavam para a região diamantina.

A livre extração não durou muito. Após 1734 ocorreu a chamada Demarcação Diamantina, um quadrilátero em torno do arraial do Tejuco. Foi também criada uma administração específica, com sede no mesmo arraial. Era necessário organizar e sistematizar a exploração, além de instituir a cobrança de impostos. As enormes descobertas e o grande número de ouro e diamantes que chegaram à Europa fizeram o preço das pedras preciosas baixarem, pois a oferta era muito grande.

Desse modo, dificultar a extração ou limitar quem podia ou não participar dela era uma tentativa de se elevar o preço das pedras no mercado internacional. Em 1740, o acesso à área foi restringido, a Coroa passou a fazer contratos exclusivos de exploração. O rei decidiria empregar um novo sistema de exploração: faria uso de contratos arrematados de quatro em quatro anos, por um único interessado ou em sociedade.

Um dos primeiros contratadores foi o português, o sargento-mor, João Fernandes de Oliveira, pai do futuro marido de Chica da Silva. Conforme os negócios progrediam, ele começou a trazer parentes para o Brasil. O ex-sargento se casou com Maria de São José, natural do Rio de Janeiro e com ela teve um menino, ao qual deu o nome também de João Fernandes de Oliveira, nascido em Mariana, no ano de 1727. O garoto estudou em Portugal, na Universidade de Coimbra, e recebeu importante título comprado pelo pai de Cavaleiro da Ordem de Cristo.

Tornou-se desembargador, ao ser nomeado para o Tribunal da Relação do Porto, e foi nomeado juiz do Fisco das Minas Gerais. No entanto, acabou seguindo a carreira do pai. Por indicação também viria para as Minas. Em 1753, chegou ao Tejuco como um dos arrematantes do contrato de quatro anos efetuado pela Coroa para a extração de diamantes.

Partiu de Portugal com o objetivo claro de administrar o negócio iniciado pelo patriarca da família. Seu trajeto refletia o processo de ascensão social que seu pai, antigo contratador, procurava garantir para o herdeiro.

## O encontro com Chica da Silva

Chica da Silva tinha entre 18 e 22 anos quando João Fernandes de Oliveira, então com 26 anos, a conheceu. Ele a comprou de Manuel Pires

Sardinha por oitocentos réis e no Natal do mesmo ano a alforriou. Seu antigo dono, Manuel Pires, tinha prometido acabar com seus romances com escravas, após sofrer devassa episcopal.

Alforriar uma escrava logo após sua aquisição não era atitude frequente entre os proprietários mineiros. Nesse caso, é muito difícil dizer os reais motivos que levaram o contratador a fazer isso. A intenção pode ter sido estabelecer família e constituir herdeiros, talvez tenha se apaixonado. O certo é que quis estabelecer relação estável com Chica.

Assim, o desembargador João Fernandes de Oliveira iniciou em 1754 uma longa relação com a mulata Francisca, que, depois de alforriada, assumiu o nome de Francisca da Silva de Oliveira – a Chica da Silva.

Os motivos da ex-escrava parecem ser mais claros. Muito mais do que amor, o casamento com um europeu poderia lhe proporcionar vida melhor. Ela não era a única. Era significativo o número de mulheres forras que buscava o matrimônio, porque, como concubinas, não tinham acesso ao patrimônio e aos bens dos homens brancos. A condição de amantes lhes negava os privilégios legais. Como livres e esposas poderiam fornecer melhores condições aos filhos, embora nem sempre isso se aplicasse a elas próprias.

A população das minas, tão híbrida e misturada, estava longe de se enquadrar nos restritos esquemas de moral que a Igreja pretendia implementar. Não é à toa que proliferaram múltiplas formas de organização familiar, em que se sobressaíam o concubinato e as relações temporárias.

Os matrimônios eram assuntos de família e visavam à construção de alianças que promovessem social e economicamente os envolvidos. O casamento servia para unir fortunas, propriedades, para estabelecer laços entre famílias e países, para que as pessoas gerassem herdeiros e para que a mulher cumprisse sua missão social: ser mãe e educar os filhos. Assim, o amor não era condição necessária ao casamento.

O amor entre Chica e João Fernandes pode ter sido a consequência da união, mas dificilmente a causa inicial.[12] O espaço da paixão era outro. O espaço da entrega e do desejo sexual situava-se fora do casamento oficial, era o lugar do amor ilícito, das relações consensuais, das amantes, das relações impossíveis. O amor era um jogo, uma diversão e não parte do matrimônio.

Pode-se pensar, contudo, que Chica da Silva correspondia aos valores de beleza e estética da Europa do século XVIII. Alguns relatos destacam sua beleza. Ela deveria ser objeto de desejo de vários senhores e talvez esse tenha sido um dos motivos para que fosse alforriada. João Fernandes poderia mostrar poder diante dos outros, pois era ele quem, de fato, tinha a "posse sentimental" daquele objeto de desejo.

As mulheres eram consideradas incapazes, desprovidas da razão, deveriam ser, em face disso, subjugadas pelos homens. O desejo de serem correspondidas no amor levou muitas mulheres na colônia a recorrer a poções, filtros mágicos, rezas e simpatias. Segundo o imaginário da colônia, gatos em casa podiam gerar crianças de costas peludas; colares e outras joias deixavam marcas na pele e carregar chaves na cintura ou no pescoço provocava lábios leporinos.[13]

Entre 1753 e 1770 Chica da Silva e João Fernandes relacionam-se como marido e mulher, mas a união nunca foi legalizada, pois a legislação e os costumes da época não permitiam. Era um matrimônio estável, mas não legal.

Meses depois, já em 1754, ela ficou grávida e, em abril do ano seguinte, era batizada a primeira filha do casal, a mulata Francisca de Paula. Ao todo ela teve 13 filhos com o contratador, tendo sido encontrados 11 registros de batismo, sendo 9 mulheres e 4 homens (Francisca de Paula, João, Rita, Joaquim, Antônio Caetano, Ana, Elena, Luiza, José Agostinho, Maria Quitéria, Antônia e Mariana).[14]

A média de um filho a cada 13 meses fez desmoronar a figura sensual e lasciva, devoradora de homens, à qual Chica sempre esteve ligada. João Fernandes não teve dúvidas acerca da paternidade dos rebentos, legitimando-os e tornando-os herdeiros de todo o seu patrimônio.

Entre os padrinhos dos filhos de Chica e João Fernandes não havia autoridades importantes da capitania ou mesmo do distrito, o que faz supor certa dificuldade do contratador em estabelecer alianças com representantes da Coroa. O casamento era aceito no arraial, na elite local, mas por ser ilegal não permitia que João Fernandes criasse laços sólidos de amizade política. O batismo dos filhos e a escolha dos padrinhos era uma boa oportunidade de realizar essas "alianças", mas, nesse caso, apenas locais.[15]

As crianças foram batizadas por importantes moradores do Tejuco, sinal provável de que a sociedade local aprovava aquela relação não oficial. Curiosamente, foi Manuel Pires Sardinha, ex-senhor e pai do primeiro filho de Chica, que batizou sua primeira filha com João Fernandes de Oliveira. Outros padrinhos eram militares locais de baixas patentes, como o sargento-mor Antonio Araújo de Freitas, o capitão Luís Lopes da Costa e os capitães Francisco Malheiros e Luís de Mendonça Cabral.

## Chica: mãe e esposa honrada

Francisca da Silva de Oliveira agia como qualquer senhora da elite social. Educou todas as filhas no Recolhimento de Macaúbas, o melhor educandário das Minas na época, pagando por matrícula o dote de novecentos mil réis em barras de ouro.

As meninas levaram como elas, para servirem em seu retiro, três escravas pardas e mais um casal, que ficava do lado fora do educandário, aguardando por elas. Elas contavam também com sessenta mil réis anuais, para ajuda de custo. O maior desejo de Chica era preparar as filhas para um bom casamento ou para a vida religiosa e fornecer-lhes um futuro digno, diferente das dificuldades pelas quais havia passado.

Educação esmerada para as mulheres significava, principalmente, boa preparação para uma vida virtuosa e, assim, o convento era o local ideal para que Chica preparasse as filhas para ocupar seus lugares junto à elite do arraial. No fim das contas somente Antônia se tornou freira e as demais voltaram para o arraial para se casar.

Nas Minas Gerais era proibida a instalação das ordens religiosas católicas, pois, segundo as autoridades metropolitanas, os religiosos eram os responsáveis por boa parte do contrabando do ouro.

Além disso, havia o temor de que os padres, desejosos pela conversão, fizessem diminuir a mão de obra na região, pois poderiam utilizar os índios e os negros em trabalhos religiosos e, com isso, fazer cair a extração de metais. Por esse motivo, a construção das igrejas e a realização dos cultos e outros ritos cristãos eram levadas a cabo pelas irmandades compostas por leigos.

Pertencer a uma irmandade era essencial para a organização e a identificação dos homens nos núcleos urbanos, já que a religião católica era fundamental à vida cotidiana. Chica, os filhos e o marido participaram de diversas irmandades religiosas da região, como Santíssimo Sacramento, São Miguel e Almas, São Francisco de Assis, Nossa Senhora do Carmo do Tejuco e da vila do Príncipe, São Francisco, e também das irmandades de mulatos negros, como Nossa Senhora do Rosário e Mercês.

Igreja dedicada a Nossa Senhora da Conceição
construída pela Irmandade de São Francisco de Assis.

As instituições religiosas eram consideradas centros privilegiados de reconhecimento social. Na Irmandade do Rosário, Chica ocupou cargos de direção, duas vezes como juíza e uma vez como irmã da mesa diretora. Tornar pública sua aceitação sem restrições do catolicismo foi o modo pelo qual ela e seus descendentes alcançaram bom trânsito social no meio da elite branca e católica do arraial. Nos dias de missa podiam ir bem vestidos e mostrar aos outros que sua família era digna, respeitosa e, acima de tudo, cristã. Fornecer dízimos e esmolas também fazia parte da encenação social.[16]

O ato de caridade deveria ser sempre público, dirigido aos de grau socialmente inferior, com o propósito de, além de mostrar-se caridoso, encerrá-los numa dívida permanente. Esperava-se que o agraciado retribuísse a caridade, sujeitando-se permanentemente àquele que a praticara.

Família com senhor, senhora e escravos se dirigindo à missa: lugar de contatos sociais e demonstração de aceitação pública.

Chica possuía muitos escravos e uma casa na rua do Bonfim, ainda hoje chamada de Chácara Chica da Silva, com uma rica e linda capela anexa, construída próxima de pessoas importantes do arraial. Era um magnífico edifício que pretendia imitar o formato de um pequeno castelo, construído com espaçosa sala, que servia de teatro particular, o único que então havia ou era permitido, com todos os apetrechos necessários, com jardins de exóticas e curiosas plantas vindas da Europa.[17]

A roupa fina, os bons hábitos e a postura à mesa começaram a fazer parte de sua vida, numa época em que a grande maioria ainda comia com as mãos e quando todos dispensavam o que hoje se chama de hábitos de higiene. A casa, luxuosa, era uma forma de ostentar riqueza e deixar bem claro a nova condição em que ela se encontrava.

Chica da Silva teve acesso a uma cultura sofisticada e letrada, a partir dos contatos de seu marido e da nova posição em que se encontrava. Ela assinou vários documentos, o que mostra certo nível de alfabetização.

A região das Minas, depois de um bom tempo, se tornou local de grande urbanização e organização: hospital, ópera, louças da Índia. Grande número de livros circulava na região e o francês era falado por muitas pessoas.

A Europa como modelo, a ascensão de vários senhores, um intenso comércio. Um dos fatores decisivos para a existência desse intercâmbio cultural foi a presença significativa dos tejucanos, como eram chamados os habitantes do arraial do Tejuco, como estudantes universitários no exterior. Eles trariam para as Minas não apenas a etiqueta e a sofisticação das cortes do Velho Mundo, mas também suas ideias de igualdade e liberdade, nascidas em meio às luzes do século XVIII.

### Mudanças para João Fernandes

Em 1770, em Portugal, morreu o sogro de Chica da Silva. Esse acontecimento iria interferir de forma irreversível na vida do casal.

Em 1748, o sargento-mor casara-se em segundas núpcias com uma rica viúva, Isabel Pires Monteiro, num enlace arranjado pelo governador Gomes Freire de Andrade, seu amigo. Casamento de interesses, os nubentes estabeleceram um pacto pré-nupcial: a noiva incorporou seu patrimônio ao do marido e, em troca, quando da morte dele, caso não tivessem filhos, ela retiraria da herança apenas o montante correspondente aos seus bens.

No entanto, poucos dias antes de o sargento-mor falecer, Isabel conseguiu que ele alterasse o testamento, concedendo a ela o direito à metade dos bens do marido. Essa situação certamente deixou João Fernandes, o filho, preocupado, já que por isso perderia o direito à boa parte da herança deixada pelo pai.

João Fernandes de Oliveira foi, então, praticamente forçado a sair do Tejuco e a voltar para Portugal em 1770. O seu objetivo era anular o testamento assinado pelo pai e eliminar as conquistas da madrasta. Mesmo de lá do Reino continuou a proteger Chica e sua descendência.

Ao retornar para a Europa, João Fernandes nomeou tutores para as crianças e um representante junto ao contrato de exploração dos diamantes, além de redigir seu testamento, que garantia a herança dos filhos ilegítimos. Chica, por sua vez, também redigiu seu testamento dispondo dos bens entre os filhos. João Fernandes levou para Portugal os quatro filhos homens, além de Simão Pires Sardinha, o primeiro filho de Chica com o médico português.

Seu filho João se tornou seu principal herdeiro – e constituiu na metrópole o Morgado do Grijó –, tendo destinado-lhe dois terços de seus bens. José Agostinho tornou-se padre e recebeu dote para ocupar uma capela. Simão Sardinha estudou em Roma, comprou títulos de nobreza e patente de tenente-coronel da cavalaria no regimento de Dragões de Minas Gerais.

Cada uma das filhas recebeu do pai uma fazenda como herança e, assim, realizaram seus casamentos. A herança recebida do pai certamente proporcionou dote razoável a elas. Algumas ex-escravas realizavam-se ao casar legalmente todas as filhas com homens brancos, meio pelo qual poderiam se inserir na sociedade hierárquica da época e, assim, apagar o estigma da cor e da escravidão que carregavam.

Disposto a introduzir os filhos na corte, o ex-contratador ocultou as origens deles e sua relação com a ex-escrava, para dignificar a prole na sociedade hierarquizada do Reino. No geral, Chica e seu marido ofereceram aos filhos uma inserção social. Eles viviam no paradoxo de serem ricos e filhos de uma ex-escrava. A sociedade considerava a situação de nascimento como um estigma que era transferido por diversas gerações.[18]

Chica utilizava o expediente do "branqueamento" da pele dos filhos para se livrar de mecanismos de exclusão social, afirmando que os herdeiros da família eram filhos naturais do desembargador e, portanto, que não eram negros e escravos, mas descendentes de um grande homem da região. João Fernandes de Oliveira, contudo, nunca mais veria sua Chica, pois acabaria falecendo em Portugal em 1779.

### Senhora de escravos e falecimento

Após a morte do marido, Chica conseguiu manter seu *status*. A ex-escrava tinha se tornado senhora de escravos, mulher da elite mineradora, compartilhando códigos e situações com pessoas que antes a excluíam. Ter sido esposa de figura importante da região foi fundamental em seus momentos finais.

Os laços que João Fernandes firmara durante a vida e dos quais Chica da Silva era herdeira facilitaria sua vida no arraial. Os poderosos retribuíam em serviços a proteção e os favores concedidos pelo contratador de diamantes, ao qual, em nome da gratidão, da dependência política e por uma questão de hierarquia, estavam permanentemente ligados.

Mulheres como Chica da Silva preocupavam-se em vestir-se com luxo, tanto para comparecer nas cerimônias como para sair às ruas do arraial, pois a vida transcorria aos olhos de todos e o espaço público fornecia a oportunidade de afirmação do papel social que cabia a cada um desempenhar. Além disso, era o espaço em que podiam ser notadas. Ao se apropriarem das roupas e adereços exclusivos das senhoras brancas, as negras e mulatas forras provocavam inversão na ordem social. Dessa forma, distanciavam-se cada vez mais do mundo da senzala onde nasceram.

Adquirir escravos também era um mecanismo essencial para a inserção no mundo dos livres, onde reinava o desprezo pelo trabalho, pelo viver das próprias mãos. Sentir-se inserido era "copiar" os hábitos dos brancos. A única maneira de diminuir a desclassificação social e o estigma que sua origem lhes conferia era dispor dos mesmos mecanismos dos livres. Assim, o primeiro passo era comprar um escravo e se livrar do trabalho. Nesse caso, sobre Chica da Silva, não se sustenta a figura de redentora dos escravos. Ao contrário, ela foi uma verdadeira senhora de escravos.

No dia 16 de fevereiro de 1796, dona Francisca da Silva de Oliveira morria em sua casa, no arraial do Tejuco. Não era mais uma escrava parda sem nada de seu, mas uma senhora de "grossa casa", como se dizia, possuidora de imóveis e de escravos.

No ritual de sua morte foi realizada uma missa de corpo presente, reunindo todos os sacerdotes do arraial. Seu corpo foi acompanhado à sepultura por todas as irmandades das quais ela participava.

Ao terminar a missa, dobraram os sinos e o corpo foi levado em procissão à sepultura, acompanhado pelos irmãos e pelos párocos, os quais carregavam velas acesas. No mês seguinte à sua morte, foram rezadas 24 missas em intenção de sua alma. Nesse mesmo ano de 1796, cumprindo-se seu desejo, foram celebradas 40 missas por sua alma na igreja das Mercês. Chica foi enterrada na igreja da Irmandade de São Francisco de Assis, na tumba de número 16, que, teoricamente, congregava apenas a elite branca local.[19]

### Notas

[1] Júnia Ferreira Furtado, "Chica, a verdadeira", em *Revista Nossa História*, ano 1, n. 2, Rio de Janeiro: Biblioteca Nacional, 2003.
[2] Laura de Mello e Souza e Maria Fernanda Baptista Bicalho, *O império deste mundo – 1680-1720*, São Paulo, Companhia das Letras, 2000.
[3] Idem.
[4] Idem.
[5] Idem.
[6] Todo esse item foi inspirado na obra: Plínio Freire Gomes, *Um herege vai ao paraíso*, São Paulo, Companhia das Letras, 1997.
[7] Laura de Mello e Souza e Maria Fernanda Baptista Bicalho, op. cit.
[8] Luciana Figueiredo, *Mulher e família na América portuguesa*, São Paulo, Atual, 2004.
[9] Idem.
[10] Júnia Ferreira Furtado, *Chica da Silva e o contratador de diamante: o outro lado do mito*, São Paulo, Companhia das Letras, 2003.
[11] Idem.
[12] Idem.
[13] Idem.
[14] Júnia Ferreira Furtado, "Chica, a verdadeira", cit.
[15] Idem.
[16] Júnia Ferreira Furtado, *Chica da Silva e o contratador de diamante: o outro lado do mito*, op. cit.
[17] Joaquim Felício Santos, *Memórias do distrito Diamantino*, Minas Gerais, Itatiaia/Edusp, 1976.
[18] Júnia Ferreira Furtado, *Chica da Silva e o contratador de diamante: o outro lado do mito*, op. cit.
[19] Idem.

### Indicações bibliográficas

FURTADO, Júnia Ferreira. *Chica da Silva e o contratador de diamante*: o outro lado do mito. São Paulo: Companhia das Letras, 2003.
    A obra narra toda a vida de Chica da Silva. A autora mostra como o matrimônio era muitas vezes usado pelas ex-escravas no intuito de conseguir se libertar do estigma da escravidão. Referência obrigatória para quem quer se aprofundar sobre o assunto.

GOMES, Plínio Freire. *Um herege vai ao paraíso.* São Paulo: Companhia das Letras, 1997.

    O autor trabalha com a ideia de micro-história, ou seja, descrever em detalhes a história pessoal e particular de um personagem para nisso poder enxergar o todo e ao mesmo tempo as grandes exceções das explicações tradicionais, a partir das particularidades do personagem. Essa obra foi baseada no famoso livro *O queijo e os vermes,* de Carlo Ginzburg, em que ele analisa a vida do moleiro Menocchio.

SOUZA, Laura de Mello e. *Desclassificados do ouro.* Rio de Janeiro: Graal, 1986.

    Nesse livro, a autora trata das questões de exclusão social do Antigo Regime, desde a Europa até a sociedade das Minas, mostrando que muito mais do que luxo e riqueza, a pobreza e a exclusão social fizeram parte do cotidiano aurífero da colônia.

SOUZA, Laura de Mello e; BICALHO, Maria Fernanda Baptista. *O império deste mundo – 1680-1720.* São Paulo: Companhia das Letras, 2000.

    Nesse volume, as autoras trabalham o imaginário coletivo e as percepções mentais durante o momento de descoberta de ouro no Brasil, as visões, os cometas e os terremotos como anúncios de novos tempos.

VERGUEIRO, Laura. *Opulência e miséria das Minas Gerais.* São Paulo: Brasiliense, 1981.

    Livro básico e introdutório para a compreensão da sociedade mineradora como um todo, tratando principalmente das questões clássicas sobre o assunto: as leis, as regras, os impostos, as medidas da Coroa. É uma boa indicação como início de leitura.

## Marquês do Lavradio (1729-1790): as reformas pombalinas e a mudança de capital

> "Honrado Marquês do Lavradio, Governador,
> e Capitão General da Capitania da Bahia; Amigo.
> Eu *El-Rei* vos envio muito saudar, como aquele que prezo.
> Fui servido nomear-vos Vice-Rei, e Capitão-General
> de Mar e Terra do Estado do Brasil [...]."
> D. José I, *Registro de ordens régias*, 1769

Luís de Almeida Soares, segundo marquês do Lavradio, foi nomeado governador da Bahia. Isso aconteceu em 1767, durante a administração do ministro Sebastião José de Carvalho, futuro marquês de Pombal. Logo depois, em 1770, tornou-se vice-rei do Brasil, ficando no governo até 1779. Lavradio teve formação militar e especializou-se em assuntos fiscais e na defesa das capitanias do Sul do Brasil.

Conhecido por amar os bailes, as festas e os folguedos, vestia-se de modo impecável, o que o fez ganhar o apelido de "o gravata". Também investiu em artes, letras e na vida cultural do Rio de Janeiro, lugar em que promoveu a criação da Academia Científica (1772), estimulando o estudo de História Natural e de Ciências Físicas.

Litogravura de Luis de Almeida Soares, o marquês do Lavradio.

Lavradio colocou em prática as políticas econômicas propostas por Pombal, durante a reforma promovida pela Coroa portuguesa, influenciada por ideias iluministas no período dos chamados "déspotas esclarecidos". Sua vida e governo podem ser bons exemplos para se analisar o Brasil colonial do século XVIII e a consolidação do Rio de Janeiro como centro geopolítico da América Portuguesa com seu inicial processo de urbanização.

## O reformismo ilustrado em Portugal

O século XVIII europeu foi marcado pelo advento de ideias liberais, advindas do pensamento de filósofos iluministas. Reflexões a respeito de verdades estabelecidas, a inquietação e a dúvida constante marcaram o movimento. As críticas contra o absolutismo monárquico, contra o mercantilismo, a defesa da monarquia parlamentar e a oposição à Igreja Católica como instituição foram as marcas dessa intelectualidade.

A autoconsciência da época classificou as "luzes" como o pensamento crítico. Mas o Iluminismo não pode ser visto como uma escola filosófica no sentido histórico, pois isso pressupõe a ideia de um pensamento rígido, de um sistema acabado e de crítica que vai justamente em sentido contrário. Em 1784 o filósofo Kant o definiu como "*sapere ande*", ou seja, "ousa saber".[1]

Embora os iluministas contestassem o absolutismo de direito divino, muitos pensadores defendiam o governo de um monarca forte que realizasse reformas. Os princípios dessas reformas estavam baseados na adoção de uma administração eficiente, que estimulasse a arrecadação, o combate à corrupção e aos privilégios dados a alguns antigos setores da nobreza.

Em Portugal, o "reformismo ilustrado" teve grande impacto. O mundo colonial passava por crises econômicas e a Coroa sofria críticas políticas. As ideias de igualdade e de fim do monopólio soavam de modo ainda pior para Portugal, tão dependente do comércio com as colônias.

Imagem da aclamação de D. José I, rei de Portugal entre 1750 e 1777, exemplo de déspota esclarecido no reino lusitano.

Para alguns autores, os reis adotariam as medidas liberais na tentativa de, paradoxalmente, afastar a "onda" liberal. Dessa forma, ampliariam a base social e, assim, manteriam sua soberania e ao mesmo tempo alcançariam o progresso de seus domínios. A opção por um projeto reformista de cunho liberal também foi uma estratégia em prol da preservação do Estado monárquico, igualmente contrária aos perigos iminentes das inovações revolucionárias. Era preciso mudar, tornar-se iluminista, para evitar as grandes mudanças.[2]

Esses governantes, os déspotas esclarecidos – quer dizer, senhores com poder e saber – estiveram presentes em várias monarquias europeias, sendo alguns deles: Pedro, o Grande, da Rússia; Frederico II, da Prússia; Carlos III da Espanha e o ministro Sebastião José de Carvalho e Melo; o marquês de Pombal, durante o governo do rei D. José I (1750-1777).

Além disso, em Portugal, o despotismo esclarecido marcou o início da chamada crise do antigo sistema colonial, um período em que o Pacto Colonial foi colocado em xeque, pressionado pelo liberalismo inglês, interessado em abrir as portas do Brasil ao livre comércio para explorar o seu amplo mercado consumidor de produtos manufaturados, consolidado com o incremento da atividade mineradora aurífera.

Em certo sentido, as reformas implantadas por Pombal em uma tentativa de preservar o sistema terminariam por fazê-lo ruir, abrindo espaço para um enriquecimento ainda maior da Inglaterra. Isso resultaria na crise do Antigo Regime e nas guerras napoleônicas, uma contestação burguesa do poder absoluto dos reis, culminando com a vinda da família real lusitana para a América. Inaugura-se o período joanino, uma fase de transição que levaria à independência do Brasil.

## Administração pombalina

Nascido em 1699, oriundo da pequena nobreza, Sebastião José de Carvalho estudou leis e se casou pela primeira vez com 23 anos com uma viúva dez anos mais velha. A família da noiva foi resistente à união, principalmente por ele ser de origem menos nobre do que ela. Para conseguir realizar o casamento, o futuro marquês de Pombal sequestrou a moça.

Foi designado delegado do governo português em Londres em 1738. Essa estadia lhe permitiu perceber as deficiências do Estado lusitano, tendo

Sebastião José de Carvalho e Melo, o marquês de Pombal, ministro do rei D. José I, um dos grandes representantes do reformismo ilustrado português.

contato direto com as ideias ilustradas e liberais. Seis anos mais tarde, já viúvo, foi enviado à Viena, onde se casou com uma nobre austríaca. Na corte vienense estabeleceu laços e contatos com diferentes formas de administração do Antigo Regime.[3]

No ano de 1750, com a ascensão de D. José I ao trono de Portugal, Sebastião José de Carvalho tornou-se secretário do Estado e da Guerra, acumulando também a pasta dos Negócios. Pombal seria o déspota esclarecido por excelência; governou ditatorialmente, mas procurou racionalizar e humanizar a administração. De acordo com seu pensamento, as colônias foram estabelecidas com o preciso objetivo de satisfazer a metrópole. Ao mesmo tempo, porém, ele pretendia instaurar uma espécie de nacionalismo liberal, incentivando o progresso e até a felicidade dos povos.

Os atritos de Pombal com os jesuítas foram emblemáticos em seu governo. Os inacianos eram acusados de enriquecer à custa dos índios, de deter privilégios e isenções de impostos. Os religiosos agiam de acordo com os interesses da Companhia de Jesus, independentemente se estivessem de acordo ou não com o projeto colonizador. Quase como um "Estado" dentro de outro. Essas críticas levaram o ministro do rei a ordenar a prisão dos padres, o sequestro de seus bens e a expulsão de todo o território sob domínio lusitano em 1759.

No mês de setembro cerca de quinhentos jesuítas deixavam o Brasil; junto com eles desapareceria, para sempre, o projeto de construir na América um mundo cristão, perfeito, à imagem e semelhança da cidade de Deus. Alguns religiosos ficaram presos em Portugal e outros foram remetidos para a Santa Sé. A Companhia foi desativada definitivamente em 1773.

Isso gerou um imenso problema na América Portuguesa. A monarquia não custeava a educação de seus súditos, estando a cargo de cada um bancar os próprios filhos. Os jesuítas, com seus colégios, eram os educadores por excelência, em que uma educação fundamental de qualidade era propiciada com fins de catequização.

Expulsos os jesuítas, os colégios ficaram sem seus professores. A maioria dos colonos não podia pagar preceptores, em geral padres, passando a reivindicar que a Coroa providenciasse mestres para o Brasil. Como os letrados não se interessavam em ocupar os cargos de professores vagos nos colégios, Pombal nomeou sargentos das milícias como mestres, invertendo a tendência educacional colonial. Antes aberta, com métodos pedagógicos voltados a jogos e brincadeiras, com muito canto e alegria, a educação, a partir de então, tornava-se militarizada, rígida e centrada em castigos físicos.

Com essas atitudes duras frente aos missionários católicos, Pombal pretendia defender os interesses econômicos de Portugal, ameaçados pela crescente influência dos padres. Ele tinha uma postura administrativa inflexível, representando um Estado controlador, fundamento da concepção política do despotismo esclarecido.

É bastante difundida a ideia de que Sebastião José de Carvalho e Melo queria consolidar-se no poder ministerial a todo custo e que, para isso, diminuiu ou anulou a influência de grupos identificados como concorrentes. A antiga nobreza de Portugal foi o maior exemplo disso. Ele teria maculado a sua honra, desprezado os seus serviços, escarnecido os seus privilégios.

A sua violência contra importantes setores da nobreza tinha como objetivo resgatar a figura do rei como autoridade máxima dentro do Estado. Pombal foi um estadista e eliminou todo e qualquer obstáculo que impedisse o desenvolvimento do Estado, os antigos ranços, as velhas estruturas e um grande número de nobres que só traziam despesas ao governo.

Por outro lado, era um homem de seu período e sabia perfeitamente que as alianças e os esquemas de relacionamento rotineiros na sociedade do Antigo Regime continuavam a ter peso significativo em questões de equilíbrio e honra.[4]

No Brasil foram eliminados os últimos vestígios das capitanias hereditárias que não estavam sob o domínio da Coroa. A partir dessa medida, todas as capitanias pertenceriam, finalmente, ao Estado e, na colônia, desapareceria, ao menos na teoria, qualquer resquício do senhorio medieval português.

A preocupação com o comércio, principalmente no Nordeste, também foi fator importante na vigência pombalina. Foram criadas as Companhias de Comércio do Maranhão em 1755 e, em seguida, a de Pernambuco, em 1759. Pombal queria mudar tudo, de modo rápido, e, para isso, ajudaria, coordenaria e impulsionaria os investimentos privados, evitando investimentos arrojados e de alto risco. A criação das companhias garantia que os recursos da iniciativa privada passariam pelo controle do governo.

O Nordeste, região na qual a riqueza vinha do extrativismo do pau-brasil e da indústria açucareira, do tabaco e do algodão, enfrentava uma situação difícil. O açúcar sofria a concorrência da produção antilhana, o pau-brasil, atividade predatória, há tempos não era mais o principal produto exportador. O tabaco era monopólio estatal e o algodão enfrentava a produção dos Estados Unidos da América como forte concorrente.

Outras regiões também sofriam os efeitos da crise; o início do esgotamento do ouro prejudicava a região das minas e a falta de recursos fazia diminuir a compra das drogas do sertão, como cacau, pimenta, castanha-do-Pará, baunilha e canela. O que só piorava, nesse caso, as condições de vida também no Norte.

Fazia-se necessária a presença de um Estado intervencionista, soberano, que pudesse traçar os caminhos, fixar normas e interesses, remanejar os recursos visando os interesses coletivos. Era preciso aumentar a arrecadação e cortar gastos. Estabelecer, enfim, uma verdadeira disciplina fiscal. Em nenhum instante durante o governo de D. José I permitiu-se a ausência do poder do governo,[5] ao contrário, o Estado estaria presente em todas as questões. Seria, assim, um Estado eficaz, com uma administração eficiente, que buscasse a recuperação do império português. O Brasil precisava de mudanças e de homens que apoiassem Pombal em suas reformas.

## Os anos iniciais do marquês do Lavradio

Luís de Almeida Soares Portugal Alarção Eça e Melo Pereira Aguilar Fiel de Lugo Mascarenhas Silva Mendonça e Lencastre, o segundo marquês do Lavradio e quinto conde de Avinte, nasceu no dia 27 de junho de 1729, na quinta de seu pai, denominada "Conceição", em Ribaldeira, Portugal. Era filho primogênito de D. Antônio de Almeida e Dona Francisca das Chagas Mascarenhas, irmã do conde de Aveiro. Ele foi batizado no dia 26 de julho, na capela de Nossa Senhora da Conceição, localizada na propriedade da família.

Com apenas 10 anos de idade, seu pai o obrigou a servir o regimento em que ele mesmo era coronel, na infantaria d'Elvas. O pequeno Luís de Almeida fazia, sem trégua, todos os serviços, igual a qualquer outro soldado. D. Antônio de Almeida era bastante exigente, principalmente com o filho, que deveria ser um exemplo de disciplina para todos os outros membros da tropa. Educação rígida, pai militar, os anos iniciais seriam decisivos à construção de sua personalidade.

No ano de 1746, com 17 anos, Luís de Almeida era nomeado cavaleiro, a partir de contatos com um dos seus tios maternos. Para completar a educação, recebia instruções de um abade francês. Aos 20 anos viajou para Madri e Paris, cidade em que foi apresentado aos grandes mestres da "arte da guerra", como De Valeré, que se tornou, mais tarde, tenente-general e conselheiro de guerra a serviço de Portugal.

Passados 15 anos foi nomeado coronel comandante do regimento de Cascaes, tendo como objetivo aumentar a disciplina e a melhora das tropas. O sucesso de seu comando fez com que o próprio rei D. José I mandasse escrever na bandeira do regimento a palavra "exemplo". Em seguida transformou-se em brigadeiro de infantaria.

Alcançando certo prestígio militar, o monarca português convidou Lavradio para ser o "aio", ou seja, o educador de seu neto, também chamado José. No entanto, essa nomeação nunca se confirmou, pois o ministro Sebastião José de Carvalho, o Pombal, convenceu a monarquia da importância que Lavradio teria na América Portuguesa, indicando-o para comando da capitania da Bahia. Iniciava-se, então, a carreira brasileira de Lavradio.

O cargo era desafiador, pois Lavradio desconhecia o território colonial. Suas habilidades como militar e sua reputação de disciplinador certamente lhe fizeram valer a escolha. Alguns autores afirmam que a nomeação de Lavradio teria sido fruto, em grande parte, do desejo que Pombal teria de afastar da corte um homem, que pelos seus talentos, havia chamado atenção do rei. Lavradio teria despertado ciúme e poderia fazer sombra ao ministro real.

Entretanto, é possível entender a nomeação de Lavradio de outra forma. De acordo com a concepção de linhagem que regulava as condições das casas da nobreza portuguesa, a participação nos cargos do Real Serviço não dependia apenas de experiências pessoais bem-sucedidas.

O sucesso militar e os feitos particulares eram importantes para respaldar a indicação para determinada comissão. Mas os feitos dos antepassados, as funções, a diplomacia e os inúmeros favores que toda a família já havia feito para o Estado assumiam caráter determinante na nomeação. Serviam como patrimônio simbólico da linhagem.

O prestígio e os privilégios também eram passados à posteridade.[6] O bom nascimento implicava na assimilação de certos valores inerentes à condição de nobre: guerra, honra, ação, coragem e força. Pode-se concluir, então, que os serviços dos familiares de Lavradio condicionaram a sua trajetória. Ele foi nomeado governador e capitão-general da Bahia e, posteriormente, vice-rei do Brasil.

Desse modo, Lavradio partiu de Lisboa no dia 24 de fevereiro de 1768, chegando à Bahia no dia 18 de julho do mesmo ano, após 53 dias de viagem.

## Administração na capitania da Bahia

A capitania da Bahia era vista como uma região de relativo atraso, lugar de desordem, situação arcaica, precária e, portanto, necessitada de novas formas de administração. Os reformistas viam o antigo governador, Antônio

Rolim de Moura, o conde D'Azambuja, como idoso, surdo, relaxado, e essa era a própria encarnação da visão que Pombal fazia a respeito da colônia: lugar envelhecido, repleto de administradores enferrujados e que, no fundo, seriam a causa das mazelas e crises da Coroa.

Logo nos primeiros minutos em território brasileiro, Lavradio disparou duas críticas diante de situações que considerava absurdas. O intendente da Marinha foi a primeira vítima do novo governador. Encarregado de acompanhar a comitiva recém-chegada, atrasou cinco minutos. Em seguida, as pinturas das paredes dos prédios públicos, desgastadas e velhas, também foram atacadas pelas palavras de D. Luís de Almeida: "Já começo a conhecer a negligência com que são executadas as ordens dadas em nome de vossa majestade."[7]

O trabalho na Bahia era grande. Os ministros estavam desunidos, as finanças, desorganizadas e a população, descontente. Além disso, as tropas eram lideradas por idosos, com mais de 80 anos e sem formação militar. Resultado: indisciplina.

A guarnição da Bahia era formada por dois regimentos de infantaria e uma artilharia, que além de pequena estava destreinada, sem ordem e mal preparada. A Marinha também estava desprovida de tudo. O primeiro cuidado do novo governador foi arranjar quartéis. Para isso, aproveitou prédios abandonados, em desuso e que pertenciam à própria Fazenda Real; mandou imediatamente reformá-los para uso das tropas.

Em seguida, nomeou oficiais jovens e trazidos de Lisboa para liderar os regimentos; ele mesmo redigiu as instruções e encarregou os novos líderes de ensinar aos soldados baianos as técnicas da arte da guerra, que ele aprendera tão bem nos anos em que fora oficial e durante sua passagem pela França. Em uma de suas cartas, ele escreveu: "não digo que os regimentos estejam em grande perfeição, porém é certo que já não tenho vergonha de apresentá-los aos professores de nossa arte".[8]

Além de suas preocupações com as tropas, havia também o desejo de construir fortalezas, com o claro objetivo de melhorar e reforçar a defesa da Bahia. Ele se queixava da ausência de engenheiros. É importante perceber que a visão de Lavradio era a típica de um europeu nos trópicos. Para ele, o que faltava não eram homens com capacidade técnica de construir pontes ou prédios, mas sim o tipo de engenheiro europeu, com técnicas e perfil conhecidos por ele. Assim, deixou várias obras por concluir porque acreditava não ter pessoal qualificado.

Com o intuito de colocar em prática as medidas econômicas de Pombal para aumentar a arrecadação, Lavradio foi um incansável reformador da administração pública, demitindo funcionários e realizando reformas tributárias. Ele respondia diretamente ao secretário do Estado, Francisco Xavier Mendonça.

Lavradio havia diagnosticado que os principais problemas eram a desordem na arrecadação, os abusos dos funcionários na alfândega, a confusão das contas e funcionários despreparados. Para combater esses problemas, ele trouxe para a região noções mínimas de contabilidade, criou novos cargos, suprimiu despesas inúteis e estabeleceu rigorosa fiscalização. O objetivo era arrecadar mais e, com isso, aumentar até mesmo os próprios investimentos na Bahia.

Uma de suas principais preocupações era o comércio da região, o açúcar, o tabaco, o investimento em algodão e o uso do gado. Sua vida mudaria de rumo quando começou a chamar a atenção do rei e de seu ministro que, certamente, iriam lhe dar uma grande e responsável oportunidade.

## O Rio de Janeiro e a nomeação

A capital do Brasil tinha sido transferida de Salvador para o Rio de Janeiro em 1763, porque a Coroa portuguesa queria administrar mais de perto a extração de ouro da região das minas.

Outro motivo importante para a mudança da capital eram os atritos que Portugal havia estabelecido contra a Espanha. Os países apoiaram lados opostos na Guerra dos Sete Anos (1756-1763), travada inicialmente entre França e Inglaterra na Europa. A batalha, no entanto, teve um desdobramento de conflitos na América. Os espanhóis, por isso, planejavam atacar as capitanias portuguesas do Sul. E a localização geográfica do Rio de Janeiro permitiria estabelecer posição estratégica e mediana, entre o Nordeste e o Sul do Brasil. Dessa forma, seria mais fácil organizar a defesa em Santa Catarina, Rio Grande e Sacramento.

A partir do relativo sucesso na Bahia, as atitudes de Lavradio chamaram a atenção do rei D. José I, que o nomeou vice-rei do Brasil, no dia 8 de abril de 1768. Mas foi somente no dia 10 de outubro de 1769 que o marquês do Lavradio, o senhor Luís de Almeida, entregou o governo da capitania da Bahia para o conde de Povolide.

Ele embarcou na nau Nossa Senhora dos Prazeres e chegou ao Rio de Janeiro no dia 31 de outubro de 1769, depois de 27 dias de viagem. O percurso foi exaustivo e em suas cartas fica nítido o desconforto sentido. Em fevereiro de 1770, ele escreveu: "Nesta viagem passei sempre enjoado, e como não pude vomitar durou-me o enjoo muito mais tempo, padeci infinitamente da cabeça, do estômago e quando aqui desembarquei cheguei bastante molestado." Em outra carta endereçada ao conde de Vila Verde, ele continuava: "[...] sofri mais do que quando vim da Europa para a América. Desembarquei dez horas da noite debaixo de uma grande tempestade".[9]

O poder lhe foi entregue pelo mesmo conde de Azambuja, então vice-rei, no dia 4 de novembro do mesmo ano.

## Na capital da colônia: o Vice-Reinado e a chegada

A nomeação para o cargo de vice-rei era certamente uma honra, por se tratar o Brasil do mais importante domínio português, a vaca leiteira de Portugal – de onde a Coroa extraía suas principais receitas. Prova de que os passos de Lavradio no governo da Bahia haviam merecido aprovação total. No entanto, não era essa sua vontade inicial.

O seu desejo, na verdade, era retornar a Portugal. Ele mesmo disse em suas cartas: "gostaria de voltar para casa e poder cuidar de alguma acomodação e de minha numerosa família".[10] Além disso, sabia de antemão dos problemas e da grande responsabilidade que poderia encontrar no Rio de Janeiro; sabia igualmente que essa medida era uma forma de mantê-lo afastado da Corte. Mas o novo vice-rei tinha de cumprir ordens reais e, nesse caso, não se tratava de função escolhida. Era o cargo que necessitava dele.

As primeiras impressões a respeito da imagem que fez do Rio de Janeiro não foram boas. Em uma carta, escrita para Manuel Cunha de Meneses, Lavradio afirmava: "[...] finalmente entrei nesse labirinto que confesso é muito maior, mais trabalhoso e arriscado que eu o supunha [...]. A terra continua ainda a me parecer muito ruim, rodeada de serras inacessíveis, acho esses povos muito pobres, isto é um verdadeiro cadáver que vai para a sepultura".[11]

Do mesmo modo, via a capital da colônia como lugar de gastos altíssimos e de grandes prejuízos econômicos. Ele afirmou que seu antecessor teve de vender os móveis de que dispunha para pagar a viagem de volta.

A partir dessa época, uma nova história começava na capital da colônia. O Rio de Janeiro contava à época com aproximadamente 20 mil europeus, 4 mil pardos libertos, 4,5 mil negros libertos e cerca de 15 mil escravos. Ou seja, mais ou menos 45 mil habitantes, com minoria branca. Isso chamaria a atenção de Lavradio em seus primeiros momentos.

Ruas sujas, cheias de detritos e água empoçada. A cidade era rodeada de pântanos, charcos fétidos, formados pela subida e descida das marés. Havia lama e algas espalhadas pelo chão por todos os lados, um forte cheiro de peixe e maresia dividia a paisagem com vacas e todo o tipo de animais e latrinas.

Calor insuportável e constantes pancadas de chuva umedeciam o ar e proliferavam as pestes e diversas outras doenças comuns dos trópicos, num ambiente totalmente desprovido de limpeza e higiene. Casas sem nenhum tipo de planejamento arquitetônico, situadas numa região baixa para onde descia a sujeira quando chovia e cercadas por morros inacessíveis encerravam a paisagem. Esse era o Rio de Janeiro dos setecentos.

## Medidas de Lavradio no Rio de Janeiro

A primeira medida que o novo vice-rei tomou foi examinar o estado das fortificações, pois as disputas territoriais com a Espanha no Sul poderiam transformar-se em guerra. As condições dos fortes eram péssimas, a infraestrutura, precária e as construções estavam em ruínas.

A ajuda de Portugal não chegava nunca: faltava artilharia, pólvora, balas, bombas e tudo o quanto era necessário para defesa, o que seria impossível sem que a Coroa fornecesse o mínimo requisitado.

Vendo a dificuldade que havia das respostas e das remessas que pedia, Lavradio resolveu estabelecer duas fábricas de ferraria e serralheria e outra de carpintaria.[12] Dessa forma, gastaria menos tempo e dinheiro: típica postura ilustrada, em que a razão é aplicada à administração do Estado, como verdadeira disciplina monetária.

No que se refere ao treinamento dos soldados, até lançou alguns elogios em relação ao manejo das armas, mas ficou abismado com os maus-tratos que recebiam em caso de alguma falta. Por isso, proibiu os castigos físicos mais violentos e também a prática de exercícios físicos nos dias de intenso calor.

1º Regimento de Infantaria - Oficial     2º Regimento de Infantaria - Oficial     Regimento de Artilharia - Oficial e Soldado

Soldados e oficiais da cidade do Rio de Janeiro no século XVIII.

Tentando complementar os seis regimentos de guarnição do Rio de Janeiro, ordenou o recrutamento imediato de soldados, que deveriam vir de Portugal ou serem retirados das congregações religiosas. De acordo com a sua visão, sempre empregavam nas questões de fé um número desnecessário de indivíduos.

Em relação aos problemas administrativos da Fazenda Real e das finanças, também tratou de estabelecer regras. Deparou-se com abusos e desordem nas alfândegas: roubos, contrabando, subornos e falta de fiscalização faziam o porto do Rio de Janeiro lucrar menos do que poderia. Alguns produtos pagavam poucas tarifas, outros pagavam muitas taxas. Era preciso regulamentar as práticas, estabelecer padrões, a fim de evitar os excessos.

Lavradio se queixou disso em carta de amizade escrita para Manuel da Cunha Meneses, em janeiro de 1770:

> [...] não se achava relação nenhuma feitas nas contas antigas, os balanços dos dois anos passados tinham deixado de fazer; o tesoureiro das despesas havia dois anos que se lhe não tomavam contas, os almoxarifes que tinham acabado o tempo de suas ocupações não lhes era possível conseguir ver suas contas; finalmente eu não posso explicar a ponto que chegou a desordem desta repartição.[13]

Uma nova alfândega foi construída com o dinheiro confiscado dos jesuítas, que tinham sido expulsos. Os dividendos encontrados nos cofres da Companhia de Jesus e os rendimentos dos bens confiscados prestariam valiosa contribuição para colocar a casa em ordem.

Houve grande preocupação com reformas urbanas na capital e diversas providências higiênicas foram tomadas. Uma medida importante foi o atendimento dispensado ao grande número de leprosos no Rio de Janeiro. A lepra era uma doença de pele, visível, e que causava certo horror e isolamento do doente. O leproso era separado da comunidade, excluído, e visto como um mal à sociedade. A enfermidade, desde a Idade Média, estava associada ao pecado.

O leproso, antes de ter o corpo "podre", tinha a "alma podre", e, por isso, o doente era visto como bígamo, sodomita, homossexual, ladrão, herege ou outros desvios de conduta. A doença, assim, surgia como punição de Deus.[14] Por esse motivo, os doentes eram tratados pelos padres, pois, uma vez eliminado o pecado, o corpo igualmente se recuperaria.

Parte dessa tradição havia sobrevivido e por isso o governo de Lavradio entregou os leprosos aos cuidados da Irmandade de Misericórdia do Rio de Janeiro, que ficaria responsável pelo tratamento e pela administração dos recursos.

O século XVIII daria atenção maior ao corpo dos doentes, às suas enfermidades e aos perigos reais das contaminações, principalmente após a morte. As novas noções de higiene e o medo das epidemias determinariam o surgimento de novas práticas de cura, a sanitarização dos hospitais e o cuidado com o corpo do defunto.

A igreja, no geral, era o lugar visto como ideal para os sepultamentos. Entretanto, da mesma forma que os médicos europeus, os médicos do Brasil não concordavam com isso. As ideias higienistas europeias, sobretudo francesas, capturaram as mentes da elite colonial. Os doutores se acreditavam representantes do Iluminismo nos trópicos e lutavam para elevar o Brasil à altura da civilizada Europa. As reformas funerárias objetivavam trazer a civilização à América Portuguesa.

Na época vigorava a teoria dos miasmas, segundo a qual a decomposição dos cadáveres produziria gases ou eflúvios pestilenciais que atacavam a saúde dos vivos. Desse modo, vários projetos de novos cemitérios, controlados pelo Estado, surgiriam ao longo dos séculos XVIII e XIX. Os mortos deveriam ser transferidos para longe do perímetro urbano, em lugares arejados, rodeados de muros e cercados de árvores que ajudassem a limpar e purificar o ar.

Esses novos lugares deveriam funcionar segundo normas técnicas: possuir um número de covas razoável, um período de dois anos separaria um enterro do outro na mesma cova e as sepulturas deveriam ter sete pés de profundidade.

Os mesmos cemitérios deveriam ter guardas, vigília e iluminação. Ao mesmo tempo tinham função educativa e se transformavam em modelos de comportamento esperado pelo Estado. Nesse lugar, seriam facilmente encontrados túmulos decorados, lindos e monumentais, celebrando cidadãos ilustres que haviam servido a comunidade, a província e a humanidade, ou seja, verdadeiros modelos a serem copiados. A partir de então, salvar a pele tornava-se mais importante do que salvar a alma. Em primeiro lugar fica a saúde física dos vivos, e não a saúde espiritual dos mortos.[15]

Desde o terremoto que arrasou Lisboa em 1755, tinha passado a imperar entre os lusos um ideal de ordenação do espaço arquitetônico, empregado com sucesso por Pombal na reconstrução da capital portuguesa. As ruas apresentavam traçados retos e a organização urbana representava e simbolizava a vida social e econômica do período. O investimento em projetos e plantas mostrava essa nova preocupação: ter o controle do espaço público e o controle do ir e vir das pessoas.

O espaço era racionalizado, pensado e estudado, típica característica do reformismo ilustrado em que o homem e suas ações interferem no meio, agindo e controlando o crescimento orgânico e natural da cidade. A natureza deveria ser domesticada para um melhor aproveitamento da região, visando diminuir a mortalidade, facilitar os transportes e o comércio, diminuir gastos e prejuízos desnecessários. Enfim, colocar em prática as ideias e o ideal de um Estado onipresente e onipotente.

## Um novo projeto para a capital

Nos anos de 1768 e 1769, foram elaboradas novas plantas para defender a capital do Brasil diante das possibilidades de guerra contra os espanhóis. A construção de muros, faróis e fortificações estiveram presentes, em primeira ordem, nas concepções urbanas de Lavradio.

Para isso, foi escolhido o projeto do sargento-mor Francisco João Roscio. Algumas mudanças foram feitas, ao longo do século XVIII, como o aterramento de lagoas, a drenagem de mangues e de ruas e até mesmo alterações nos usos de edifícios e lugares do poder.[16]

O centro político do Rio de Janeiro foi deslocado do morro do Castelo para o largo do Carmo, com a construção do palácio dos governadores e, depois, dos vice-reis. A política urbanizadora de Portugal, nesse caso, correspondia perfeitamente às necessidades metropolitanas de aprimorar o seu controle sobre a área de domínio colonial. Remodelou-se todo o largo do Carmo. Em seu centro, lugar em que ficava o pelourinho para os castigos públicos dos escravos, foi construído um chafariz, considerado mais adequado para ser visto das sacadas do novo palácio do governo. O pelourinho foi deslocado para a periferia da cidade, na antiga rua da Vala.

Marquês do Lavradio se queixava da quase ausência de fontes e chafarizes na cidade do Rio de Janeiro e do problema que isso causava para as pessoas quando tinham que pegar água para beber. A partir de então as obras públicas serviam como propaganda para os governos. Cada vice-rei precisaria superar o anterior e construir algo que simbolizasse o sucesso do período em que esteve no poder.

Assim, o espaço urbano transformava-se de acordo as vontades e os desejos do poder. Os investimentos não possuíam um sentido simples e neutro, fruto da bondade ou da preocupação com a melhoria na qualidade de vida, mas estavam associados ao fortalecimento do domínio colonial.[17]

Por volta de 1777, Lavradio criou as chamadas "rondas", com o intuito de proteger os cidadãos. Isso nada mais era do que o patrulhamento dos espaços públicos por soldados e milicianos. "Rondas especiais" foram planejadas para vigiar a cidade em sua periferia, que ficava além da rua da Vala, lugar de maior número de negros, mulatos, ciganos e irmandades religiosas negras. Com isso, o Estado vigiava e, quando necessário, punia os transgressores da lei, controlando o comportamento da população, evitando reunião e, principalmente, ajuntamento de negros.

O Passeio Público, espaço nobre para caminhadas e passeios da elite fluminense, lugar de encontro de gente "bem nascida", foi criado em 1783. O Passeio transformou a paisagem natural em verdadeiro objeto de contemplação, tornou-se em símbolo do governo de Lavradio e fez, no fundo, um novo uso do espaço urbano, separando ricos e pobres, determinando quem poderia estar ou não ali e renegando aos pobres outras áreas de convívio que não aquela. A cidade se transformava num espetáculo, num desfile de glamour, de nobreza, ganhando verdadeiro peso e *status* de capital, num teatro do poder.[18]

## Saídas para desenvolver a economia colonial

O governo de Lavradio preocupava-se com o excessivo valor que se tinha dado, nos anos anteriores, ao açúcar e à mineração. O Brasil, tão imenso e tão cheio de riquezas naturais, deveria ser mais bem explorado, carecia de uma diversificação econômica tão grande quanto aquela encontrada no seio de sua sociedade.

O vice-rei reuniu, então, pessoas consideradas capazes e criou a Sociedade de História Natural, cuja direção foi entregue a José Henrique Ferreira, que deu início aos seus trabalhos em fevereiro de 1772.

Essa sociedade seria a responsável pelo conhecimento do cultivo de diversos outros produtos. Com isso, foram promovidas as culturas do trigo, algodão, anil, arroz, amora, tabaco e linho cânhamo. Lavradio incrementou o contato entre diferentes regiões, transpondo produtos agrícolas de um lugar para o outro, que, curiosamente, se tornariam típicos das regiões em que foram implantados.

Foi grande a resistência para o início das atividades, pois políticos e empresários tinham receio desses novos (e desconhecidos) produtos. Sobre isso, o marquês escreveu:

> estas gentes consideram estas coisas como um capricho da minha imaginação, e enquanto não veem estes gêneros em grande quantidade, consideram que tudo isto não pode vir a ter nenhum efeito. Eles não creem em outro gênero de comércio, senão no açúcar e nos couros.[19]

O vice-rei mandou vir para o Brasil algumas árvores de café, talvez da região de Goa, e uma delas foi entregue ao holandês John Hophman, também responsável pelo cultivo das primeiras amoras brasileiras e da criação do bicho-de-seda, além de desenvolver técnicas para a melhora da produção de queijos e manteigas.

Essas, contudo, não foram as primeiras amostras de café que chegaram ao Brasil, pois consta que as primeiras mudas foram dadas pela mulher do governador da Guiana Francesa, por volta de 1720, ao português em missão secreta, Francisco Melo Palheta, que as plantou no Pará. Muitos anos depois, o café seria o principal produto agrícola do Brasil independente, chegando a atingir na segunda metade do século XIX cerca de 70% das exportações.

A Sociedade de História Natural seria encerrada com o mandato de Lavradio em 1779. Mas a ideia original foi resgatada e, no ano seguinte, a chamada Sociedade Literária foi criada e patrocinada pelo então vice-rei Luís de Vasconcelos e Sousa. Ela fecharia em 1790.

Em 1794, o poeta Manoel Inácio da Silva Alvarenga obteve autorização junto ao novo vice-rei, o conde de Resende, para alugar uma casa na rua do Carmo, onde depositou a antiga biblioteca da associação. As reuniões semanais também foram reativadas e, além das questões biológicas, seus membros passaram a discutir problemas políticos e as novas tendências liberais.

Apesar de permitir as reuniões, o vice-rei passou a se preocupar com o aumento do número de pessoas que passou a frequentar os encontros e a discutir temas da Revolução Francesa, como igualdade e liberdade.

A Inconfidência Mineira de 1789 resultou no fechamento da sociedade de intelectuais no Rio de Janeiro, acusada de propagar ideias subversivas na colônia. Vários membros foram julgados e presos na fortaleza da Conceição até o ano de 1797. O episódio ficou conhecido como a Conjuração Carioca de 1794.

Ainda no Rio de Janeiro, o marquês estimularia a recuperação de um engenho de descascar arroz e o estabelecimento de uma fábrica de cordas e, ao mesmo tempo, fomentaria o plantio de fumo.

### Anos finais no Brasil e o retorno para Portugal

Uma das mais importantes preocupações do marquês do Lavradio foi a saúde pública. Apenas em 1774 mais de cinco mil pessoas tinham morrido de varíola e a cidade do Rio de Janeiro apresentava casos de peste e outras enfermidades.

O governo analisava a situação como consequência dos maus-tratos dados aos escravos. Os africanos recém-chegados, cheios de enfermidades contagiosas, contraídas ou agravadas na travessia marítima, eram colocados para conviver com toda a comunidade, sem o menor cuidado.

O vice-rei determinou que os negros considerados saudáveis não fossem mais vendidos no meio das ruas, mas que fossem alojados fora da cidade, num lugar específico para a venda. Ficava em um sítio próximo ao mar, o Valongo, região suburbana, separada de toda a comunicação. Já os doentes seriam transportados para São Domingos, do outro lado da cidade, para serem curados.

Além da preocupação com as doenças, o deslocamento do mercado de negros para fora da parte urbana da cidade pode ser visto como parte de um projeto urbanístico maior. A cidade, portuária, recebia um grande número de imigrantes, era a capital da colônia e, por isso, se tornava a porta de entrada do Brasil.

Negros nas ruas, nus, agredindo a moral pública, resistindo ao domínio e, muitas vezes, causando conflitos não era uma imagem que combinava com o projeto reformista e ilustrado da Coroa portuguesa.

Antes de ser apenas medida de higienização, a transferência da venda de escravos para o Valongo fazia parte de uma visão mais ampla da colônia. Era uma postura estética, interessada, sobretudo, na imagem de organização, racionalismo, higiene e moralismo da capital. Era como colocar a sujeira debaixo do tapete.

Outra questão resolvida antes de sua partida foi a regularização da capitania do Espírito Santo. Lavradio a considerava lugar de grandes recursos, mas mal administrada e sempre deixada em segundo plano. Ela era dividida entre outras duas regiões: a parte política ficava aos cuidados do Rio de Janeiro e a militar, com a Bahia. O Governo-Geral propôs formar uma administração subordinada apenas ao Rio de Janeiro.

Mesmo estimulando várias áreas do comércio, os gastos com a guerra no Sul foram os maiores problemas e empecilhos para a sua gestão. Os rendimentos da capitania destinados ao problema das armas eram muito escassos. As outras capitanias, como Bahia e Goiás, resistiam para enviar ajuda financeira, o que mostra a força do regionalismo ainda nesse momento da história colonial.

Em primeiro lugar estavam as questões particulares e locais e não o projeto de defesa do Brasil como um todo. Os homens da Marinha, vivendo em situação precária, não tinham o que vestir, além da falta de armas e postos de defesa. Foram vários os pedidos feitos por Lavradio e que nunca foram atendidos: "Senhor, sem dinheiro, creio que não houve general nenhum, mesmo que o mais heróico e hábil, que achasse o segredo de poder fazer a guerra."[20]

Com a morte do rei D. José I, a política portuguesa sofreu profundas transformações. Depois de dez anos no Brasil, Lavradio recebeu a notícia de lhe ter sido nomeado um sucessor. O novo vice-rei seria Luiz de Vasconcelos e Sousa, nomeado pelo Decreto de 30 de abril de 1778. Essa notícia só chegou ao Rio de Janeiro no mês de dezembro.

No dia 12 de junho de 1779, o marquês do Lavradio embarcaria de volta a Portugal, na fragata de guerra Nossa Senhora de Nazareth, comandada pelo capitão de Mar e Guerra Antonio Januário do Valle. Em agosto do mesmo ano, chegou a Lisboa, mal de saúde e, ao que muitos dizem, falido.

De volta a Portugal, depois de 11 anos de serviços, Lavradio foi recompensado com o governo militar da torre de São Julião da Barra e com os cargos de conselheiro da Guerra, presidente do Desembargo do Paço, inspetor-geral das tropas do Alentejo e Algarve e fiscal da rainha D. Maria I. Recebeu também a grã-cruz da Ordem de Cristo.

Isso comprova que, independentemente dos problemas e atritos na política, os nobres portugueses estavam preocupados em manter seus antigos direitos consolidados pela tradição social e política do Antigo Regime. Os favores, as mercês, eram as maiores manifestações do vigor de uma fórmula política baseada na tradição e na linhagem. Isso pode ser visto na epígrafe do elogio fúnebre ao marquês do Lavradio: "Cuida de um bom nome: porque ele te será mais permanente do que mil tesouros preciosos, e grandes."[21] Lavradio faleceu em Lisboa no dia 2 de maio de 1790.

## As consequências das reformas

O mesmo fato que precipitou o retorno de Lavradio a Portugal, a morte de D. José I, marcou o fim da carreira política do marquês de Pombal. A rainha D. Maria I destitui-o dos cargos que havia acumulado ao longo de 37 anos governando em nome do rei.

Entretanto, as medidas reformistas implementadas por Pombal, em grande parte executadas pelo marquês do Lavradio como vice-rei no Brasil, continuaram a repercutir. Problemáticas em vários sentidos, as mudanças administrativas cumpriram seu propósito: permitiram o desenvolvimento da colônia como centro exportador de produtos agrícolas diversificados, criaram um mercado consumidor de produtos manufaturados e facilitaram a ascensão das elites locais enriquecidas com uma dinâmica econômica mais racionalizada.

Esse fator, somado ao viés da influência iluminista, fez nascer novos problemas ao acirrar a incompatibilidade entre os interesses dos colonos e da metrópole. O resultado imediato foi um período repleto de revoltas, sufocadas com mão de ferro pela nova rainha, D. Maria I. Simultaneamente, durante o governo de Pombal, os ingleses souberam aproveitar a oportunidade para converter Portugal e suas colônias em seu quintal. O Brasil se tornou o grande mercado consumidor das manufaturas britânicas, então intermediadas pela metrópole.

O contexto das Guerras Napoleônicas, no início do século XIX, fez surgir o pretexto que faltava para os ingleses entrarem com suas mercadorias diretamente no Brasil. As duas grandes potências da época, França e Inglaterra, estavam em guerra e pressionavam Portugal. O príncipe-regente, D. João VI, governando em nome da mãe, a rainha D. Maria I, declarada louca, decidiu aliar-se aos ingleses e, por isso, seria obrigado a abandonar Portugal. Ele transferiu-se, com toda a corte, para o Rio de Janeiro em 1808.

Na América Portuguesa, D. João VI abriu os portos aos ingleses, implantou novas reformas para elevar a ex-colônia a Reino Unido, construiu condições que fariam da independência uma consequência inevitável. Quando Lavradio morreu, em 1790, o pacto colonial e o Antigo Regime estavam moribundos, embora a Coroa portuguesa ainda não tivesse percebido que em menos de trinta anos, em 1822, nasceria um novo Estado: o Brasil imperial.

## Notas

[1] Jorge Grespan, *Revolução Francesa e iluminismo*, São Paulo, Contexto, 2003.
[2] Maria de Lourdes Viana Lyra, *O Império em construção: Primeiro Reinado e Regências*, São Paulo, Atual, 2000.
[3] Ronaldo Vainfas, *Dicionário do Brasil colonial*, Rio de Janeiro, Objetiva, 2001.
[4] Fabiano Vilaça Santos, "Mediações entre a fidalguia portuguesa e o marquês de Pombal: o exemplo da Casa de Lavradio", em *Revista Brasileira de História*, v. 24, n. 48, São Paulo.
[5] Sérgio Buarque de Holanda, *História geral da civilização brasileira*, Rio de Janeiro, Bertrand Brasil, 2003.
[6] Fabiano Vilaça Santos, op. cit.
[7] Marquês do Lavradio, *Cartas da Bahia*, Rio de Janeiro, Arquivo Nacional, 1972
[8] Idem.
[9] Marquês do Lavradio, *Cartas do Rio de Janeiro*, Rio de Janeiro, Arquivo Nacional, 1975.
[10] Idem.
[11] Idem.
[12] D. José Almeida, *Vice-reinado de D. Luiz D'Almeida Portugal*, São Paulo, Nacional, 1942.
[13] Marquês do Lavradio, *Cartas do Rio de Janeiro*, op. cit.
[14] Ítalo Tronca, *As máscaras do medo: Lepraids* Campinas, Ed. Unicamp, 2000.
[15] João José Reis, "O cotidiano da morte no Brasil oitocentista", em *História da vida privada: Império: a corte e a modernidade nacional*, São Paulo, Companhia das Letras, 1997, v. 2.
[16] Silvia Hunold Lara, *Fragmentos setecentistas: escravidão, cultura e poder na América portuguesa*, São Paulo, Companhia das Letras, 2007.

[17] Idem.
[18] Idem.
[19] Marquês do Lavradio, *Cartas do Rio de Janeiro*, op. cit.
[20] Idem.
[21] Fabiano Vilaça Santos, op. cit.

## Indicações bibliográficas

LAVRADIO, Marquês do. *Cartas da Bahia*. Rio de Janeiro: Arquivo Nacional, 1972.
   Conjunto de cartas escritas pelo próprio marquês do Lavradio durante o período em que governou a Bahia (1767-1769). Importante obra, na medida em que se trata de correspondência original e pessoal de Lavradio.
LAVRADIO, Marquês do. *Cartas do Rio de Janeiro*. Rio de Janeiro: Arquivo Nacional, 1975.
   Conjunto de cartas escritas pelo próprio marquês do Lavradio durante o período em que foi vice-rei do Brasil (1769-1779). Importante obra, na medida em que se trata de correspondência original do vice-rei.
ALMEIDA, D. José. *Vice-reinado de D. Luiz D'Almeida Portugal*. São Paulo: Nacional, 1942.
   Trata-se de uma biografia política sobre o marquês do Lavradio. Aqui não serão encontrados detalhes pessoais e particulares de sua vida, mas sim tudo aquilo que foi considerado, pelo seu autor, como fatos dignos de serem lembrados, ou seja, suas atitudes públicas. O autor, parente de Lavradio, escreveu uma obra em que a imagem do biografado é valorizada.
LARA, Silvia Hunold. *Fragmentos setecentistas*: escravidão, cultura e poder na América portuguesa. São Paulo: Companhia das Letras, 2007.
   Fruto de dez anos de pesquisa, a obra traça um panorama global do Brasil durante o século XVIII, dando destaque para a escravidão e a cidade do Rio de Janeiro. A obra é dividida em eixos temáticos, como: "a cidade", "os negros e mulatos", "os diferentes e os iguais".
ALDEN, Dauril. *Royal Government in Colonial Brazil*: with special reference to the administration of Marquis of Lavradio, 1769-1779. Berkeley: University of California Press, 1968.
   A obra se tornou um clássico sobre o período do governo de Lavradio, por se tratar de um dos primeiros estudos sobre o tema. O livro destaca a vida pública e os feitos governamentais do marquês, dando destaque para as crises e os problemas econômicos e de guerra enfrentados em sua gestão.
   Outras importantes obras a respeito do período são os clássicos de visconde de Carnaxide, Antônio de Sousa Pedroso, *O Brasil na administração pombalina: economia e política externa*, de 1940, publicado em 1979 pela editora Companhia Nacional, e o livro de Caio Prado Júnior, *Formação do Brasil contemporâneo* de 1942, um dos primeiros a destacar as estratégias pombalinas no Brasil.

## OS AUTORES

**Fábio Pestana Ramos**

Fábio Pestana Ramos é doutor em História Social, bacharel e licenciado em Filosofia pela USP e possui MBA em Gestão de Pessoas. É professor concursado na autarquia municipal Centro Universitário Fundação Santo André e leciona em cursos de pós-graduação em outras instituições de ensino superior. Por sua destacada produção acadêmica, recebeu menção honrosa da USP e o prêmio Jabuti. Pela Editora Contexto, publicou *Por mares nunca dantes navegados*, *No tempo das especiarias* e, como coautor, *Novos temas nas aulas de história* e *História das crianças no Brasil*, esta última, obra agraciada com o prêmio Casa-Grande & Senzala.

**Marcus Vinícius de Morais**

Marcus Vinícius de Morais é mestre em História Cultural pela Unicamp. Possui Bacharelado e Licenciatura em História pela mesma instituição. Atualmente é professor na região de Campinas, tendo lecionado em diversos programas de educação e importantes instituições de ensino. Já colaborou com diversas publicações acadêmicas sobre História da América Colonial e também em revistas de grande circulação, como *História Viva*. Pela Contexto, é coautor dos livros *Novos temas nas aulas de história*, *História na sala de aula* e *História dos Estados Unidos: das origens ao século XXI*.

## Iconografia

**Capítulo "Caramuru (1475-1557): aventura nos primórdios do Brasil"**
**p. 14:** Gravura de 1838, autor desconhecido. **p. 15:** Frontispício da obra *Caramuru* do Frei José de Santa Rita Durão publicada em 1781. **p. 23:** Gravura de Theodor de Bry, século XVI. **p. 25:** Gravura de Theodor de Bry, século XVI. **p. 28:** Litogravura do século XVII, anônimo, Biblioteca Nacional do Rio de Janeiro.

**Capítulo "Isabel Dias (1493-1580): Bartira, símbolo da miscigenação"**
**p. 35:** Detalhe de *Dança dos tapuias* de Albert Eckhout, óleo sobre tela, século XVII, Museu Nacional de Copenhage. **p. 39:** Pinturas a óleo do holandês Albert Ekhout, datadas do século XVII. Em sentido horário: *Homem tupinambá, Mulher tupinambá, Mulher tapuia, Homem tapuia.* Museu Nacional de Copenhage. **p. 43:** *Índios das guianas*. Aquarela anônima do século XIX. **p. 45:** Óleo sobre tela de José Wasth Rodrigues, 1954, Museu Paulista. **p. 49:** Gravuras de Theodor de Bry, século XVI.

**Capítulo "Manuel da Nóbrega (1517-1570): o bandeirante de Cristo"**
**p. 56:** Detalhe de *Anchieta e Nóbrega na cabana de Pindobuçu* de Benedito Calixto, s.d., Museu Paulista. **p. 66:** Gravura do século XVII representando uma planta de aldeia jê, Arquivo Histórico Ultramarino de Lisboa. **p. 67:** Gravura de Theodor de Bry, século XVI. **p. 69:** Gravura de Theodor de Bry, século XVI.

**Capítulo "Branca Dias (1510-1589): a Inquisição no Brasil"**
**p. 78:** Gravura de Bernard Picart, Amsterdã, 1723. **p. 83:** Gravura de Pierre Paul Sevin para o livro *Relation de l'Inquisition de Goa*, de Charles Dellon, 1688. **p. 92:** Gravura de Pierre Paul Sevin para o livro *Relation de l'Inquisition de Goa*, de Charles Dellon, 1688. **p. 94:** Gravura de Boitard para o livro *The sufferings of John Coustos*, 1764.

**Capítulo "Fernão Cabral Taíde (1541-1591): o senhor de engenho e a santidade Jaguaripe"**
**p. 99:** Detalhe de *Casa-grande com capela separada, no alto*, pintura sobre tela de Frans Post, século XVII. **p. 103:** *Execução de Pena do Açoite – Negros ao tronco* de Jean-Baptiste Debret, da obra *Voyage pittoresque et historique au Brésil*, Arquivo Nacional do Rio de Janeiro. **p. 105:** Gravura de Theodor de Bry. **109:** *Regimento do Santo Ofício da Inquisição dos reinos de Portugal – Lisboa*, Manoel da Silva, 1640.

**Capítulo "Raposo Tavares (1598-1658): em busca do ouro vermelho"**
**p. 116:** *Raposo Tavares,* Óleo de Manuel Victor, Museu Paulista. **p. 118:** *Sauvages civilisés, soldats indiens de Mugi das Cruzas (Province de S' Paul) combattant des botocoudos,* litogravura de Jean-Baptiste Debret, da obra *Voyage pittoresque et historique au Brésil.* **p. 124:** *Sauvages civilisés, soldats indiens de la province de la Coritiba, ramenant des sauvages prisonnières,* litogravura de Jean-Baptiste Debret, da obra *Voyage pittoresque et historique au Brésil.* **p. 130:** Detalhe de *Périplo máximo de Antônio Raposo Tavares,* óleo de Theodoro Braga.

**Capítulo "Manuel Beckman (1630-1685): o império português contra as feridas coloniais"**
**p. 140:** Gravura holandesa do século XVII, presente na obra *Historia Naturalis Brasiliae,* de G. Piso, 1648. **p. 146:** *Índios em uma fazenda,* gravura de Johann Moritz Rugendas, século XIX.

**Capítulo "Maurício de Nassau (1604-1679): os holandeses e os luxuosos palácios de Pernambuco"**
**p. 152:** Retrato de Maurício de Nassau, anônimo, Museu Städlisches, Kleef, Alemanha. **p. 155:** Retrato do almirante Hendrick Cornelissen Lonck, Isaac Mijtens, 1630, Museu do Estado de Pernambuco. **p. 165:** Gravura de Frans Post para o livro *Nederlandsch Brazilië onder het bewind van Johan Maurits, Grave van Nassau, 1677-1644,* de Gaspar Barléus. **p. 173:** Retrato de Maurício de Nassau, autor desconhecido, 1679, Rijksmuseum, Amsterdã.

**Capítulo "Gregório de Matos (1636-1696): o barroco na Bahia"**
**p. 178:** Pintura do século XVIII, autor desconhecido. **p. 182:** *Dança de negros* de Zacharias Wagener, gravura em cobre, século XVII **p. 186:** *O mercado de escravos* de Zacharias Wagener, século XVII. **p. 195:** *Negros* de Johan Nieubof, 1703, Biblioteca Nacional do Rio de Janeiro.

**Capítulo "Felipe dos Santos (1680-1720): o tropeirismo e o ouro das Minas Gerais"**
**p. 203:** *Vista de Itamaracá* de Frans Post, óleo sobre tela, 1637, Mauritshuis. **p. 208:** *Lavagem do ouro perto da montanha do Itacolomi* de J. Moritz Rugendas, 1835, Museu do ouro, Minas Gerais. **p. 209:** *Cata de diamantes* de Spix e Martius. **p. 212:** Ilustração do século XIX, artista desconhecido. **p. 213:** *Cavalaria* e *Cavalaria – 1786,* ilustrações de José Wasth Rodrigues, Museu Histórico Nacional. **p. 215:** *Casario – Ouro Preto,* Benedito Calixto, bico de pena sobre papel, 1924.

**Capítulo "Chica da Silva (1720-1796): do inferno ao paraíso – contradições da sociedade mineradora"**
**p. 222:** *Retrato de Antonia, escrava alforriada,* Firmino & Lins, s.d., Fundação Joaquim Nabuco, Recife. **p. 228:** Aquarela de Thomas M'Lean, 1822. **p. 235:** Igreja de Nossa Senhora da Conceição, em Tejuco. Foto de Júnia Ferreira Furtado. **p. 236:** *A Brazilian family* de Henry Chamberlain e John Clark, 1819.

**Capítulo "Marquês do Lavradio (1729-1790): as reformas pombalinas e a mudança de capital"**
**p. 244:** Litogravura de autoria anônima **p. 245:** *Alegoria da aclamação de Dom José I,* atribuído a Francisco Vieira Lusitano, óleo sobre tela, c. 1750, Ministério das Relações Exteriores, Lisboa. **p. 247:** *O marquês de Pombal expulsando os jesuítas,* de Louis-Michel van Loo e Claude-Joseph Vernet, óleo sobre tela, 1766, Câmara Municipal de Oeiras. **p. 256:** *Infantaria e artilharia-1786* de José Wasth Rodrigues, Museu Histórico Nacional.

# Agradecimentos

**Fábio Pestana Ramos**

Agradeço a Elisabete e Diocleides, pelo suporte nos momentos difíceis; à minha avó Maria Montesino, sempre presente cuidando do neto com carinho; a Daniela, Átila, Cláudia, Benilton, Bruna e Bianca, pelo apoio; ao carinho e palavras de incentivo da amiga Flaviana Silveria Rosa; à força nos momentos de dificuldade da amiga Meire Almeida e à presença constante de Eliane Santos Moreira; ao meu companheiro de jornada neste projeto, Marcus Vinícius de Morais, por não deixar que desistisse de continuar lutando. Dedico a obra à memória de meu avô materno, o espanhol Miguel Montesino; à minha bisavó também espanhola Joana Delgado; e aos avós paternos portugueses, Manuel Pestana de Souza e Luiza Maria Pestana.

**Marcus Vinícius de Morais**

Agradeço aos meus queridos pais João Luiz e Solange Herrero, mostrando que amar é dar apoio, independentemente do resultado. Agradeço à minha querida avó Cleide e às minhas tias Simone e Sulmara. Todas foram sempre especiais, cada uma a seu modo. Agradeço também aos pequenos e queridos primos Matheus e Vitória: eles sempre me lembram de como eu fui. À minha amada prima Inah Carolina, a irmã de sempre. Agradeço imensamente a Fábio Pestana Ramos, companheiro de trabalho, pela dedicação e grande profissionalismo. Não poderia deixar de agradecer à minha menina-mulher Carmem Mir: seu amor, carinho e imensa compreensão foram fundamentais. Sem ela tudo seria mais difícil.

Os autores agradecem especialmente aos historiadores Jaime Pinsky, Carla Pinsky e também a Luciana Pinsky, pelas leituras, sugestões e grande confiança.